Rechtstransfer

Europäische Hochschulschriften

European University Studies

Publications Universitaires Européennes

Reihe II	**Rechtswissenschaft**
Series II	Law
Série II	Droit

Band/Volume **5700**

Jutta Mues

Rechtstransfer

Zur theoretisch-methodischen Komplexität
der Interaktion normativer Ordnungen

PL ACADEMIC RESEARCH

Bibliografische Information der Deutschen Nationalbibliothek
Die Deutsche Nationalbibliothek verzeichnet diese Publikation in der Deutschen
Nationalbibliografie; detaillierte bibliografische Daten sind im Internet über
http://dnb.d-nb.de abrufbar.

Zugl.: Frankfurt (Main), Univ., Diss., 2014

Gedruckt auf alterungsbeständigem,
säurefreiem Papier.

D 30
ISSN 0531-7312
ISBN 978-3-631-65923-6 (Print)
E-ISBN 978-3-653-05312-8 (E-Book)
DOI 10.3726/978-3-653-05312-8

© Peter Lang GmbH
Internationaler Verlag der Wissenschaften
Frankfurt am Main 2015
Alle Rechte vorbehalten.
PL Academic Research ist ein Imprint der Peter Lang GmbH.
Peter Lang – Frankfurt am Main · Bern · Bruxelles · New York · Oxford · Warszawa · Wien

Diese Publikation wurde begutachtet.

www.peterlang.com

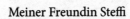

Meiner Freundin Steffi

Vorwort

Die vorliegende Arbeit wurde im Wintersemester 2013/1014 vom Fachbereich Rechtswissenschaft der Johann Wolfgang Goethe-Universität Frankfurt am Main als Dissertation angenommen.

Mein Dank gilt meinem Doktorvater Herrn Prof. Dr. Dr. Günter Frankenberg, der mit viel Geduld diese Arbeit über viele Jahre hinweg betreut hat. Herrn Prof. Dr. Joachim Zekoll danke ich für die zügige Erstellung des Zweitgutachtens. Danken möchte ich auch den zahlreichen Kolleginnen und Kollegen für Ihren wissenschaftlichen Beistand, allen voran meinen Weggefährten im Juristischen Seminar der Universität Düsseldorf für die vielen interessanten, nicht nur fachlichen Gespräche. Danken möchte ich insbesondere Herrn Prof. Kye Il Lee für die spannenden rechtstheoretischen Diskussionen und seine zielführenden Stellungnahmen zu Vorfassungen dieser Arbeit.

Meiner Mutter Marianne Mues und meiner Schwester Bettina Mues danke ich von Herzen für die mühevolle Arbeit des Korrekturlesens, für aufmunternde Worte und wertvolle Anregungen und Hinweise.

Mein ganz besonderer Dank gilt schließlich meinen Eltern, die mir meine wissenschaftliche Laufbahn ermöglicht haben sowie meinen Schwiegereltern Brigitte und Jan Becker, ohne deren tatkräftige Unterstützung ich den Endspurt für diese Arbeit während meiner Elternzeit nicht hätte bewältigen können und meinem geliebten Ehemann Jan Felix Becker, der mir in all den Jahren ausdauernd und bedingungslos den Rücken freigehalten und gestärkt hat. Widmen möchte ich die Arbeit meiner Freundin Stefanie Röder.

Düsseldorf, im Dezember 2014   *Jutta Mues*

Inhaltsverzeichnis

Literaturverzeichnis

Abel, Richard, Law as Lag: Inertia as a Social Theory of Law, in: 80 Michigan Law Review 1982, S. 785 ff.

Ajani, Gianmaria, By Chance and Prestige: Legal Transplants in Russia and Eastern Europe, in: 43 The American Journal of Comparative Law 1995, S. 93 ff.

Ajani, Gianmaria, Das Recht der Länder Osteuropas, Berlin, 2005.

Ajani, Gianmaria, Legal Borrowing and Reception as Transplants, in: Clark, David Scott (Hrsg.), Encyclopedia of law and society: American and global perspectives, Los Angeles u.a., 2007, S. 1508 ff.

Ajani, Gianmaria, Transfer of Legal Systems from the Point of View of the Export Countries, in: Drobnig, Ulrich/ Hopt, Klaus J./ Kötz, Hein/ Mestmäcker, Ernst-Joachim (Hrsg.), Systemtransformation in Mittel- und Osteuropa und ihre Folgen für Banken, Börsen und Kreditsicherheiten, Tübingen, 1998, S. 37 ff.

Babeck, Wolfgang, Stolpersteine des internationalen Rechtsexports, in: 4 Forum Recht Online 2002, S. 1 ff., unter: www.forum-recht-online.de.

Baer, Susanne, Verfassungsvergleichung und reflexive Methode: Interkulturelle und intersubjektive Kompetenz, in: 64 ZaöRV 2004, S. 735 ff.

Benda-Beckmann, Franz von/ Benda-Beckmann, Keebet von, Evolutionismus und Recht: Komplexe Fragen zu komplexen Gesellschaften, in: Voigt, Rüdiger (Hrsg.), Evolution des Rechts, Baden-Baden, 1998, S. 93 ff.

Benda-Beckmann, Franz von, „Recht und Entwicklung" im Wandel, in: 41 VRÜ 2008, S. 295 ff.

Berkowitz, Daniel/ Pistor, Katharina/ Richard, Jean-François, The Transplant Effect, in: 51 The American Journal of Comparative Law 2003, S. 163 ff.

Binder, Julius, Philosophie des Rechts, Berlin, 1925.

Boulanger, Christian (Hrsg.), Recht in der Transformation. Rechts- und Verfassungswandel in Mittel- und Osteuropa: Beiträge zur Debatte, Berlin, 2002.

Boulanger, Christian, Recht in der Transformation – Transformation durch Recht?, in: ders. (Hrsg.), Recht in der Transformation. Rechts- und Verfassungswandel in Mittel- und Osteuropa: Beiträge zur Debatte, Berlin, 2002, S. 7 ff.

Bourdieu, Pierre, The Force of Law: Toward a Sociology of the Juridical Field, 38 The Hastings Law Journal 1987, S. 814 ff.

Bourdieu, Pierre, The Social Conditions of the International Circulation of Ideas, in: Shusterman, Richard (Hrsg.), Bourdieu: A Critical Reader, Oxford u.a., 1999, S. 220 ff.

Bryde, Brun-Otto, Constitutional Law in „old" and „new" Law and Development, 41 VRÜ 2008, S. 10 ff.

Bryde, Brun-Otto, Die Erfahrungen der „Law and Development"- Diskussion und die Transformationsforschung, in: Kirk, Michael/ Kramer, Jost W./ Steding, Rolf (Hrsg.), Genossenschaften und Kooperation in einer sich wandelnden Welt: Festschrift für Prof. Dr. Hans H. Münkner zum 65. Geburtstag, Münster, 2000, S. 405 ff.

Bryde, Brun-Otto, Die Rolle des Rechts im Entwicklungsprozeß, Frankfurt, 1986.

Burg, Elliot M., Law and Development: A Review of the Literature and a Critique of „Scholars in Self-Estrangement", in: 25 The American Journal of Comparative Law 1977, S. 492 ff.

Bussani, Mauro /Mattei, Ugo, The Common Core Approach to European Private Law, in: 3 Columbia Journal of European Law 1997, S. 339 ff.

Carothers, Thomas, Promoting the Rule of Law abroad. The Problem of Knowledge, Carnegie Papers. Rule of Law Series, Number 34, 2003.

Channell, Wade, Lessons Not Learned: Problems with Western Aid for Law Reform in Postcommunist Countries, in: Carnegie Papers. Rule of Law Series, Number 57, 2005.

Chanturia, Lado, Recht und Transformation. Rechtliche Zusammenarbeit aus der Sicht eines rezipierenden Landes, in: 72 RabelsZ 2008, S. 114 ff.

Choudhry, Sujit, Globalization in Search of Justification: Toward a Theory of Comparative Constitutional Interpretation, in: 74 Indiana Law Journal 1999, S. 819 ff.

Choudhry, Sujit, Migration as a new metaphor in comparative constitutional law, in: ders. (Hrsg.), The Migration of Constitutional Ideas, Cambridge, 2006, S. 1 ff.

Choudhry, Sujit (Hrsg.), The Migration of Constitutional Ideas, Cambridge, 2006, S. 1 ff.

Clark, David Scott, Classification of Legal Systems, in: Smelser, Neil J./ Baltes, Paul B. (Hrsg.), International Encyclopedia of the Social and Behavioral Sciences, Bd. 13, Oxford, 2001, S. 8684 ff.

Clark, David Scott (Hrsg.), Encyclopedia of law and society: American and global perspectives, Los Angeles u.a., 2007.

Cohn, Margit, Legal Transplant Chronicles: The Evolution of Unreasonableness and Proportionality Review of the Administration in the United Kingdom, in: 58 The American Journal of Comparative Law 2010, S. 583 ff.

Coing, Helmut, Grundzüge der Rechtsphilosophie, 5. Aufl., Berlin, 1993.

Constantinesco, Léoutin-Jean, Rechtsvergleichung Band I: Einführung in die Rechtsvergleichung, Köln, 1971.

Constantinesco, Léoutin-Jean, Rechtsvergleichung Band II: Die rechtsvergleichende Methode, Köln, 1972.

Corcoran, Suzanne, Comparative Corporate Law Research Methodology, in: 3 Canberra Law Review 1996, S. 54 ff.

Cotterrell, Roger, Is there a Logic in Legal Transplants?, in: Nelken, David/ Feest, Johannes (Hrsg.), Adapting Legal Cultures, Oxford u.a., 2001, S. 71 ff.

Cotterrell, Roger, Law as Constitutive, in: Smelser, Neil J./ Baltes, Paul B. (Hrsg.), International Encyclopedia of the Social and Behavioral Sciences, Bd. 12, Oxford, 2001, S. 8497 ff.

Dann, Philipp, Federal Democracy in India and the European Union: Towards Transcontinental Comparison of Constitutional Law, in: 44 VRÜ 2011, S. 160 ff.

Dezalay, Yves/ Garth, Bryant G., Dealing in Virtue: International Commercial Arbitration and the Construction of a Transnational Legal Order, Chicago, 1996.

Dezalay, Yves/ Garth, Bryant, The Import and Export of Law and Legal Institutions: International Strategies in National Palace Wars, in: *Nelken, David/ Feest, Johannes* (Hrsg.), Adapting Legal Cultures, Oxford u.a., 2001, S. 241 ff.

Di Fabio, Udo, Das Recht offener Staaten. Grundlinien einer Staats- und Rechtstheorie, Tübingen, 1998.

Dorsen, Norman/ Rosenfeld, Michel/ Sajó, András/ Baer, Susanne, Comparative Constitutionalism. Cases and Materials, St. Paul, Minnesota, USA, 2003.

Drobnig, Ulrich/ Erp, Sjef van (Hrsg.), The Use of Comparative Law by Courts, The Hague, 1999.

Drobnig, Ulrich, The Use of Comparative Law by Courts, in: ders./ Erp van (Hrsg.), The Use of Comparative Law by Courts, The Hague, 1999, S. 3 ff.

Drobnig, Ulrich, The Use of Foreign Law by German Courts, in: ders./ Erp van (Hrsg.), The Use of Comparative Law by Courts, The Hague, 1999, S. 127 ff.

Du Plessis, Paul, Comparative Law and the Study of Mixed Legal Systems, in: Reimann, Mathias/ Zimmermann, Reinhard (Hrsg.), The Oxford Handbook of Comparative Law, New York, 2006, S. 477 ff.

Ehrlich, Eugen, Grundlegung der Soziologie des Rechts (1913), 3. Aufl., Berlin, 1967.

Elster, Jon, Constitutionalism in Eastern Europe: An Introduction, in: 58 The University of Chicago Law Review 1991, S. 447 ff.

Elster, Jon, Die Schaffung von Verfassungen: Analyse der allgemeinen Grundlagen, in: Preuß, Ulrich K. (Hrsg.), Zum Begriff der Verfassung. Die Ordnung des Politischen, Frankfurt, 1994, S. 37 ff.

Erp, Sjef van, The Use of the Comparative Law Method by the Judiciary – Dutch National Report, in: Drobnig, Ulrich/ ders. (Hrsg.), The Use of Comparative Law by Courts, The Hague, 1999, S. 235 ff.

Ewald, William, Comparative Jurisprudence (I): What was it like to try a rat, in: 143 University of Pennsylvania Law Review 1995, S. 1889 ff.

Ewald, William, Comparative Jurisprudence (II): The Logic of Legal Transplants, in: 43 The American Journal of Comparative Law 1995, S. 489 ff.

Ewald, William, The Jurisprudential Approach to Comparative Law: A Field Guide to „Rats", in: 46 The American Journal of Comparative Law 1998, S. 701 ff.

Fleischer, Holger, Legal Transplants im deutschen Aktienrecht, in: Neue Zeitschrift für Gesellschaftsrecht 2004, S. 1129 ff.

Fögen, Marie Theres/ Teubner, Gunther, Rechtstransfer, in: 7 Rechtsgeschichte 2005, S. 38 ff.

Foster, Nicholas, Transmigration and Transferability of Commercial Law in a Globalized World, in: Harding, Andrew/ Örücü, Esin (Hrsg.), Comparative Law in the 21st Century, London u.a., 2002, S. 55 ff.

Frankenberg, Günter, Autorität und Integration. Zur Grammatik von Recht und Verfassung, Frankfurt am Main, 2003, darin Kapitel IV. Verfassungsgebung in Zeiten des Übergangs, S. 115 ff. sowie Kapitel XII. Kritische Vergleiche. Versuch, die Rechtsvergleichung zu beleben, S. 317 ff. (Übersetzung und Neuabdruck des Aufsatzes: Critical Comparisons: Re-Thinking Comparative Law, in: 26 Harvard International Law Journal 1985, S. 411 ff.).

Frankenberg, Günter, Comparing constitutions: Ideas, ideals, and ideology-toward a layered narrative, in: 4 International Journal of Constitutional Law 2006, S. 439 ff.

Frankenberg, Günter, Constitutional transfer: The IKEA theory revisited, in: 8 International Journal of Constitutional Law 2010, S. 563 ff.

Frankenberg, Günter, How to do Projects with Comparative Law – Notes of an Expedition to the Common Core, in: 6 Global Jurist Advances 2006, S. 1 ff.

Frankenberg, Günter, Stranger than Paradise: Identity & Politics in Comparative Law, in: 2 Utah Law Review 1997, S. 259 ff.

Friedman, Lawrence M., A History of American Law, 2. Aufl., New York, 1985.

Friedman, Lawrence M., Law: Change and Evolution, in: Smelser, Neil J./ Baltes, Paul B. (Hrsg.), International Encyclopedia of the Social and Behavioral Sciences, Bd. 12, Oxford, 2001, S. 8503 ff.

Gal, Michael S., The „Cut and Paste" of Art. 82 of the EC Treaty in Israel: Conditions for a Successful Transplant, in: 9 European Journal of Law Reform 2007, S. 467 ff.

Galanter, Marc, Law: Overview, in: Smelser, Neil J./ Baltes, Paul B. (Hrsg.), International Encyclopedia of the Social and Behavioral Sciences, Bd. 12, Oxford, 2001, S. 8538 ff.

Gardner, James A., Legal Imperialism: American Lawyers and Foreign Aid in Latin America, Madison, 1980.

Garoupa, Nuno/ Ogus, Anthony, A strategic Interpretation of Legal Transplants, in: 35 The Journal of Legal Studies 2006, S. 339 ff.

Garth, Bryant/ Sarat, Austin, Studying How Law Matters: An Introduction, in: Garth, Bryant/ Sarat, Austin, How does Law matter?, Evanston, Illinois, USA, 1998, S. 1 ff.

Gaul, Wolfgang, Sinn und Unsinn internationaler Rechtsberatung, in: Boulanger, Christian (Hrsg.) Recht in der Transformation. Rechts- und Verfassungswandel in Mittel- und Osteuropa: Beiträge zur Debatte, Berlin, 2002, S. 102 ff.

Geertz, Clifford, „Local Knowledge" and Its Limits: Some „Obiter Dicta", in: 5 Yale Journal of Criticism 1992, S. 129 ff.

Geertz, Clifford, Local Knowledge: Fact and Law in Comparative Perspective, in: ders., Local Knowledge: Further Essays in Interpretive Anthropology, New York, 1983, S. 167 ff.

Gerven, Walter van, Comparative Law in a Regionally Integrated Europe, in: Harding, Andrew/ Örücü, Esin (Hrsg.), Comparative Law in the 21st Century, London u.a., 2002, S. 155 ff.

Gessner, Volkmar, Law as an Instrument of Social Change, in: Smelser, Neil J./ Baltes, Paul B. (Hrsg.), International Encyclopedia of the Social and Behavioral Sciences, Bd. 12, Oxford, 2001, S. 8492 ff.

Glenn, H. Patrick, The nationalist heritage, in: Legrand, Pierre/ Munday, Roderick (Hrsg.), Comparative Legal Studies: Traditions and Transitions, Cambridge, 2003, S. 76 ff.

Glenn, H. Patrick, Persuasive Authority, in: 32 McGill Law Journal 1987, S. 261 ff.

Glenn, H. Patrick, A Transnational Concept of Law, in: Cane, Peter/ Tushnet, Mark (Hrsg.), The Oxford Handbook of Legal Studies, Oxford, 2003, S. 839 ff.

Gordon, Robert, Critical Legal Histories, in: 36 Stanford Law Review 1984, S. 57 ff.

Graziadei, Michele, Comparative Law as the Study of Transplants and Receptions, in: Reimann, Mathias/ Zimmermann, Reinhard (Hrsg.), The Oxford Handbook of Comparative Law, New York, 2006, S. 441 ff.

Graziadei, Michele, The functionalist heritage, in: Legrand, Pierre/ Munday, Roderick (Hrsg.), Comparative Legal Studies: Traditions and Transitions, Cambridge, 2003, S. 100 ff.

Graziadei, Michele, Legal Transplants and the Frontiers of Legal Knowledge, in: 10 Theoretical Inquiries in Law 2009, S. 723 ff.

Grimm, Dieter, Gemeinsame Werte – globales Recht?, in: Däubler-Gmelin, Herta/ Mohr, Irina (Hrsg.), Recht schafft Zukunft. Perspektiven der Rechtspolitik in einer globalisierten Welt, Bonn, 2003, S. 14 ff.

Großfeld, Bernhard, Kernfragen der Rechtsvergleichung, Tübingen, 1996.

Großfeld, Bernhard, Macht und Ohnmacht der Rechtsvergleichung, Tübingen, 1984.

Grosswald Curran, Vivian, Cultural Immersion, Difference and Categories in U.S. Comparative Law, in: 46 The American Journal of Comparative Law 1998, S. 41 ff.

Günther, Klaus, Rechtspluralismus und universaler Code der Legalität: Globalisierung als rechtstheoretisches Problem, in: Wingert, Lutz/ Günther, Klaus (Hrsg.), Die Öffentlichkeit der Vernunft und die Vernunft der Öffentlichkeit. Festschrift für Jürgen Habermas, Frankfurt am Main, 2001, S. 539 ff.

Günther, Klaus/ Randeria, Shalini, Recht, Kultur und Gesellschaft im Prozess der Globalisierung, Bad Homburg, 2001.

Häberle, Peter, Theorieelemente eines allgemeinen juristischen Rezeptionsmodells, in: 47 JZ 1992, S. 1033 ff.

Häberle, Peter, Verfassungsentwicklungen in Osteuropa – aus der Sicht der Rechtsphilosophie und der Verfassungslehre, in: 117 Archiv des öffentlichen Rechts, 1992, S. 169 ff.

Halmai, Gábor, Book Reviews, in: 3 International Journal of Constitutional Law 2005, S. 157 ff.

Harding, Andrew/ Örücü, Esin (Hrsg.), Comparative Law in the 21st Century, London u.a., 2002.

Hein, Jan von, Die Rezeption US-amerikanischen Gesellschaftsrechts in Deutschland, Tübingen, 2008.

Herrnfeld, Hans-Holger, Recht europäisch: Rechtsreform und Rechtsangleichung in den Visegrád-Staaten, Gütersloh, 1995.

Hill, Jonathan, Comparative Law, Law Reform and Legal Theory, in: 9 Oxford Journal of Legal Studies, 1989, S. 101 ff.

Hirsch, Ernst E., Rezeption als sozialer Prozeß. Erläutert am Beispiel der Türkei, Berlin, 1981.

Höland, Achim, EU-Recht auf dem Weg nach Osten: Rechtssoziologische Fragen, in: Boulanger, Christian (Hrsg.), Recht in der Transformation. Rechts- und Verfassungswandel in Mittel- und Osteuropa: Beiträge zur Debatte, Berlin, 2002, S. 78 ff.

Höland, Achim, Umjereni pravni transfer u Europi – novi razvitci na primjeru Republike Hrvatske, in: 44 Zbornik radova Pravnog fakulteta u Splitu 2007, S. 403 ff.

Holmes, Stephen, Can Foreign Aid Promote the Rule of Law?, in: 8 East European Constitutional Review 1999, S. 68 ff.

Horowitz, Donald L., The Qur'an and the Common Law: Islamic Law Reform and the Theory of Legal Change, in: 42 The American Journal of Comparative Law 1994, S. 233 ff.

Kahn-Freund, Otto, On Uses and Misuses of Comparative Law, in: 37 The Modern Law Review 1974, S. 1 ff.

Kanda, Hideki/ Milhaupt, Curtis, J., Re-examining Legal Transplants: The Director's Fiduciary Duty in Japanese Corporate Law, in: 51 The American Journal of Comparative Law 2003, S. 887 ff.

Kant, Immanuel, Kritik der reinen Vernunft (2. Aufl., 1787), Frankfurt am Main, 1974.

Karpen, Ulrich, „Rechtsexport" – Möglichkeiten und Grenzen der Verfassungs- und Rechtsberatung im Ausland, in: 20 Humboldt Forum Recht 2009, S. 1 ff., unter: www.humboldt-forum-recht.de.

Kaufmann, Arthur, Rechtsphilosophie, 2. Aufl., München, 1997.

Kennedy, David, The methods and the politics, in: Legrand, Pierre/ Munday, Roderick (Hrsg.), Comparative Legal Studies: Traditions and Transitions, Cambridge, 2003, S. 345 ff.

Kennedy, David, The Mystery of Global Governance, in: 34 Ohio Northern University Law Review 2008, S. 827 ff.

Knieper, Rolf, Juristische Zusammenarbeit: Universalität und Kontext, Wiesbaden, 2004.

Knieper, Rolf, Möglichkeiten und Grenzen der Verpflanzbarkeit von Recht, in: 72 RabelsZ 2008, S. 88 ff.

Knieper, Rolf, Wirtschaftsreform als Rechtsreform in post-kommunistischen Gesellschaften, in: ders., Rechtsreformen entlang der Seidenstraße, Berlin, 2006, S. 39 ff.

Kocourek, Rotislav, Factors in the Reception of Law, in: 10 Tulane Law Review 1936, S. 209 ff.

Kokott, Juliane, From Reception and Transplantation to Convergence of Constitutional Models in the Age of Globalization – with Special Reference to the German Basic Law, in: Starck, Christian (Hrsg.), Constitutionalism, Universalism and Democracy – a comparative analysis, Baden-Baden, 1999, S. 71 ff.

Koller, Peter, Theorie des Rechts. Eine Einführung, 2. Aufl., Wien u.a., 1997.

Kortländer, Bernd, Begrenzung – Entgrenzung. Kultur- und Wissenschaftstransfer in Europa, in: Jordan, Lothar/ Kortländer, Bernd (Hrsg.), Nationale Grenzen und internationaler Austausch. Studien zum Kultur- und Wissenschaftstransfer in Europa, Tübingen, 1995, S. 1 ff.

Krotoszynski, Ronald J., The Perils and the Promise of Comparative Constitutional Law: The New Globalism and the Role of the United States in Shaping Human Rights, in: 61 Arkansas Law Review 2009, S. 603 ff.

Langer, Máximo, From Legal Transplants to Legal Translations: The Globalization of Plea Bargaining and the Americanization Thesis in Criminal Procedure, in: 45 Harvard International Law Journal 2004, S. 1 ff.

Lasser, Mitchel, Judicial (Self-)Portraits: Judicial Discourse in the French Legal System, in: 104 The Yale Law Journal 1995, S. 1325 ff.

Lasser, Mitchel, The question of understanding, in: Legrand, Pierre/ Munday, Roderick (Hrsg.), Comparative Legal Studies: Traditions and Transitions, Cambridge, 2003, S. 197 ff.

Legrand, Pierre, How to Compare Now, in: 16 Legal Studies 1996, S. 232 ff.

Legrand, Pierre, The Impossibility of 'Legal Transplants', in: 4 Maastricht Journal of European and Comparative Law, No. 2, 1997, S. 111 ff.

Legrand, Pierre, John Henry Merryman and Comparative Legal Studies: A Dialogue, in: 47 The American Journal of Comparative Law 1999, S. 3 ff.

Legrand, Pierre, On the Singularity of Law, in: 47 Harvard International Law Journal 2006, S. 517 ff.

Legrand, Pierre, The Return of the Repressed: Moving Comparative Legal Studies Beyond Pleasure, 75 Tulane Law Review 2001, S. 1033 ff.

Legrand, Pierre, Review Article – Comparative Legal Studies and Commitment to Theory, 58 The Modern Law Review 1995, S. 262 ff.

Legrand, Pierre/ Munday, Roderick (Hrsg.), Comparative Legal Studies: Traditions and Transitions, Cambridge, 2003.

Lévi-Strauss, Claude, Das wilde Denken, Frankfurt am Main, 1968.

Limbach, Jutta, Globalization of Constitutional Law through Interaction of Judges, in: 41 VRÜ 2008, S. 51 ff.

Lowe, Vaughan, Foreword, in: Likosky, Michael (Hrsg.), Transnational Legal Processes: Globalisation and Power Disparities, London u.a., 2002.

MacDonald, Roderick A./ Kong, Hoi L., Patchwork Law Reform: Your Idea is Good in Practice, but it won't work in Theory, in: 44 Osgoode Hall Law Journal 2006, S. 11 ff.

Maine, Henry Sumner, Ancient law: its connection with the early history of society and its relation to modern ideas, London, 1861.

Maine, Henry Sumner, Village-Communities in the East and West, 3. Aufl., New York, 1889.

Markesinis, Basil, French System Builders and English Problem Solvers: Missed and Emerging Opportunities for Convergence of French and English Law, in: 40 Texas International Law Journal 2005, S. 663 ff.

Markesinis, Basil, Rechtsvergleichung in Theorie und Praxis, München, 2004.

Markovits, Inga, Exporting Law Reform – But will it travel?, in: 37 Cornell International Law Journal 2004, S. 95 ff.

Mattei, Ugo, Comparative Law and Economics, Ann Arbor, 1998.

Mattei, Ugo, Efficiency in Legal Transplants: An Essay in Comparative Law and Economics, in: 14 International Review of Law and Economics 1994, S. 3 ff.

Mattei, Ugo, A Theory of Imperial Law: A Study on U.S. Hegemony and the Latin Resistance, in: 10 Indiana Journal of Global Legal Studies 2003, S. 383 ff.

McDougal, Myres S., Comparative Study of Law for Policy Purposes, in: 61 Yale Law Journal 1952, S. 915 ff.

Merry, Sally Engle, Legal Pluralism, in: 22 Law and Society Review 1988, S. 869 ff.

Merry, Sally Engle, Law: Anthropological Aspects, in: Smelser, Neil J./ Baltes, Paul B. (Hrsg.), International Encyclopedia of the Social and Behavioral Sciences, Bd. 12, Oxford, 2001, S. 8489 ff.

Merryman, John Henry, Comparative Law and Social Change: On the Origins, Style and Decline and Revival of the Law and Development Movement, in: 25 The American Journal of Comparative Law 1977, S. 457 ff.

Merryman, John Henry, On the Convergence (and Divergence) of the Civil Law and the Common Law, in: 17 Stanford Journal of International Law 1981, S. 357 ff.

Mertus, Julie, Mapping Civil Society Transplants: A Preliminary Comparison of Eastern Europe and Latin America, in: 53 University of Miami Law Review 1999, S. 921 ff.

Michaels, Ralf, The Functional Method of Comparative Law, in: Reimann, Mathias/ Zimmermann, Reinhard (Hrsg.), The Oxford Handbook of Comparative Law, New York, 2006, S. 339 ff.

Michaels, Ralf, „One size can fit all" – some heretical thoughts on the mass production of legal transplants, in: Frankenberg, Günter (Hrsg.), Order From Transfer: Comparative Constitutional Design and Legal Culture, Cheltenham, 2013, S. 56 ff.

Michaels, Ralf, The Re-*State*-Ment of Non-State Law: The State, Choice of Law, and the Challenge from Global Legal Pluralism, in: 51 The Wayne Law Review 2005, S. 1209 ff.

Miller, Jonathan M., A Typology of Legal Transplants: Using Sociology, Legal History and Argentine Examples to Explain the Transplant Process, in: 51 The American Journal of Comparative Law, 2003, S. 839 ff.

Miller, Jonathan M., Legal Exports as Transplants, in: Clark, David Scott (Hrsg.), Encyclopedia of law and society: American and global perspectives, Los Angeles u.a., 2007, S. 1512 ff.

Mistelis, Loukas A., Regulatory Aspects: Globalization, Harmonization, Legal Transplants and Law Reform – Some Fundamental Observations, in: 34 The International Lawyer 2000, S. 1055 ff.

Monateri, Giuseppe, The Weak Law, in: 8 Rechtsgeschichte 2006, S. 39 ff.

Montesquieu, Charles de, Vom Geist der Gesetze (1748), Stuttgart, 1974.

Moore, Sally Falk, Law and Social Change: The Semi-Autonomous Social Field as an Appropriate Subject of Study, in: 7 Law and Society Review 1973, S. 719 ff.

Münch, Ingo von, Rechtsexport und Rechtsimport, in: NJW 1994, S. 3145 ff.

Nader, Laura, Promise or Plunder? A Past and Future Look at Law and Development, in: 7 Global Jurist 2007, S. 1 ff.

Nelken, David/ Feest, Johannes (Hrsg.), Adapting Legal Cultures, Oxford u.a., 2001.

Nelken, David, Comparatists and transferability, in: Legrand, Pierre/ Munday, Roderick (Hrsg.), Comparative Legal Studies: Traditions and Transitions, Cambridge, 2003, S. 437 ff.

Nelken, David, The Meaning of Success in Transnational Legal Transfers, in: 19 Windsor Yearbook of Access to Justice 2001, S. 349 ff.

Nelken, David, Towards a Sociology of Legal Adaptation, in: ders./ Feest, Johannes (Hrsg.), Adapting Legal Cultures, Oxford u.a., 2001, S. 7ff.

Nußberger, Angelika, Der „Russische Weg" – Widerstand gegen die die Globalisierung des Rechts?, in: Schwarze, Jürgen (Hrsg.), Globalisierung und Entstaatlichung des Rechts, Teilband I, Tübingen, 2008, S. 71 ff.

Oppermann, Thomas/ Classen, Claus Dieter/ Nettesheim, Martin, Europarecht, 4. Aufl., München, 2009.

Örücü, Esin, Critical Comparative Law. Considering Paradoxes for Legal Systems in Transition, in: 4 The Electronic Journal of Comparative Law 2000, S. 2 ff., unter: www.ejcl.org/41/abs41-1.html.

Örücü, Esin, Law as Transposition, in: 51 International and Comparative Law Quarterly 2002, S. 205 ff.

Örücü, Esin, A Theoretical Framework for Transfrontier Mobility of Law, in: Jagtenberg, Robert W./ Örücü, Esin/ de Roo, Annie J. (Hrsg.), Transfrontier Mobility of Law 1995, S. 5 ff.

Osiatynski, Wiktor, Paradoxes of constitutional borrowing, in: 1 International Journal of Constitutional Law 2003, S. 244 ff.

Ossenbühl, Fritz, Gesetz und Recht – Die Rechtsquellen im demokratischen Rechtsstaat, in: Isensee, Josef/ Kirchhof, Paul (Hrsg.), Handbuch des Staatsrechts, Bd. V, § 100, 3. Aufl., Heidelberg u.a., 2007.

Perry, Amanda J., International Economic Organizations and the Modern Law and Development Movement, in: Seidman, Ann/ Seidman, Robert B./ Wälde, Thomas W. (Hrsg.), Making Development Work, London, 1999, S. 19 ff.

Peters, Anne/ Schwenke, Heiner, Comparative Law beyond Post-Modernism, in: 49 International and Comparative Law Quarterly 2000, S. 800 ff.

Pistor, Katharina, The Standardization of Law and Its Effect on Developing Economies, in: 50 The American Journal of Comparative Law 2002, S. 97 ff.

Pound, Roscoe, Law in Books and Law in Action, in: 44 American Law Review 1910, S. 12 ff.

Pound, Roscoe, The Formative Era of American Law, Boston, 1938.

Puchalska-Tych, Bogumila/ Salter, Michael, Comparing legal cultures of Eastern Europe: the need for a dialectical analysis, in: 16 Legal Studies 1996, S. 157 ff.

Rabel, Ernst, Aufgabe und Notwendigkeit der Rechtsvergleichung, in: ders., Gesammelte Aufsätze, Band III: Arbeiten zur Rechtsvergleichung und zur Rechtsvereinheitlichung 1919–1954, Tübingen, 1967, S. 1 ff.

Rehbinder, Manfred, Erkenntnistheoretisches zum Verhältnis von Rechtssoziologie und Rechtsvergleichung, in: ders., Abhandlungen zur Rechtssoziologie, Berlin, 1995, S. 143 ff.

Rehbinder, Manfred, Die Rezeption fremden Rechts in soziologischer Sicht, in 14 Rechtstheorie 1983, S. 305 ff.

Rehm, Gebhard M., Rechtstransplantate als Instrumente der Rechtsreform und -transformation, in: 72 RabelsZ 2008, S. 1 ff.

Reimann, Mathias, Die Entstaatlichung des Rechts und die Rechtsvergleichung, in: Schwarze, Jürgen (Hrsg.), Globalisierung und Entstaatlichung des Rechts, Teilband II, Berlin, 2008, S. 1 ff.

Reimann, Mathias/ Zimmermann, Reinhard (Hrsg.), The Oxford Handbook of Comparative Law, New York, 2006.

Reimann, Mathias, The Progress and Failure of Comparative Law in the Second Half of the Twentieth Century, in: 50 The American Journal of Comparative Law 2002, S. 671 ff.

Rheinstein, Max, Einführung in die Rechtsvergleichung, 2. Aufl., München, 1987.

Rheinstein, Max, Types of Reception, in: 5 Annales de la Faculté de Droit d'Istanbul 1956, S. 31 ff. (neu abgedruckt in: Gesammelte Schriften, Bd. 1, Rechtstheorie und Soziologie. Rechtsvergleichung und Common Law (USA), Tübingen, 1979, S. 261ff.

Riegner, Michael/ Dann, Philipp, „Recht und Entwicklung" als Gegenstand der Juristenausbildung: Konturen und Didaktik eines intra- und interdisziplinär vernetzten Studienfaches, in: 41 VRÜ 2008, S. 309 ff.

Riles, Annelise, Comparative Law and Socio-Legal Studies, in: Reimann, Matthias/ Zimmermann, Reinhard (Hrsg.), The Oxford Handbook of Comparative Law, New York, 2006, S. 775 ff.

Riles, Annelise, Wigmore's Treasure Box: Comparative Law in the Era of Information, in: 40 Harvard International Law Journal 1999, S. 221 ff.

Riles, Annelise/ Uchida, Takashi, Reforming Knowledge? A Socio-Legal Critique of the Legal Education Reforms in Japan, in: 1 Drexel Law Review 2009, S. 3 ff.

Rittich, Kerry, Enchantments of Reason/Coercions of Law, in: 57 University of Miami Law Review 2003, S. 727 ff.

Rittich, Kerry, Functionalism and Formalism: Their Latest Incarnations in Contemporary Development and Governance Debates, in: 55 University of Toronto Law Journal 2005, S. 853 ff.

Rogers, Everett M., Diffusion of innovations, 5. Aufl., New York, 2003.

Roggemann, Herwig, Verfassungsentwicklung und Verfassungsrecht in Osteuropa, in: 40 Recht in Ost und West 1996, S. 177 ff.

Röhl, Klaus F., Rechtssoziologie, Köln u.a., 1987.

Röhl, Klaus F./ Röhl, Hans Christian, Allgemeine Rechtslehre, 3. Aufl., Köln u.a., 2008.

Rosen, Lawrence, Beyond Compare, in: Legrand, Pierre/ Munday, Roderick (Hrsg.), Comparative Legal Studies: Traditions and Transitions, Cambridge, 2003, S. 493 ff.

Rosenkrantz, Carlos F., Against borrowings and other nonauthoritative uses of foreign law, in: 1 International Journal of Constitutional Law 2003, S. 269 ff.

Rüthers, Bernd, Rechtstheorie, 2. Aufl., München, 2005.

Sacco, Rodolfo, Einführung in die Rechtsvergleichung, Baden-Baden, 2001.

Sajó, András, Was macht der Westen falsch bei der Unterstützung der Rechtsreformen in Osteuropa, in: 30 Kritische Justiz 1997, S. 495 ff.

Santos, Boaventura de Sousa, Toward a New Legal Common Sense, 2. Aufl., London, 2002.

Savigny, Friedrich Carl von, Vom Beruf unsrer Zeit für Gesetzgebung und Rechtswissenschaft, Heidelberg, 1814.

Schalast, Christoph, Erfahrungen der Entwicklungszusammenarbeit bei der Unterstützung der Rechtsreform in den Transformationsländern Mittel- und Osteuropas und der GUS, in: 47 Osteuropa-Recht 2001, S. 263 ff.

Schauer, Frederick, The Politics and Incentives of Legal Transplantation, Law and Development Paper No 2, CID Working Paper No. 44, April 2000, Center for International Development at Harvard University, S. 1 ff., unter: www.cid. harvard.edu/cidwp/044.htm.

Scheppele, Kim Lane, Aspirational and aversive constitutionalism: The case for studying cross-constitutional influence through negative models, in: 1 International Journal of Constitutional Law 2003, S. 296 ff.

Schlesinger, Rudolf, The Past and Future of Comparative Law, in: 43 The American Journal of Comparative Law 1995, S. 477 ff.

Schlesinger, Rudolf B./ Baade, Hans W./ Herzog, Peter E./ Wise, Edward M., Comparative Law: cases, text, materials, 6. Aufl., New York, 1998.

Seckelmann, Margrit, Im Labor. Beobachtungen zum Rechtstransfer anhand des Europäischen Verfassungsvertrages, in: 8 Rechtsgeschichte 2006, S. 70ff.

Seidman, Ann/ Seidman, Robert B., Drafting Legislation for Development: Lessons from a Chinese Project, in: 44 The American Journal of Comparative Law 1996, S. 1 ff.

Seidman, Ann/ Seidman, Robert B., Using Reason and Experience to draft Country-specific Laws, in: Seidman, Ann/ Seidman, Robert B./ Wälde, Thomas W. (Hrsg.), Making Development Work, London, 1999, S. 249 ff.

Slaughter, Anne-Marie, A Typology of Transjudicial Communication, in: 29 University of Richmond Law Review 1994, S. 99 ff.

Smelser, Neil J./ Baltes, Paul B. (Hrsg.), International Encyclopedia of the Social and Behavioral Sciences, Bd. 12, Oxford, 2001.

Smits, Jan, A European Private Law as a Mixed Legal System, in: 5 Maastricht Journal of European and Comparative Law 1998, S. 328 ff.

Smits, Jan, Import and Export of Legal Models – The Dutch Experience, in: 13 Transnational Law and Contemporary Problems 2003, S. 551 ff.

Smits, Jan, On Successful Legal Transplants in a Future *Ius Commune Europaeum*, in: Harding, Andrew/ Örücü, Esin (Hrsg.), Comparative Law in the 21st Century, London, 2002, S. 137 ff.

Snyder, Francis G., Book Review. The Failure of „Law and Development", in: Wisconsin Law Review 1982, S. 373 ff.

Sommermann, Karl-Peter, Die Bedeutung der Rechtsvergleichung für die Fortentwicklung des Staats- und Verwaltungsrechts in Europa, in: 52 Die Öffentliche Verwaltung 1999, S. 1017 ff.

Stein, Eric, Uses, Misuses – and Nonuses of Comparative Law, in: 72 Northwestern University Law Review 1977, S. 198 ff.

Stein, Peter, Legal Evolution. The Story of an Idea, Cambridge u.a., 1980.

Stichweh, Rudolf, Transfer in Sozialsystemen: Theoretische Überlegungen, in: Duss, Vanessa/ Linder, Nikolaus u.a. (Hrsg.), Rechtstransfer in der Geschichte, München, 2006, S. 1 ff.

Taylor, Veronica, The law reform Olympics: measuring the effects of law reform in transitional economies, in: Lindsey, Timothy (Hrsg.), Law Reform in Developing and Transitional States, New York u.a., 2007, S. 83 ff.

Teubner, Gunther, 'Global Bukowina': Legal Pluralism in the World Society, in: ders. (Hrsg.), Global Law without a State, Aldershot, 1997, S. 3 ff.

Teubner, Gunther, Rechtsirritationen: Der Transfer von Rechtsnormen in rechtssoziologischer Sicht, in: Brand, Jürgen/ Stempel, Dieter (Hrsg.), Soziologie des Rechts: Festschrift für Erhard Blankenburg zum 60. Geburtstag, Baden-Baden, 1998, S. 233 ff.

Tochilovsky, Vladimir, Rules of Procedure for the International Criminal Court: Problems to Address in Light of the Experience of the *Ad Hoc* Tribunals, 46 Netherlands International Law Review 1999, S. 343 ff.

Trubek, David M., Back to the Future: The Short, Happy Life of the Law and Society Movement, in: 18 Florida State University Law Review 1990, S. 1 ff.

Trubek, David M., Law and Development, in: Smelser, Neil J./ Baltes, Paul B. (Hrsg.), International Encyclopedia of the Social and Behavioral Sciences, Bd. 12, Oxford, 2001, S. 8443 ff.

Trubek, David M., The „Rule of Law" in Development Assistance: Past, Present, and Future, in: ders./ Santos, Alvaro (Hrsg.), The New Law and Economic Development: A Critical Appraisal, Cambridge u.a., 2006, S. 74 ff.

Trubek, David M., Toward a Social Theory of Law: An Essay on the Study of Law and Development, in: 82 The Yale Law Journal 1972, S. 1 ff.

Trubek, David M., Where the Action Is: Critical Legal Studies and Empiricism, in: 36 Stanford Law Review 1984, S. 575 ff.

Trubek, David M./ Galanter, Marc, Scholars in Self-Estrangement: Some Reflections on the Crisis in Law and Development Studies in the United States, in: 4 Wisconsin Law Review 1974, S. 1062 ff.

Trubek, David M./ Santos, Alvaro, Introduction: The Third Moment in Law and Development Theory and the Emergence of a New Critical Practice, in: dies. (Hrsg.), The New Law and Economic Development: A Critical Appraisal, Cambridge u.a., 2006, S. 1 ff.

Trubek, David M./ Santos, Alvaro (Hrsg.), The New Law and Economic Development: A Critical Appraisal, Cambridge u.a., 2006.

Trubek, David M. u.a., Global Restructuring and the Law: Studies of the Internationalization of Legal Fields and the Creation of Transnational Arenas, in: 44 Case Western Reserve Law Review 1994, S. 407 ff.

Tschentscher, Axel, Dialektische Rechtsvergleichung – Zur Methode der Komparatistik im öffentlichen Recht, in: JZ 2007, S. 807ff.

Tushnet, Mark, Returning with Interest: Observations on some putative Benefits of studying Comparative Constitutional Law, in: 1 University of Pennsylvania Journal of Constitutional Law 1998, S. 325 ff.

Tushnet, Mark, The Possibilities of Comparative Constitutional Law, in: 108 The Yale Law Journal 1999, S. 1225 ff.

Twining, William, Comparative Law and Legal Theory: The Country and Western Tradition, in: Edge, Ian (Hrsg.), Comparative Law in Global Perspective, Ardsley, 2000, S. 21 ff.

Twining, William, Diffusion and Globalization Discourse, in: 47 Harvard International Law Journal 2006, S. 507 ff.

Twining, William, Diffusion of Law: A global Perspective, in: 49 Journal of Legal Pluralism and Unofficial Law 2004, S. 1 ff.

Twining, William, Globalisation and Legal Theory, London, 2000.

Twining, William, Lecture IV: Generalizing About Law: The Case of Legal Transplants, The Tilburg-Warwick Lectures, 2000, General Jurisprudence, S. 2 ff., unter: http://www.ucl.ac.uk/laws/jurisprudence/docs/others/twi_til_4.pdf.

Twining, William, Social Science and Diffusion of Law, in: 32 Journal of Law and Society 2005, S. 203 ff.

Vörös, Imre, Contextuality and Universality: Constitutional Borrowings on the Global Stage – The Hungarian View, in: 1 University of Pennsylvania Journal of Constitutional Law 1999, S. 651 ff.

Wagner, Joachim, Richter ohne Gesetz: Islamische Paralleljustiz gefährdet unseren Rechtsstaat, Berlin, 2011.

Walker, Neil, The migration of constitutional ideas and the migration of *the* constitutional idea: the case of the EU, in: Choudhry, Sujit (Hrsg.), The Migration of Constitutional Ideas, Cambridge, 2006, S. 316 ff.

Watson, Alan, Aspects of Reception of Law, in: 44 The American Journal of Comparative Law 1996, S. 335 ff.

Watson, Alan, Comparative Law and Legal Change, in: 37 The Cambridge Law Journal 1978, S. 313 ff.

Watson, Alan, Comparative Law: Law, Reality and Society, Belgrad, 2007, unter: www.alanwatson.org.

Watson, Alan, Legal Origins and Legal Change, London u.a., 1991, Kap. 7: Legal Change: Sources of Law and Legal Culture, S. 69 ff.

Watson, Alan, Legal Transplants: An Approach to Comparative Law, Edinburgh, 1974.

Watson, Alan, Legal Transplants and European Private Law, in: 4 The Electronic Journal of Comparative Law 2000, S. 1 ff., unter: http://www.ejcl.org/44/art44-2.html.

Watson, Alan, Legal Transplants and Law Reform, in: 92 The Law Quarterly Review 1976, S. 79 ff.

Watson, Alan, The Making of the Civil Law, Cambridge u.a., 1981.

Watson, Alan, The Nature of Law, Edinburgh, 1977.

Westbrook, David A., Keynote Address: Theorizing the Diffusion of Law: Conceptual Difficulties, Unstable Imaginations, and the Effort To Think Gracefully Nonetheless, in: 47 Harvard International Law Journal 2006, S. 489 ff.

Whitman, James Q., The neo-Romantic turn, in: Legrand, Pierre/ Munday, Roderick (Hrsg.), Comparative Legal Studies: Traditions and Transitions, Cambridge, 2003, S. 312 ff.

Wieacker, Franz, Privatrechtsgeschichte der Neuzeit, 2. Aufl., Göttingen, 1967.

Wiegand, Wolfgang, Die Rezeption amerikanischen Rechts, in: Jenny, Guido/ Kälin, Walter (Hrsg.), Die schweizerische Rechtsordnung in ihren internationalen Bezügen, Bern, 1988, S. 229 ff.

Wiener, Jonathan B., Something Borrowed for Something Blue: Legal Transplants and the Evolution of Global Environmental Law, in: 27 Ecology Law Quarterly 2001, S. 1295 ff.

Wise, Edward M., The Transplant of Legal Patterns, in: 38 The American Journal of Comparative Law 1990 (Suppl.), S. 1 ff.

Zajtay, Imre, Die Rezeption fremder Rechte und die Rechtsvergleichung, in: 156 (36 n.F.) AcP 1957, S. 361 ff.

Zajtay, Imre, Zum Begriff der Gesamtrezeption fremder Rechte, in: 170 (50 n.F.) AcP 1970, S. 251 ff.

Zekoll, Joachim, Kant and Comparative Law – Some Reflections on a Reform Effort, in: 70 Tulane Law Review 1996, 2719 ff.

Zweigert, Konrad/ Kötz, Hein, Einführung in die Rechtsvergleichung: auf dem Gebiete des Privatrechts, 3. Aufl., Tübingen, 1996.

A. Einleitung

I. Problemaufriss

Der Transfer von Recht war und ist ein bedeutender Bestandteil rechtlicher Entwicklung[1]. Dies zeigt ein Blick in die Rechtsgeschichte ebenso wie derjenige auf neuere Tendenzen der Rechtsentwicklung. Die Rezeption des römischen Rechts, die Rechtsexporte der Kolonialmächte, die Reformversuche der USA im Rahmen des Law and Development Movements in Lateinamerika oder, aus jüngerer Zeit, der – auch – rechtliche Wiederaufbau in Afghanistan oder dem Irak, die bis heute anhaltenden Rechtsreformen in den Transitionsländern Mittel- und Osteuropas nach 1989 oder die Rechtsvereinheitlichungs- und -angleichungsbestrebungen durch die Europäische Union und innerhalb Europas sind nur einige Beispiele umfassender Transferbewegungen[2]. Aber auch fernab von diesen weitreichenden und offensichtlichen rechtlichen Umwälzungen, in der täglichen Praxis der Gesetzgeber, Richter, Wissenschaftler, Anwälte und anderer rechtlich relevanter Akteure findet eine lebhafte Interaktion normativer Ordnungen statt[3].

---

1   Am deutlichsten vertritt der Rechtshistoriker Alan Watson diese These, vgl. ders., Legal Transplants: An Approach to Comparative Law, S. 95: „transplanting is, in fact, the most fertile source of development. Most changes in most systems are the result of borrowing". Ähnlich bereits Pound, The Formative Era of American Law, S. 94: „History of a system of law is largely a history of borrowings of legal materials from other legal systems and of assimilation of materials from outside of the law". Siehe auch Geertz, Local Knowledge: Fact and Law in Comparative Perspective, in: ders., Local Knowledge: Further Essays in Interpretive Anthropology, S. 167 (221, Fn 80); Graziadei, Comparative Law as the Study of Transplants and Receptions, in: Reimann/Zimmermann (Hrsg.), The Oxford Handbook of Comparative Law, S. 441 (442); Glenn, Persuasive Authority, in: 32 McGill Law Journal 1987, S. 261 (264); Örücü, Law as Transposition, in: 51 International and Comparative Law Quarterly 2002, S. 205 (205 f.); Wise, The Transplant of Legal Patterns, in: 38 The American Journal of Comparative Law 1990 (Suppl.), S. 1 (16).

2   Vgl. zu einer ähnlichen Aufstellung auch Twining, Diffusion of Law: A global Perspective, in: 49 Journal of Legal Pluralism and Inofficial Law 2004, S. 1 (9 f.).

3   Twining, Diffusion of Law: A global Perspective, in: 49 Journal of Legal Pluralism and Inofficial Law 2004, S. 1 (24 f.); Nelken, Towards a Sociology of Legal Adaptation, in:

Mitunter wird sogar angenommen, die Nachahmung fremder Rechtsregeln sei sehr viel häufiger als die Schaffung innovativer und autochthoner, also völlig neuer und allein aus dem eigenen System heraus gebildeter Normen[4].

Dabei hat der Transfer fremder Rechtsmuster gegenüber früher noch an Bedeutung gewonnen: dies ist auf die modernen Kommunikations- und Transportmittel, die einen fast uneingeschränkten Zugriff auf rechtliche Materialien und eine umfassende personelle Mobilität ermöglichen, ebenso zurückzuführen, wie auf die zunehmende Verrechtlichung aller Lebensbereiche. Diese zunehmende globale und sektorale Vernetzung im wirtschaftlichen, politischen und gesellschaftlichen Bereich fördert den formellen wie informellen Austausch zwischen den Rechtssystemen[5]. Globalisierung, Europäisierung und Amerikanisierung, auch als Antwort auf grenzüberschreitende Problemstellungen, verstärken die systemübergreifende Bewegung des Rechts[6]. In manchen Gebieten des Rechts hat dies zu der Feststellung geführt, dass es kaum mehr möglich sei, das Recht ohne Einflüsse von außen zu verändern[7].

ders./Feest (Hrsg.), Adapting Legal Cultures, S. 7 (24); vgl. auch die Aufsätze in dem Sammelband von Drobnig/van Erp (Hrsg.), The Use of Comparative Law by Courts.

4 Vgl. zu dieser Einschätzung Watson, Legal Transplants: An Approach to Comparative Law, S. 21, 95; Sacco, Einführung in die Rechtsvergleichung, S. 131; Örücü, Law as Transposition, in: 51 International and Comparative Law Quarterly 2002, S. 205 (206); Großfeld, Macht und Ohnmacht der Rechtsvergleichung, S. 75.

5 Sie führt auch zu strukturellen Veränderungen bei der Interaktion normativer Ordnungen, siehe hierzu unten unter C.I.2.b.

6 Wiegand, Die Rezeption amerikanischen Rechts, in: Jenny/Kälin (Hrsg.), Die schweizerische Rechtsordnung in ihren internationalen Bezügen, S. 229 ff.; Miller, A Typology of Legal Transplants, in: 51 The American Journal of Comparative Law 2003, S. 839; Fleischer, Legal Transplants im deutschen Aktienrecht, in: NZG 2004, S. 1129 (1135); Häberle, Theorieelemente eines allgemeinen juristischen Rezeptionsmodells, in: 47 JZ 1992, S. 1033 (1034); Stichweh, Transfer in Sozialsystemen, in: Rechtstransfer in der Geschichte, S. 1 (4). Insbesondere für den Bereich richterlicher Entscheidungen vgl. Schauer, The Politics and Incentives of Legal Transplantation, Law and Development Paper No 2, CID Working Paper No. 44, April 2000, Center for International Development at Harvard University, www.cid.harvard.edu/cidwp/044.htm, S. 1 (18).

7 So in Bezug auf das Verfassungsrecht Frankenberg, Autorität und Integration, S. 115 (128): „In der heutigen Welt einer auch konstitutionellen globalen Vernetzung ist eine völlig autonome, nach außen abgeschottete ‚Verfassungsgebung in der Retorte' kaum noch theoretisch denkbar, geschweige denn eine realistische praktische Option". Ebenso Kokott, From Reception and Transplantation to Convergence of Constitutional Models in the Age of Globalization – with Special Reference to the German

Es wird sich jedenfalls kaum ein Rechtssystem auf dieser Erde finden lassen, welches sich nicht zu irgendeinem Zeitpunkt seiner Geschichte dem Recht einer fremden Ordnung bedient hätte oder auf andere Weise mit fremden Rechtselementen in Kontakt gekommen wäre[8]. Jedes Rechtssystem ist daher mehr oder weniger „gemischt", bestehend, in unterschiedlichem Verhältnis, aus autochthon entwickelten und „importierten" Elementen anderer normativer Ordnungen[9].

Gerade die gezielten Transfervorhaben, namentlich im Rahmen rechtlicher Reformen und Vereinheitlichungsprojekte, verliefen und verlaufen in der Praxis jedoch nicht immer so problemlos, wie die Häufigkeit dieser Unterfangen es vermuten ließe[10]. Die Literatur zum Scheitern des Law and Development Movements in den 60er und 70er Jahren des letzten Jahrhunderts ist umfangreich[11]. Die dort

---

Basic Law, in: Starck (Hrsg.), Constitutionalism, Universalism and Democracy – a comparative analysis, S. 71 (74); Osiatynski, Paradoxes of constitutional borrowing, in: 1 International Journal of Constitutional Law 2003, S. 244. Sacco, Einführung in die Rechtsvergleichung, S. 131 stellt den Befund auf, dass „kein Gesetzbuch eine vollständige Eigenkreation" sein könne. Ebenso Miller: A Typology of Legal Transplants, in: 51 The American Journal of Comparative Law 2003, S. 839 (839 f.): „(…) most major legislation now has a foreign component".

8   Wieacker, Privatrechtsgeschichte der Neuzeit, S. 124 (m.w.N.): „Rezeptionen alles andere als Ausnahmefälle der Rechtsgeschichte"; Twining, Diffusion of Law: A global Perspective, in: 49 Journal of Legal Pluralism and Unofficial Law 2004, S. 1 (7): „Legal Systems and legal traditions have interacted throughout history. Indeed isolation has been quite exceptional"; Markovits, Exporting Law Reform – But will it travel?, in: 37 Cornell International Law Journal 2004, S. 95; Glenn, Persuasive Authority, in: 32 McGill Law Journal 1987, S. 261 (264); Schlesinger/Baade/Herzog/Wise, Comparative Law: cases, text, materials, S. 288.

9   So schon Kocourek, Factors in the Reception of Law, in: 10 Tulane Law Review 1936, S. 209 (229). Aktueller Markovits, Exporting Law Reform – But will it travel?, in: 37 Cornell International Law Journal 2004, S. 95; Schlesinger/Baade/Herzog/Wise, Comparative Law: cases, text, materials, S. 13; van Gerven, Comparative Law in a Regionally Integrated Europe, in: Harding/Örücü (Hrsg.), Comparative Law in the 21st Century, S. 155 (169).

10   MacDonald/Kong, Patchwork Law Reform: Your Idea is Good in Practice, but it won't work in Theory, in: 44 Osgoode Hall Law Journal 2006, S. 11 ff.; Moore, Law and Social Change: The Semi-Autonomous Social Field as an Appropriate Subject of Study, in: 7 Law and Society Review 1972/73, S. 719 (723).

11   Vgl. exemplarisch zum Scheitern des Law and Development Movements Trubek/Galanter, Scholars in Self-Estrangement: Some Reflections on the Crisis in Law and Development Studies in the United States, in: 4 Wisconsin Law Review 1974, S. 1062 ff.; Gardner, Legal Imperialism: American Lawyers and Foreign Aid in Latin America, insb. S. 261 ff. Explizit auch Merryman, Comparative Law and Social Change: On the

geäußerte Kritik wurde nach den ersten Jahren der Reformbemühungen in Mittel- und Osteuropa wieder aufgegriffen und die Frage gestellt, ob man aus den Fehlern vergangener Tage nicht gelernt habe[12]. Ebenso wird trotz der zunehmenden supra- und internationalen Verrechtlichung etwa auf europäischer Ebene immer wieder problematisiert, „(…) wether uniformity or a Tower of Babel is the more logical outcome of international collaboration, even where uniformity of interpretation is a stated goal"[13]. Daneben ist auch die theoretische Explikation rechtlicher Transferprozesse ein Feld voller offener Fragen und Widersprüche[14].

Viele dieser praktischen und theoretischen Schwierigkeiten und Unklarheiten lassen sich zumindest auch auf eine unzureichende theoretische und methodologische Reflektion des Transferphänomens zurückführen[15].

In einem einflussreichen Artikel zu den theoretischen und methodischen Problemen und Unzulänglichkeiten der klassischen Rechtsvergleichung hat der Autor festgestellt: „(…) dass Recht ein ubiquitäres, amorphes und doppelsinniges

---

Origins, Style and Decline & Revival of the Law and Development Movement, in: 25 The American Journal of Comparative Law 1977, S. 457 (481): „The mainstream law and development movement, dominated by the American legal style, was bound to fail and has failed". Siehe hierzu auch unten unter C.II.1.a.

12 Channell, Lessons Not Learned: Problems with Western Aid for Law Reform in Post-communist Countries, in: Carnegie Papers. Rule of Law Series, Number 57, 2005, S. 4; Nader, Laura, Promise or Plunder? A Past and Future Look at Law and Development, in: 7 Global Jurist 2007, S. 1 (16 f.); Günther/Randeria, Recht, Kultur und Gesellschaft im Prozeß der Globalisierung, S. 62.

13 Grosswald Curran, Cultural Immersion, Difference and Categories in U.S. Comparative Law, in: 46 The American Journal of Comparative Law 1998, S. 41 (66, Fn 76) zur unterschiedlichen Interpretation internationaler Verträge wie dem Wiener Kaufrechts-Übereinkommen (Convention on the International Sale of Goods, CISG).

14 Siehe hierzu grundlegend den Streit zwischen Watson und Legrand, bei dem ersterer sogar offen zugibt, dass die Diskutanten in weiten Teilen aneinander vorbeireden, da sie einem jeweils eigenen Verständnis von Rechtstransfer folgen, siehe Watson, Legal Transplants and European Private Law, in: 4 The Electronic Journal of Comparative Law 2000, www.ejcl.org/44/art44-2.html, S. 1 (9 f.). Zur Darstellung dieses Streitstandes siehe unten unter D.III.

15 Eindringlich Rittich, Enchantments of Reason/Coercions of Law, in: 57 University of Miami Law Review 2003, S. 727 (735); so auch schon Merryman, Comparative Law and Social Change: On the Origins, Style and Decline & Revival of the Law and Development Movement, in: 25 The American Journal of Comparative Law 1977, S. 457 (481), der aus dem Scheitern des Law and Development Movements auf ein Bedürfnis nach stärkerer Auseinandersetzung mit den theoretischen Grundlagen der Entwicklungspolitik schloss.

Phänomen ist. Es nur hier oder dort zu situieren, ähnelt dem Versuch, einen Pudding an die Wand zu nageln. Wir müssen ihm überall nachspüren: in Texten, Institutionen, Rechtsakten, Ideen und Phantasien – eine eher beunruhigende, aber auch faszinierende Aussicht"[16]. Diese Aufforderung gilt ebenso für die Beschäftigung mit dem Transfer von Recht. Der Gegenstand ist in beiden Fällen der gleiche: das Recht in seinen unzähligen unterschiedlichen Ausprägungen und Konzeptionen.

Während in wissenschaftlichen Arbeiten üblicherweise der Gegenstand der Untersuchung zunächst genau abgegrenzt und sich sodann einzelnen Problemstellungen gewidmet wird, die sich im Zusammenhang mit dem so festgelegten Untersuchungsobjekt ergeben, lässt sich der Transfer von Recht auf diese Weise nicht ohne Weiteres erfassen. Denn hier liegt die Schwierigkeit gerade in der Beantwortung der Frage „Was ist Rechtstransfer?".

Wie zu zeigen sein wird, gibt es auf diese Frage bereits aufgrund der zahlreichen unterschiedlichen Erscheinungsweisen rechtlichen Transfers keine eindeutige Antwort. So konstatiert *Jan von Hein* zum Begriff der „Rezeption", der dem des Transfers eng verwandt ist und teilweise mit diesem synonym verwendet wird[17], dass „der Begriff der ‚Rezeption' in der Rechtswissenschaft seit je lebhaft umstritten (ist). Es ist nahezu ein Gemeinplatz, dass unter dieser Überschrift Vorgänge einer Übernahme fremden Rechts zusammengefasst werden, deren Ursachen und Ausmaß sich ebenso unterscheiden wie die hierbei verwendeten Techniken und die Wege, auf denen fremdes Recht in eine andere Ordnung eindringt"[18].

Neben der empirischen Vielfalt rechtlichen Transfers erschwert dessen theoretische und methodische Komplexität die Erfassung dieser amorphen Erscheinung: die Frage nach dem Transfer von Recht ist Einfallstor für die unterschiedlichsten Ansichten zu Rechtskonzeptionen und Transferperspektiven, die je nach Theorieverständnis, methodischem Hintergrund, Forschungs- oder praktischem Anliegen ganz erheblich differerieren können[19]. Die Unzahl von Theorien und Forschungsansätzen

---

16 Frankenberg, Critical Comparisons: Re-Thinking Comparative Law, in: 26 Harvard International Law Journal 1985, S. 411 (454); übersetzt und erneut abgedruckt in: ders., Autorität und Integration, S. 299 (361).

17 Zu den unterschiedlichen Begrifflichkeiten, die teils als Synonym, teils als Alternative zu dem Begriff des Rechtstransfers verwendet werden, siehe unten unter B.III.3.

18 Von Hein, Die Rezeption US-amerikanischen Gesellschaftsrechts in Deutschland, S. 8 f.

19 So wird der Transfer des Rechts etwa von Rechtsvergleichern, Rechtssoziologen, Rechtshistorikern, Politikwissenschaftlern und Kulturanthropologen untersucht. Vgl. auch Frankenberg, Autorität und Integration, S. 320 zur Rechtsvergleichung:

zum Transfer von Recht sowie die Tendenz, sich entweder in extremen Positionen zu verlieren oder einen stark relativierenden Standpunkt einzunehmen, trägt häufig mehr zur Verdunkelung denn zur Aufklärung über den Gegenstand bei[20].

Aufgrund dieser Vielschichtigkeit des Rechtstransfers und der zahlreichen Annäherungsmöglichkeiten an diese Erscheinung weist eine nicht geringe Anzahl von Wissenschaftlern darauf hin, dass es kaum, wenn nicht gar unmöglich sei, verallgemeinernde Aussagen über dieses Phänomen zu treffen[21]. Der überwiegende Teil der Literatur zum Gebrauch fremder Rechtsmuster legt sein Augenmerk dementsprechend vor allem auf die Darstellung und Erläuterung einzelner Transfers oder spezifischer, den Transfer von Recht beinhaltender Situationen[22]. Systematisierende Untersuchungen von Rechtstransfer sind dagegen vergleichsweise selten. Zwar existieren einige Ansätze zu möglichen Kategorisierungen der verschiedenen Transferphänomene und Transferkonzeptionen[23].

„Komparatisten haben ihre Arbeit in mannigfachen Geisteshaltungen erledigt, die vom noblen Humanismus hinunter bis zum schlichten Instrumentalismus reichen. Sie verglichen das Recht als Philosophen, Historiker, Rechtsgelehrte, Sozialingenieure und einige auch als Sozialwissenschaftler."

20 Vgl. zu dieser Einschätzung Twining, Diffusion of Law: A global Perspective, in: 49 Journal of Legal Pluralism and Inofficial Law 2004, S. 1 (11, 33 f.); Nelken, Towards a Sociology of Legal Adaptation, in: ders./Feest (Hrsg.), Adapting Legal Cultures, S. 7 (11).

21 So Watson, Aspects of Reception of Law, in: 44 The American Journal of Comparative Law 1996, S. 335; Twining, Diffusion of Law: A global Perspective, in: 49 Journal of Legal Pluralism and Inofficial Law 2004, S. 1 (34); Nelken, Towards a Sociology of Legal Adaptation, in: ders./Feest (Hrsg.), Adapting Legal Cultures, S. 7 (29); Ewald, Comparative Jurisprudence (II): The Logic of Legal Transplants, in: 43 The American Journal of Comparative Law 1995, S. 489 (509); Foster, Transmigration and Transferability of Commercial Law in a Globalized World, in: Harding/Örücü (Hrsg.), Comparative Law in the 21st Century, S. 55 (71).

22 So auch der Befund von Miller, A Typology of Legal Transplants, in: 51 The American Journal of Comparative Law 2003, S. 839 (841).

23 Vgl. etwa die Typologie bei Miller, A Typology of Legal Transplants, in: 51 The American Journal of Comparative Law 2003, S. 839 ff.; differenziert auch Twining, Diffusion of Law: A global Perspective, in: 49 Journal of Legal Pluralism and Inofficial Law 2004, S. 1 (20 ff.); Rheinstein, Types of Reception, in: 5 Annales de la Faculté de Droit d'Istanbul 1956, S. 31 ff.; Markovits, Exporting Law Reform – But will it travel?, in: 37 Cornell International Law Journal 2004, S. 95 (98 ff.). Spezifisch zum Verfassungsrecht Häberle, Theorieelemente eines allgemeinen juristischen Rezeptionsmodells, in: 47 JZ 1992, S. 1033 ff.; Kokott, From Reception and Transplantation to Convergence of Constitutional Models in the Age of Globalization – with Special Reference to the German Basic Law, in: Starck (Hrsg.), Constitutionalism, Universalism and Democracy – a comparative analysis, S. 71

6

Eine umfassende, theoretisch überzeugende Darstellung rechtlichen Transfers in seiner empirischen und theoretisch-methodischen Komplexität gibt es jedoch bisher nicht[24]. Damit ist jedoch nicht gesagt, dass eine umfassendere systematische Untersuchung rechtlicher Transfers unmöglich oder ohne Nutzen wäre. Vielmehr ist gerade aufgrund der geschilderten Komplexität rechtlichen Transfers eine differenzierte Systematisierung der – oder doch zumindest einer repräsentativen Auswahl von – verschiedenen Transferarten und -konzeptionen aufschlußreich und erforderlich, um bestehende faktische Unterschiede und theoretische Unterscheidungen aufzuzeigen und nach Deutungsmustern zu suchen, ohne die jeweiligen Besonderheiten in einer möglichst allgemeinen Theorie zu verklären[25]. Zudem ermöglicht erst eine Gesamtschau der unterschiedlichen Formen rechtlichen Transfers, autochthoner Rechtsetzung und deren vielfältiger Zusammenhänge aussagekräftige Einblicke in die komplexen Prozesse rechtlicher Entwicklung[26]. Hierzu soll die vorliegende Arbeit einen Beitrag leisten.

II. Gang der Argumentation

Ziel dieser Arbeit ist die Darstellung und Diskussion der empirischen und theoretischen Komplexität rechtlichen Transfers und dessen Bedeutung für die

---

(76 ff.). Zu einer Typologie von Transferphänomenen auf der Ebene der Rechtsprechung vgl. Slaughter, A Typology of Transjudicial Communication, in: 29 University of Richmond Law Review 1994, S. 99 (103 ff.).

24 Twining, Social Science and Diffusion of Law, in: 32 Journal of Law and Society 2005, S. 203 (204); Rehm, Rechtstransplantate als Instrumente der Rechtsreform und – transformation, in: 72 RabelsZ 2008, S. 1 (9); Watson, Aspects of Reception of Law, in: 44 The American Journal of Comparative Law 1996, S. 335; Miller, A Typology of Legal Transplants, in: 51 The American Journal of Comparative Law 2003, S. 839 (841).
Mitunter wurde der Nutzen einer solchen Systematisierung sogar in Frage gestellt, so etwa von Watson, Legal Transplants: An Approach to Comparative Law, S. 30: „It is up to those (if any) who would whish to elaborate types of transplantation to show what new light the classification would cast on the data".

25 In diesem Sinne auch Nelken, Towards a Sociology of Legal Adaptation, in: ders./ Feest (Hrsg.), Adapting Legal Cultures, S. 7 (29); Zajtay, Die Rezeption fremder Rechte und die Rechtsvergleichung, in: 156 (36 n.F.) Archiv für die civilistische Praxis 1957, S. 361 (368); Kanda/Milhaupt, Re-examining Legal Transplants: The Director's Fiduciary Duty in Japanese Corporate Law, in: 51 The American Journal of Comparative Law 2003, S. 887 (901).

26 Graziadei, Comparative Law as the Study of Transplants and Receptions, in: Reimann/ Zimmermann (Hrsg.), The Oxford Handbook of Comparative Law, S. 441 (456, 461 f.).

Rechtsentwicklung. Sowohl der Begriff des „Rechtstransfers" als auch der der „Rechtsentwicklung" werden dabei in einem denkbar weiten Sinne verstanden. Während mit ersterem die Vielfältigkeit der Austauschprozesse zwischen normativen Ordnungen beschrieben wird, umfasst der Begriff der „Rechtsentwicklung" als zunächst methodenneutrales Schlagwort nahezu alle Veränderungen des Rechts in einem weit verstandenen Sinne.

Um einen Einstieg in die Schwierigkeiten bei der Erfassung des Rechtstransfers als zwischen Faktizität, Normativität und Idealität oszillierender Entität sowie eine Grundlegung für die in dieser Arbeit gewählte Herangehensweise an den Untersuchungsgegenstand zu schaffen, erfolgen zunächst einige Ausführungen zum theoretisch-methodischen Hintergrund des Rechtstransfers (B.).

Im weiteren Verlauf wird die empirische Komplexität rechtlichen Transfers aufgezeigt. Die Darstellung dient auch als phänomenologische Diskussionsgrundlage für den sich anschließenden theoretischen Teil. Sie geht davon aus, dass auch den empirischen Erscheinungsweisen der Interaktion normativer Ordnungen immer schon ein bestimmtes Verständnis von Recht und Transfer zugrunde liegt (C.).

Die Erörterung der unterschiedlichen theoretischen Herangehensweisen an das Transferphänomen verdeutlicht sodann die bereits aus der Darstellung seiner empirischen Komplexität gewonnene Einsicht, dass der Transfer von Recht nicht in ein verallgemeinerbares Erklärungsmuster gepresst werden kann. Anhand einer Auswahl theoretisch-methodischer Erklärungsansätze werden (erkenntnis-)theoretische, konzeptionelle und methodische Differenzierungen im Umgang mit diesem Phänomen aufgezeigt sowie Zielrichtung und Erklärungswert des jeweiligen Ansatzes analysiert (D.).

Die Arbeit schließt mit einigen zusammenfassenden Bemerkungen (E.).

B. Theoretisch-methodische Vorüberlegungen

Der Transfer von Recht wird überwiegend als Thema der Rechtsvergleichung verortet (I.) und teilt mit dieser deren Probleme bei der Erfassung ihres Gegenstandes – des Rechts – und der Wahl der geeigneten theoretisch-methodischen Annäherung (II.). Diese theoretisch-methodischen Schwierigkeiten sind als Hintergrund und Orientierungspunkt für die Untersuchung der empirischen und theoretischen Komplexität des Rechtstransfers vor dem Einstieg in die eingehendere Analyse zunächst aufzufächern. Dabei sind insbesondere die erkenntnistheoretischen Voraussetzungen und Implikationen aufzuzeigen, die sämtlichen theoretischen wie praktischen Umgang mit dem Transfer von Recht bewusst oder unbewusst bestimmen (III.).

I. Zum Verhältnis von Rechtsvergleichung und Rechtstransfer

1. Verortung des Rechtstransfers als Thema der Rechtsvergleichung

Der Transfer von Recht wird in der Regel in enger Beziehung zur Rechtsvergleichung gesehen. Zum einen ist die systematische Untersuchung rechtlichen Transfers Gegenstand der Rechtsvergleichung als wissenschaftliches Betätigungsfeld. Schon früh hat *Imre Zajtay* dem systematischen „Studium des Rezeptionsproblems" als „*Anwendungsgebiet der Rechtsvergleichung*"[27] einen bedeutenden Stellenwert eingeräumt[28]. Dieses umfasse „die Untersuchung der Ursachen und der mannigfaltigen Umstände der einzelnen Rezeptionsfälle, der verschiedenen Faktoren, die bei der Verwirklichung der Rezeption förderlich

---

27 Zajtay, Die Rezeption fremder Rechte und die Rechtsvergleichung, in: 156 (36 n.F.) Archiv für die civilistische Praxis 1957, S. 361 (363; Kursivdruck im Original, J.M.).

28 Ablehnend allerdings mit Nachdruck Constantinesco, Rechtsvergleichung Band II, S. 414, Fn 341, der die Einordnung Zajtays, „die Aufgabe eines ‚vergleichenden Studiums des Rezeptionsproblems'" sei eine solche der *Rechtsvergleichung* für „(d) ogmatisch verfehlt" hält, da die Rechtsvergleichung „allein zum Gegenstand hat, die zu vergleichenden Elemente einander gegenüberzustellen, um ihre Beziehungen zueinander festzustellen". Dagegen sei „die von *Zajtay* vorgeschlagene Studie eine Untersuchung, die auf politischen, historischen, soziologischen und psychologischen Faktoren aufbaut" (Kursivdruck im Original, J.M.).

oder hemmend mitgewirkt haben, und der Ergebnisse, zu denen die einzelnen Rezeptionsvorgänge geführt haben, darunter besonders der wichtigen Frage, ob das rezipierte Recht zur tatsächlichen Geltung gelangt ist"[29]. Der Rechtshistoriker *Alan Watson* hat die (historische) Untersuchung von Rechtstransfer gar zum alleinigen oder jedenfalls hauptsächlichen Gegenstand der Rechtsvergleichung erklärt[30]: „Rechtsvergleichung als akademische Disziplin ist vornehmlich eine Untersuchung der durch Rechtsanleihen entstandenen Beziehungen zwischen Systemen"[31].

Zum anderen und besonders häufig wird der Transfer von Recht aber auch als das praktische Ziel oder jedenfalls als ein praktisches Ziel, als praktische Funktion oder praktischer Aspekt der Rechtsvergleichung und die Rechtsvergleichung umgekehrt als Mittel oder Methode der Rechtsübertragung angesehen. Explizit dient die Rechtsvergleichung in diesem Zusammenhang vor allem der Vorbereitung rechtlicher Reformen durch den Gesetzgeber, oft bezeichnet als „better-law comparison", und der Vereinheitlichung des Rechts, aber auch der Auslegung des (nicht notwendig ebenfalls rezipierten) nationalen Rechts durch den Richter[32].

Dieser enge Zusammenhang zwischen Rechtsvergleichung und Rechtstransfer kommt ebenso in den Bezeichnungen der entsprechenden Vorgänge zum Ausdruck: so wird etwa die Heranziehung fremder Rechtsquellen durch die

---

29 Zajtay, Die Rezeption fremder Rechte und die Rechtsvergleichung, in: 156 (36 n.F.) Archiv für die civilistische Praxis 1957, S. 361 (368).

30 Watson, Legal Transplants: An Approach to Comparative Law, S. 7; ders., Comparative Law and Legal Change, in: 37 The Cambridge Law Journal 1978, S. 313 (321). Auch Sacco, Einführung in die Rechtsvergleichung, S. 26, erklärt die – nachträgliche – Untersuchung von Rezeptionen zum Gegenstand der Rechtsvergleichung.

31 Watson, Comparative Law and Legal Change, in: 37 The Cambridge Law Journal 1978, S. 313 (318). Auch Örücü, Law as Transposition, in: 51 International and Comparative Law Quarterly 2002, S. 205 (206), ist der Überzeugung, dass in der Untersuchung der Pfade, Methoden und Konsequenzen der „transfrontier mobility of law" der bedeutendste Beitrag der Rechtsvergleichung in diesem Jahrhundert gesehen werden könne.

32 Bereits Ende des 19. Jahrhunderts stellte Maine, Village-Communities in the East and West, S. 4, fest, dass es als Konsens unter kundigen Juristen gelten könne, dass die Erleichterung der Gesetzgebung und die praktische Verbesserung des Rechts die vornehmliche Funktion der Rechtsvergleichung darstelle. In diesem Sinne auch Zweigert/Kötz, Einführung in die Rechtsvergleichung, S. 11 f.; 14; Constantinesco, Rechtsvergleichung Band II, S. 371 f.; zu den Zielen der Rechtsvergleichung auch Corcoran, Comparative Corporate Law Research Methodology, in: 3 Canberra Law Review 1996, S. 54 (56).

Rechtsprechung als „Gebrauch der Rechtsvergleichung durch die Gerichte" bezeichnet[33]. Teilweise werden Transfer und Vergleichung auch als identische Begriffe verwendet – Transfer als „angewandte Rechtsvergleichung"[34].

Watson fasst dies folgendermaßen zusammen: „Während sich die Rechtsvergleichung als praktische Studie mit den Rechtstransplantaten beschäftigt, die im konkreten Fall passend oder geeignet sind und damit, wie diese vorgenommen werden oder werden sollten, befasst sich die akademische Disziplin mit den Transplantaten, die bereits vorgenommen wurden, damit, warum und wie diese vorgenommen wurden und mit den Erkenntnissen, die man hieraus ziehen kann"[35].

2. Isolierte Betrachtungen von Rechtstransfer und Rechtsvergleichung

Nicht immer werden Rechtsvergleichung und Rechtstransfer jedoch in diesem engen Zusammenhang gesehen. So gibt es Stimmen, die den besonderen Wert der Rechtsvergleichung als rein beschreibende und objektive Wissenschaft betonen, die sich durch ihre grundsätzliche Unabhängigkeit von jedem praktischen Nutzen auszeichne. Ihr wesentliches und wichtigstes Ziel sei die bloße Kenntnis fremder Rechtsmodelle[36].

Und auch die Ansicht, die den Transfer von Recht als praktische Umsetzung der Rechtsvergleichung ansieht, hat – durchaus zu Recht – ihre Kritiker. Denn in der Praxis ist eine der Übernahme fremden Rechts vorangehende, umfassende Vergleichung erkennbar eher die Ausnahme als die Regel[37]. So wird konstatiert, dass zwischen den mit rechtlicher Entwicklung und Reform befassten Institutionen zwar ein durchaus valides Netzwerk bestehe innerhalb dessen die

---

33 Vgl. den Titel des Sammelbandes von Drobnig/van Erp (Hrsg.), The Use of Comparative Law by Courts.

34 Sommermann, Die Bedeutung der Rechtsvergleichung für die Fortentwicklung des Staats- und Verwaltungsrechts in Europa, in: 52 Die Öffentliche Verwaltung 1999, S. 1017 (1024).

35 Watson, Comparative Law and Legal Change, in: 37 The Cambridge Law Journal 1978, S. 313 (318).

36 Sacco, Einführung in die Rechtsvergleichung, S. 21, 25. So mit kritischer Note auch Kennedy, The methods and the politics, in: Legrand/Munday (Hrsg.), Comparative Legal Studies: Traditions and Transitions, S. 345 (346): „Comparative Law is about knowing, not doing". Kritisch auch bereits Binder, Philosophie des Rechts, S. 948: Die Rechtsvergleichung sei „die Ansammlung von Bausteinen auf einem Haufen, auf dem sie ungenutzt liegen bleiben".

37 Siehe hierzu unten unter C.II.4.d.

„Produkte" der anderen für eigene Zwecke genutzt würden. Eine Darstellung von Rechtsreform und Rechtsentwicklung als Vorgang, bei dem sich der Akteur aus einer Auswahl fremder Vorschläge die nach rechtsvergleichender Untersuchung beste Lösung heraussuche, sei jedoch eine „naive Karikatur tatsächlicher Reformprozesse"[38]. Die Praxis heutiger Juristen, die mit dem „Export" ihres eigenen Rechtssystems befasst seien, habe mit der Rechtsvergleichung rein gar nichts zu tun[39]. Auch der Gebrauch fremder Rechtsmuster durch die Rechtsprechung erfolge regelmäßig ohne systematischen rechtsvergleichenden Ansatz. Nichtsdestotrotz werden die Referenzen an fremde Gesetze, Gerichtsentscheidungen oder wissenschaftliche Literatur als rechtsvergleichende Bemühungen der Gerichte angesehen. Denn sie zeigten zumindest, dass die Gerichte sich des Umstands bewusst seien, dass es andernorts rechtliche Antworten auf ihre Fragen gebe, die sich von den von ihrem Rechtssystem bereitgestellten Lösungen unterschieden[40].

3. Zwischenfazit

Unabhängig davon, wie man zu den Zusammenhängen zwischen Rechtstransfer und Rechtsvergleichung steht, hat, wie im Folgenden zu zeigen sein wird, die Rechtsvergleichung als wissenschaftliches Betätigungsfeld mit Fragen zu kämpfen, die sich für den Transfer von Recht in gleicher oder jedenfalls ähnlicher Weise stellen. Daher lassen sich aus der allseits und vor allem von den Rechtsvergleichern selbst beklagten „Malaise"[41] der Rechtsvergleichung Erkenntnisse ziehen, die einen Einstieg auch in die Problematik der theoretischen und

---

38 Twining, Comparative Law and Legal Theory: The Country and Western Tradition, in: Edge (Hrsg.), Comparative Law in Global Perspective, S. 21 (53).

39 Monateri, The Weak Law, in: 8 Rechtsgeschichte 2006, S. 39, Fn 2. Ähnlich auch schon Constantinesco, Rechtsvergleichung Band II, S. 415: „Je größer die Kluft zwischen den Rechtsordnungen der beiden Staaten ist, desto mehr stellt jedoch die Übernahme eines Gesetzeswerkes eine politische Entscheidung dar und schließt rechtsvergleichende Untersuchungen aus". So auch Sacco, Einführung in die Rechtsvergleichung, S. 26: „Die großen Rezeptionen – und d.h. die Räder, die den rechtlichen Fortschritt antreiben – geschehen ohne eine ihnen vorangehende Vergleichung, oder jedenfalls nur auf der Grundlage einer nur oberflächlichen Vergleichung, für die man die Kenntnis eines Gesetzestextes für ausreichend hält, oder auf der Grundlage eines Entwurfes der Lehre".

40 Drobnig, The Use of Comparative Law by Courts, in: ders./van Erp (Hrsg.), The Use of Comparative Law by Courts, S. 3 (4).

41 Ewald, Comparative Jurisprudence (I): What was it like to try a rat, in: 143 University of Pennsylvania Law Review 1995, S. 1889 (1891).

methodischen Untersuchung rechtlichen Transfers ermöglichen. Dieser Umstand wird im Folgenden einer näheren Betrachtung unterzogen.

II. Defizite von Rechtsvergleichung und Rechtstransferuntersuchungen

Seit jeher werden der Rechtsvergleichung strukturelle, theoretische und methodische Defizite nachgesagt[42]. Diese Schwierigkeiten sind nicht zuletzt darauf zurückzuführen, dass sich die rechtsvergleichende Profession ob der Vielfältigkeit ihrer Aufgaben und Ziele und der Fassung ihres Gegenstandes – des Rechts – nicht auf eine einheitliche und eindeutige Definition der Rechtsvergleichung einigen kann, wobei weniger die terminologische als die inhaltliche Erfassung der Rechtsvergleichung im Vordergrund steht[43]. „Es fehlt ein allgemein akzeptierter theoretischer Rahmen; Begriff, Ziele, Gegenstand und Methode der Rechtsvergleichung sind streitig"[44].

Mathias Reimann bezeichnet die bestehenden rechtsvergleichenden Untersuchungen als „Stückwerk", dem es an einer „gemeinsamen intellektuellen Basis" fehle, „auf der man sich (zumindest gelegentlich) treffen" könne. „Einziger gemeinsamer Nenner" der Rechtsvergleichung sei „der Umstand, dass sie sich mit fremdem Recht beschäftigt". Dieser könne „zwar die Einzelteile einem

---

42 So schon McDougal, Comparative Study of Law for Policy Purposes, in: 61 Yale Law Journal 1952, S. 915 (918 ff.); Constantinesco, Rechtsvergleichung Band I, S. 203; Frankenberg, Autorität und Integration, S. 308 f., 313; Reimann, The Progress and Failure of Comparative Law in the Second Half of the Twentieth Century, in: 50 The American Journal of Comparative Law 2002, S. 671 (686 ff.); Ewald, Comparative Jurisprudence (I): What was it like to try a rat, in: 143 University of Pennsylvania Law Review 1995, S. 1889 (1894); Puchalska-Tych/Salter, Comparing legal cultures of Eastern Europe: the need for a dialectical analysis, in: 16 Legal Studies 1996, S. 157.

43 Constantinesco, Rechtsvergleichung Band I, S. 205, 206 ff.; Frankenberg, Autorität und Integration, S. 299 f., Fn 1.

44 Großfeld, Macht und Ohnmacht der Rechtsvergleichung, S. 24 f. Ebenso McDougal, Comparative Study of Law for Policy Purposes, in: 61 Yale Law Journal 1952, S. 915 (919); Reimann, The Progress and Failure of Comparative Law in the Second Half of the Twentieth Century, in: 50 The American Journal of Comparative Law 2002, S. 671 (689). Vgl. auch Merryman, in: Legrand, John Henry Merryman and Comparative Legal Studies: A Dialogue, in: 47 The American Journal of Comparative Law 1999, S. 3 (35): „I do not know of anyone who has done substantial theoretical work addressed to what comparative law really is about".

gemeinsamen Oberbegriff zuordnen, (...) jedoch keine Verbindung zwischen ihnen herstellen"[45].

Auch bei der Beschäftigung mit dem Transfer von Recht besteht in den grundlegenden Fragen danach, was hier Gegenstand, Aufgabe und Methode sei, keine Einigkeit: „Die Diffusion von Recht bezieht sich auf ein unüberschaubares und komplexes Spektrum an Phänomenen, welche von vielfältigen Standpunkten aus und für eine Vielzahl von Zwecken untersucht werden können"[46].

Ob es aber einer „gemeinsamen Übereinkunft der Beteiligten über das Was und Warum ihres Schaffens"[47] bedarf, wie *Reimann* sie mit Blick auf die Rechtsvergleichung fordert, um aus dem „Stückwerk" eine kohärente, systematische und theoretisch wie methodisch fundierte Wissenschaft zu machen, erscheint angesichts der häufig ganz bewusst gegensätzlichen oder jedenfalls divergierenden Positionen zum Rechtstransfer fraglich[48]. Gerade in der Differenzierung, Darlegung, Verteidigung und Kritik dieser verschiedenen Perspektiven liegt vielmehr der besondere Erkenntnisgewinn: Recht ist eben nicht das eine oder das andere, sondern alles zugleich[49]. Die Vielfalt möglicher Ansätze und Theorien zur Untersuchung des Transferphänomens ist kein Hinweis auf ein Versagen der Wissenschaft, sondern ein Hinweis auf „die komplexe Natur des Rechts und die begrenzte Erklärungskraft einzelner, zur Erhellung des Wesens rechtlicher Erscheinungen vorgesehener Modelle oder Theorien"[50].

---

45 Reimann, The Progress and Failure of Comparative Law in the Second Half of the Twentieth Century, in: 50 The American Journal of Comparative Law 2002, S. 671 (687 f.).

46 Twining, Social Science and Diffusion of Law, in: 32 Journal of Law and Society 2005, S. 203 (240). Allgemein zu fehlender Ordnung in der theoretischen Diskussion rechtlichen Transfers Miller, A Typology of Legal Transplants, in: 51 The American Journal of Comparative Law 2003, S. 839 (841): „the enormously diverse literature on legal transplants lacks any ordering through which the different transplant phenomena may be understood".

47 Reimann, The Progress and Failure of Comparative Law in the Second Half of the Twentieth Century, in: 50 The American Journal of Comparative Law 2002, S. 671 (688).

48 Vgl. zum ähnlichen Problem im Rahmen der Literatur zum Law and Development Movement Burg, Law and Development: A Review of the Literature & a Critique of „Scholars in Self-Estrangement", in: 25 The American Journal of Comparative Law 1977, S. 492 (528).

49 Vgl. hierzu das einleitend, S. 4, herangezogene Zitat von Frankenberg.

50 So allgemein zur Rechtsvergleichung Hill, Comparative Law, Law Reform and Legal Theory, in: 9 Oxford Journal of Legal Studies 1989, S. 101 (113).

III. Theoretisch-methodische Erfassung des Rechtstransfers

Um die dem Rechtstransfer inhärente Vielfältigkeit nachvollziehen und diesen, wenn auch nicht abschließend, so doch in seinen zahlreichen Facetten angemessen erfassen zu können, bedarf es folglich einer theoretisch-methodischen Grundlegung.

1. Problematik der Erfassung einer amorphen Erscheinung

Der Transfer von Recht ist ein in empirischer wie in theoretischer Hinsicht äußerst komplexes Phänomen. Bereits die den Begriff des Rechtstransfers konstituierenden Elemente „Recht" und „Transfer" stellen ihrerseits Variablen dar, die sich weniger durch ihre Prägnanz als durch eine ungeheure Bandbreite der Erscheinungsweisen wie auch der Bestimmungsmöglichkeiten auszeichnen[51].

Das Recht als Gegenstand des Transfers und begriffsbestimmender Parameter ist keine feststehende Gegebenheit, sondern an sich schon ambivalent[52]. An der kantischen Feststellung: „Noch suchen die Juristen eine Definition zu ihrem Begriffe vom Recht"[53] hat sich auch nach über zweihundert Jahren nicht viel geändert. Die Frage nach dem Begriff des Rechts ist in der Geschichte vielfach, jedoch selten übereinstimmend beantwortet worden. Es existiert kein einheitlicher, von der ganzen Rechtswissenschaft akzeptierter Rechtsbegriff[54].

Wenn aber schon der Begriff des Rechts durch solche Unbestimmtheit gekennzeichnet ist, kann es der Begriff des Rechtstransfers nicht weniger sein.

Und auch auf die Frage, was genau – welches Ereignis, welcher Prozess, welcher lebensweltliche Vorgang – mit dem Begriff des Transfers erfasst wird beziehungsweise erfasst werden soll, gibt es verschiedene Antworten, die nicht zuletzt vom zugrunde gelegten Rechtsbegriff geprägt werden.

---

51 Vgl. Wise, The Transplant of Legal Patterns, in: 38 The American Journal of Comparative Law 1990 (Suppl.), S. 1 (17): „The fact of borrowing in itself explains nothing. It is impossible to explain variables by a constant".
52 Röhl/Röhl, Allgemeine Rechtslehre, S. 206.
53 Kant, Kritik der reinen Vernunft, B 759, Anmerkung.
54 Rüthers, Rechtstheorie, Rz. 48, 51; vgl. auch die Aufzählung bei Örücü, Law as Transposition, in: 51 International and Comparative Law Quarterly 2002, S. 205: „Rechtswissenschaftler nähern sich dem Recht auf unterschiedliche Art. Sie widmen sich verschiedenen Strömungen wie etwa dem ‚Recht als Regel', ‚Recht als System', ‚Recht als Kultur', ‚Recht als Tradition', ‚Recht als soziales Faktum', ‚Recht im Kontext', ‚Recht und Geschichte', ‚law and economics' und ‚Recht und Rechtstheorie'".

2. Definitorische Erfassung

Diese Ambivalenz des Rechtstransfers schlägt sich zunächst auf der definitorischen Ebene nieder. Ebensowenig wie es einen letzten Begriff von Recht gibt, gibt es einen feststehenden, einheitlichen Begriff des Rechtstransfers[55]. In beiden Fällen handelt es sich vielmehr um Nominaldefinitionen, die nicht richtig oder falsch, sondern nur mehr oder weniger zweckmäßig sein können. Es obliegt dem Verwender der Bezeichnung, festzulegen, welche Erscheinung oder welchen Sachverhalt er mit dem von ihm gebrauchten Begriff beschrieben wissen möchte[56]. Diese Autonomie der definitorischen Erfassung seines eigenen Gegenstandes bezieht sich im Falle des Begriffs des Rechtstransfers zum einen auf die empirischen Erscheinungen, die von diesem Begriff erfasst werden sollen[57]. Zum anderen ist der Verwender des Begriffs auch darin frei, welche theoretische Konzeption von Recht und Transfer er seinem Begriff des Rechtstransfers zugrunde legt[58].

3. Begriffliche Erfassung

Die (begriffliche) Erfassung der Materie erschwerend kommt hinzu, dass die Literatur neben dem bereits für sich genommen schillernden Begriff des Rechtstransfers eine kaum überschaubare Anzahl weiterer Bezeichnungen und Metaphern für diese Erscheinung kreiert hat[59]. Auch diese Begriffe tragen, ebenso wie derjenige des Rechtstransfers, jeweils ganz bestimmte, vom Autor zumeist mit Bedacht gewählte Bedeutungszuschreibungen in sich. Diese lassen sich einerseits in einigen Fällen als Ausdruck der Beschreibung eines spezifischen

---

55 Zur Unmöglichkeit einer streng logischen Bestimmung des einen wahren Rechtsbegriffs vgl. auch Kaufmann, Rechtsphilosophie, S. 136.

56 So für den Begriff des Rechts Röhl/Röhl, Allgemeine Rechtslehre, S. 38 f., 56; Röhl, Rechtssoziologie, S. 213.

57 Vgl. hierzu das von Zajtay, Die Rezeption fremder Rechte und die Rechtsvergleichung, in: 156 (36 n.F.) Archiv für die civilistische Praxis 1957, S. 361 (375) angeführte Beispiel der Verwendung des Begriffs der Rezeption durch René David und Max Rheinstein in ihren Aufsätzen im letzten Band der Annales de la Faculté de Droit d'Istanbul: „Der Begriff der Rezeption ist in diesen zwei Aufsätzen nicht identisch: beide schließen aus ihrem Rezeptionsbegriff gewisse Erscheinungen aus, die im Sinne des anderen als Rezeption zu betrachten sind".

58 Vgl. hierzu etwa die unterschiedliche Verwendung des Begriffs „Legal Transplant" durch Watson und Legrand, siehe unten unter D.III.

59 Vgl. etwa die Aufzählung bei Twining, Diffusion of Law: A global Perspective, in: 49 Journal of Legal Pluralism and Inofficial Law 2004, S. 1 (6).

Transferprozesses verstehen. Andererseits und vor allem sind sie aber in den meisten Fällen auch Ausdruck des fachlichen Hintergrundes, des Blickwinkels und des theoretischen Verständnisses des jeweiligen Autors[60].

Teilweise stellen die Bezeichnungen bloße Synonyme des Begriffs des Rechtstransfers dar, mit denen der verwendende Autor eine adäquatere Beschreibung des – allgemeinen – Phänomens bezweckt[61]. Teilweise dienen diese alternativen Begrifflichkeiten aber eben auch der Beschreibung ganz spezifischer Ausprägungen des Gebrauchs fremder Rechtsmuster. Zudem sind aufgrund der Vielzahl der zu beschreibenden Phänomene und der Offenheit und Unbestimmtheit der meisten Begriffe viele der Benennungen mit unterschiedlichen Bedeutungen belegt[62]. Im Vordergrund stehen hierbei weniger die sprachlichen Variationen selbst, als die mit diesen verbundenen, häufig divergierenden inhaltlichen Vorstellungen von Rechtstransfer und seinen begrifflichen Alternativen[63].

---

60 Zur Verwendung von Metaphern, damit verfolgten Zwecken und verbundenen Schwierigkeiten vgl. Nelken, Towards a Sociology of Legal Adaptation, in: ders./Feest (Hrsg.), Adapting Legal Cultures, S. 7 (15 ff.).

61 Graziadei, Comparative Law as the Study of Transplants and Receptions, in: Reimann/Zimmermann, The Oxford Handbook of Comparative Law, S. 441 (444): „All these variations subtly qualify the study of the main theme, but may also denote phenomena similar to those covered by a different terminology". Entsprechend ist die Begriffsbestimmung teilweise tautologisch, vgl. Cotterrell, Is There a Logic of Legal Transplants?, in: Nelken/Feest (Hrsg.), Adapting Legal Cultures, S. 71: „the concept of legal transplantation – that is, the transferring or borrowing of law between legal systems".

62 Zur Illustration der unterschiedlichen Bedeutungszuschreibungen eines einzelnen Begriffes kann der des Rechtstransplantates exemplarisch herangezogen werden: während zahlreiche Stimmen in der Literatur davon ausgehen, dieser beschränke sich auf den offiziellen Transfer geschriebenen Rechts zwischen Nationalstaaten (so etwa Mistelis, Regulatory Aspects: Globalization, Harmonization, Legal Transplants and Law Reform – Some Fundamental Observations, in: 34 The International Lawyer 2000, S. 1055 (1067) und Miller, A Typology of Legal Transplants, in: 51 The American Journal of Comparative Law 2003, S. 839), verwendet Alan Watson, der den Begriff ursprünglich geprägt hat, diesen auch für ganz andere Arten von Transfer, allen voran für die Rezeption des Römischen Rechts (siehe hierzu auch unten unter D.III.1.). Daher stellt Graziadei, Legal Transplants and the Frontiers of Legal Knowledge, in: 10 Theoretical Inquiries in Law 2009, S. 723 (731) zu Recht fest: „By itself, this terminological fragmentation suggests that identifying what a transplant is can be a tricky matter".

63 So auch von Hein, Die Rezeption US-amerikanischen Gesellschaftsrechts in Deutschland, S. 9, der allerdings nicht weit genug geht, indem er allein auf divergierende inhaltliche Vorstellungen „in Bezug auf die Ursachen und Erfolgsbedingungen von Rezeptionen" verweist.

Dabei gilt es zu beachten, dass die Wahl einer bestimmten Metapher ihrerseits dazu geeignet sein kann, ein bestimmtes Verständnis von Recht, Transfer oder dem Verhältnis von Recht und seinem gesellschaftlichen Kontext zu prägen[64].

Als möglichst neutrale Beschreibung des Phänomens wird vielfach der auch im Rahmen der vorliegenden Arbeit vornehmlich zur Anwendung kommende Begriff des „Rechtstransfers" verwendet[65].

Andere Termini werden hingegen bewusst eingesetzt, um mit dem gewählten Begriff bestimmte Assoziationen hervorzurufen oder das eigene Transferverständnis zu konkretisieren. So soll der Begriff der Rechtsleihe oder Rechtsanleihe den Umstand verdeutlichen, dass auf fremdes Recht zurückgegriffen wird[66]. Der Begriff der „Rezeption" beschreibt in der Regel einen langwierigen Prozess, in dessen Verlauf durch zahlreiche Interaktionen juristischer Akteure fremdes Recht in einen neuen Rechtsraum eindringt. Klassisches Beispiel ist hier die Rezeption des Römischen Rechts[67]. Die Assoziation zu diesem historischen Vorgang soll durchaus hervorgerufen werden, wenn mit diesem Begriff neuzeitliche Transferprozesse beschrieben werden[68]. Der Begriff der „Imposition" (oder

---

64 Nelken, Towards a Sociology of Legal Adaptation, in: ders./Feest (Hrsg.), Adapting Legal Cultures, S. 7 (16).

65 So Bryde, Die Rolle des Rechts im Entwicklungsprozeß, S. 17; Gardner, Legal Imperialism: American Lawyers and Foreign Aid in Latin America, S. 29; Frankenberg, Constitutional transfer: The IKEA theory revisited, in: 8 International Journal of Constitutional Law 2010, S. 563 (570); Nelken, Comparatists and transferability, in: Legrand/Munday (Hrsg.), Comparative Legal Studies: Traditions and Transitions, S. 437 (463), der den Begriff daher auch als „kraftlos" bezeichnet. Auch der Begriff des Rechtstransfers hat allerdings Widerspruch hervorgerufen. So bestreiten etwa Fögen und Teubner, Rechtstransfer, in: 7 Rechtsgeschichte 2005, S. 38 (44 f.) die Möglichkeit eines *Transfers* des Rechtsobjektes. Es finde vielmehr eine *„Resignifikation"* des Rechts im neuen Kontext statt: statt einer Übertragung des Rechts erfolge eine Neubildung oder Wiederherstellung des Objekts in einem anderen Kontext.

66 Teubner, Rechtsirritationen: Der Transfer von Rechtsnormen in rechtssoziologischer Sicht, in: Brand/Stempel (Hrsg.), Soziologie des Rechts. Festschrift für Erhard Blankenburg zum 60. Geburtstag, S. 233 (239). Im Englischen wird hier der Begriff des „borrowing" verwendet, vgl. etwa Osiatynski, Paradoxes of constitutional borrowing, in: 1 International Journal of Constitutional Law 2003, S. 244 ff.; Rosenkrantz, Against borrowings and other nonauthoritative uses of foreign law, in: 1 International Journal of Constitutional Law 2003, S. 269 ff.

67 Vgl. hierzu Wieacker, Privatrechtsgeschichte der Neuzeit, S. 129 ff.

68 Hirsch, Rezeption als sozialer Prozess. Erläutert am Beispiel der Türkei, S. 123, 125; Wiegand, Die Rezeption amerikanischen Rechts, in: Jenny/Kälin (Hrsg.), Die schweizerische Rechtsordnung in ihren internationalen Bezügen, S. 229 (241 f.).

„Auferlegung") fremden Rechts wird häufig im Zusammenhang mit Transfers im Rahmen der – hier nicht weiter thematisierten – Kolonialisierung verwendet[69]. Das Begriffspaar „Rechtsexport" und „Rechtsimport" suggeriert wiederum, dass es sich bei der Übernahme fremden Rechts um einen Vorgang handelt, der in seiner Einfachheit und Abgeschlossenheit dem der Belieferung mit Waren gleicht[70]. Dagegen sollen die Begriffe des „Rechtstransplantates", der „Rechtsirritation" oder der „Transposition" dem Umstand Rechnung tragen, dass das Recht Bezüge zu seiner Umwelt aufweist, die seiner Übertragung in einen fremden Kontext nicht unerheblichen Schwierigkeiten aussetzen[71].

Die Begriffe der „Normdiffusion", der „Zirkulation von Rechtsmodellen" oder der „Migration des Rechts" wiederum sollen darauf hindeuten, dass neben der gezielten Rechtsübertragung oder -übernahme, die in der Regel durch staatliche Akteure erfolgt, noch andere, weniger förmliche Wege des Transfers von Recht bestehen[72].

„Einfluss", „Inspiration", „gegenseitiges Lernen", „gegenseitige Befruchtung" oder „grenzüberschreitende Kommunikation" setzen dagegen einen Kontrapunkt zum Transferverständnis im Sinne einer genauen Übernahme fremden, positivierten Rechts und betonen die gestalterischen Freiheiten bei der Aneignung fremden rechtlichen Gedankengutes und den eigenständigen Beitrag des rezipierenden Systems in diesem Prozess[73].

---

69 Vgl. Bryde, Die Rolle des Rechts im Entwicklungsprozeß, S. 17.
70 Von Münch, Rechtsexport und Rechtsimport, in: NJW 1994, 3145; Karpen, „Rechtsexport" – Möglichkeiten und Grenzen der Verfassungs- und Rechtsberatung im Ausland, in: 20 Humboldt Forum Recht 2009, S. 1.
71 Kahn-Freund, On Uses and Misuses of Comparative Law, in: 37 The Modern Law Review 1974, S. 1 ff.; Teubner, Rechtsirritationen: Der Transfer von Rechtsnormen in rechtssoziologischer Sicht, in: Brand/Stempel (Hrsg.), Soziologie des Rechts. Festschrift für Erhard Blankenburg zum 60. Geburtstag, S. 233 ff.; Örücü, Law as Transposition, in: 51 International and Comparative Law Quarterly 2002, S. 205.
72 Vgl. Twining, Diffusion of Law: A global Perspective, in: 49 Journal of Legal Pluralism and Unofficial Law 2004, S. 1 ff.; Graziadei, Comparative Law as the Study of Transplants and Receptions, in: Reimann/Zimmermann (Hrsg.), The Oxford Handbook of Comparative Law, S. 441 (443); Walker, The migration of constitutional ideas and the migration of *the* constitutional idea: the case of the EU, in: Choudhry (Hrsg.), The Migration of Constitutional Ideas, S. 316 (320 f.).
73 Scheppele, Aspirational and aversive constitutionalism: The case for studying cross-constitutional influence through negative models, in: 1 International Journal of Constitutional Law 2003, S. 296 (297): „influence"; Frankenberg, Autorität und Integration, S. 129; ders., Constitutional transfer: The IKEA theory revisited, in: 8 International

4. Erkenntnistheoretische Erfassung

a. Der Wissenschaftler als teilnehmender Beobachter

Die Relevanz des verwendeten Rechtsbegriffs geht allerdings über die definitorische und begriffliche Ebene hinaus. Die mit diesem Begriff jeweils verbundene Rechtstheorie und der gewählte methodologische Ansatz bestimmen vielmehr maßgeblich Konzeption und Beurteilung des gesamten Transferprozesses: „The way law is conceptualised – for example as rules, as ideas embedded in legal culture, as a part of culture in some wider sense, or as an instrument for particular purposes – colours the way that the success (indeed, the very possibility) of legal borrowing is judged"[74]. Die gewählte Rechtsdefinition kann dabei sowohl Ausdruck einer zugrunde liegenden, bereits bestehenden Theorie oder Einstellung sein, sie kann eine solche aber auch gerade erst begründen[75].

Der Rechtsvergleicher[76], der sich der Untersuchung rechtlichen Transfers annimmt, agiert als teilnehmender Beobachter[77]. Es fällt seiner bewussten Entscheidung oder unbewussten Festlegung zu, wie er das Objekt seiner Beschreibung konstruiert, welches Rechtsverständnis er seiner Untersuchung zugrunde legt, auf welche Aspekte er sein Augenmerk legt und wie er seine Beschreibung und Analyse entsprechend der gewählten Alternativen aufbereitet. Die Wahl

---

Journal of Constitutional Law 2010, S. 563 (572): „Inspiration"; Tushnet, Returning with Interest: Observations on some putative Benefits of studying Comparative Constitutional Law, in: 1 University of Pennsylvania Journal of Constitutional Law 1998, S. 325 ff.: „reciprocal learning"; Slaughter, A Typology of Transjudicial Communication, in: 29 University of Richmond Law Review 1994, S. 99 (117, 122) zu „inspiration", „cross-fertilization" und „communication across borders".

74 Cotterrell, Is There a Logic of Legal Transplants?, in: Nelken/Feest (Hrsg.), Adapting Legal Cultures, S. 71 (79). Ähnlich auch Burg, Law and Development: A Review of the Literature & a Critique of „Scholars in Self-Estrangement", in: 25 The American Journal of Comparative Law 1977, S. 492 (500); von Benda-Beckmann, F., „Recht und Entwicklung" im Wandel, in: 41 VRÜ 2008, S. 295 (296); Ewald, Comparative Jurisprudence (I): What was it like to try a rat, in: 143 University of Pennsylvania Law Review 1995, S. 1889 (2106 f.).

75 Burg, Law and Development: A Review of the Literature & a Critique of „Scholars in Self-Estrangement", in: 25 The American Journal of Comparative Law 1977, S. 492 (501).

76 Dies gilt ebenso für den Rechtshistoriker, den Soziologen, den Anthropologen etc.

77 Frankenberg, Autorität und Integration, S. 342; Geertz, „Local Knowledge" and Its Limits: Some „Obiter Dicta", in: 5 Yale Journal of Criticism 1992, S. 129 (132); Baer, Verfassungsvergleichung und reflexive Methode: Interkulturelle und intersubjektive Kompetenz, in: 64 ZaöRV 2004, S. 735 (736); Legrand, Review Article – Comparative Legal Studies and Commitment to Theory, 58 The Modern Law Review 1995, S. 262 (266).

eines bestimmten methodologischen Ansatzes und damit eines bestimmten theoretischen Rahmens konstruiert daher das Objekt selbst im Beschreibungsvorgang. Auch das persönliche Vorverständnis des Autors hat Einfluss auf die Erschaffung des Gegenstandes der Betrachtung[78].

Die enge Verbindung zwischen Untersuchungsgegenstand und theoretisch-methodischem Ansatz bedeutet daher auch für den konkreten Fall des Rechtstransfers, dass die Frage danach, wie dieser untersucht werden soll, von der Frage abhängt, welcher zumindest impliziten Theorie des Rechts gefolgt wird; diese Theorie bestimmt den Gegenstand der Betrachtung und den Fortgang der Untersuchung[79]. Jeder Darstellung von Rechtstransfer geht damit notwendig bereits ein Auswahlprozess voraus: dieser betrifft etwa den verwendeten Rechtsbegriff, das konkrete Transferobjekt (und dessen Einbettung, etwa in Rechtssystem, Rechtskultur oder Rechtskreis), die zu untersuchenden Aspekte und das methodische Vorgehen an sich. In seiner Auswahl ist der Untersuchende darüber hinaus nicht frei, sondern immer von einem kulturimmanenten wie auch persönlichen Vorverständnis geprägt, dessen er sich nicht entledigen, sondern welches er sich nur bewusst machen kann[80].

b. *Theoretische und praktische Annäherungen an den Transfer von Recht*

Erkenntnistheoretisch ist zudem zwischen der beschriebenen (teilnehmenden) Beobachter-Perspektive des Rechtsvergleichers und der Teilnehmer-Perspektive des Rechtsreformers zu unterscheiden[81]. Die Rechtspraxis hat es zur Aufgabe,

---

78 Baer, Verfassungsvergleichung und reflexive Methode: Interkulturelle und intersubjektive Kompetenz, in: 64 ZaöRV 2004, S. 735 (736); Lasser, The question of understanding, in: Legrand/Munday (Hrsg.), Comparative Legal Studies: Traditions and Transitions, S. 197 (217 ff.; 234); Legrand, Review Article – Comparative Legal Studies and Commitment to Theory, 58 The Modern Law Review 1995, S. 262 (266).

79 Ewald, Comparative Jurisprudence (I): What was it like to try a rat, in: 143 University of Pennsylvania Law Review 1995, S. 1889 (2106).

80 Baer, Verfassungsvergleichung und reflexive Methode: Interkulturelle und intersubjektive Kompetenz, in: 64 ZaöRV 2004, S. 735 (741): „Wissensarchitektur entscheidet über Wahrnehmung und Wertung. Selten wird ausdrücklich beschrieben, warum in rechtsvergleichenden Arbeiten (…) das eine Recht behandelt, das andere ausgelassen wird. Die Auslassungen sind ähnlich bedeutsam wie die Thematisierung selbst, was aber oft nur im Rahmen radikaler Infragestellung wirklich reflektiert werden kann. Daher verdient dieser vorgelagerte Schritt der Auswahl methodisches Augenmerk und etwas mehr Transparenz.“

81 MacDonald/Kong, Patchwork Law Reform: Your Idea is Good in Practice, but it won't work in Theory, in: 44 Osgoode Hall Law Journal 2006, S. 11 (13 f.); Koller, Theorie

konkrete Probleme in der Rechtswirklichkeit zu lösen und unterliegt dabei gewissen faktischen Handlungszwängen. Der Rechtsreformer wird neben dem rechtlichen regelmäßig auch ein strategisches und politisches Gestaltungsinteresse verfolgen. Dagegen wird der Wissenschaftler grundsätzlich von seinem Erkenntnisinteresse geleitet und unterliegt bei seiner Arbeit nicht den gleichen Notwendigkeiten und Zwängen wie der Praktiker[82].

Dessen ungeachtet sind allerdings auch theoretische Auseinandersetzungen zum Transfer von Recht häufig nicht frei von strategischen und politischen Erwägungen. So wird etwa den Vertretern der klassischen Rechtsvergleichung von einigen kritischen Rechtsvergleichern vorgeworfen, sie verleugneten ihren Status als teilnehmende Beobachter, wenn sie ihre Untersuchungen zur europäischen Rechtsvereinheitlichung unter dem Deckmantel des objektiven Erkenntnisinteresses durchführten[83].

Und praktischen Transfervorhaben mangelt es vielfach an der notwendigen theoretischen Fundierung. Dies wurde, nicht zuletzt als Reaktion auf deren Scheitern, bereits den Rechtsreformern des ersten Law and Development Movements vorgehalten. Diese sahen die Rechtswissenschaft als praktische Wissenschaft an. Sie gründeten ihr Vorgehen auf mehr oder weniger implizite Arbeitshypothesen und zeigten kein gesteigertes Interesse an einer analytischen Aufarbeitung ihrer reformatorischen Tätigkeit und den diese betreffenden Hintergründen über das Recht, über Entwicklung oder über deren Beziehung zueinander[84].

---

des Rechts, S. 47 ff.; Dorsen/Rosenfeld/Sajó/Baer, Comparative Constitutionalism. Cases and Materials, S. 5.

82 Von Benda-Beckmann, F., „Recht und Entwicklung" im Wandel, in: 41 VRÜ 2008, S. 295 (307); Koller, Theorie des Rechts, S. 47 ff.; Dorsen/Rosenfeld/Sajó/Baer, Comparative Constitutionalism. Cases and Materials, S. 5.

83 Vgl. Frankenberg, How to do Projects with Comparative Law – Notes of an Expedition to the Common Core, in: 6 Global Jurist Advances 2006, S. 1; ders., Autorität und Integration, S. 332 ff.; Kennedy, The methods and the politics, in: Legrand/Munday (Hrsg.), Comparative Legal Studies: Traditions and Transitions, S. 345 (390 ff.).

84 Merryman, Comparative Law and Social Change: On the Origins, Style and Decline & Revival of the Law and Development Movement, in: 25 The American Journal of Comparative Law 1977, S. 457 (475). Vgl. auch Trubek, Toward a Social Theory of Law: An Essay on the Study of Law and Development, in: 82 The Yale Law Journal 1972, S. 1: „Law is a practical science. It does not ordinarily dwell on fundamental questions about the social, political, and economic functions of the legal order. Satisfied with implicit working assumptions about these matters, legal thought moves rapidly to more tractable questions".

Um dem Anspruch einer kritischen Rechtsvergleichung zu genügen, die zu ihrem Untersuchungsgegenstand die nötige Distanz wahrt und gegen eine Instrumentalisierung durch die Praxis resistent ist, muss sich der Rechtswissenschaftler bei der Analyse rechtlicher Transfers bewusst machen, dass er als „teilnehmender Beobachter" agiert. Er muss seine eigenen Konzeptionen und Motive offenlegen sowie diejenigen Anderer hinterfragen[85]. Auch die Praxis profitiert von einer solchen Analyse, die das etablierte Vorgehen im Rahmen von Reformprojekten nicht als evolutorische oder historische Zwangsläufigkeiten hinnimmt, sondern kritisch reflektiert und Alternativen zu den herkömmlichen Reformansätzen aufzeigt[86].

IV. Zusammenfassende Stellungnahme

Die Vorüberlegungen haben zu der Erkenntnis geführt, dass es sich sowohl bei dem Begriff des „Rechts" als auch bei dem des „Transfers" um Nominaldefinitionen handelt, deren Bestimmung und Präzisierung dem jeweiligen Betrachter oder Verwender obliegt. Dieser ist – durch sein fachliches, kulturelles, persönliches Vorverständnis – dabei an gewisse epistemologische Grenzen gebunden, die er nicht überschreiten, sondern nur reflektieren kann.

Vor diesem Hintergrund gleicht der Transfer von Recht als Untersuchungsobjekt einem Vexierbild mit einer Vielzahl von Ebenen, welches je nach Betrachtungsweise Gestalt und Wesen verändert. Die Antwort auf die Frage „Was ist Rechtstransfer?" variiert also mit dem Zusammenhang, in dem man diese Frage stellt. Theorie und Praxis des Rechtstransfers lassen jedoch ein Bewusstsein dieses Umstandes häufig ebenso vermissen, wie eine angemessene Auseinandersetzung mit ihrem Gegenstand, der äußerst vielschichtigen Materie des Rechts. Die nachfolgende Darlegung der empirischen (C.) und theoretisch-methodischen (D.) Komplexität rechtlichen Transfers dient dazu, diese Defizite aufzuarbeiten und Schwierigkeiten und Problemstellungen der theoretischen wie praktischen Auseinandersetzung mit dem Transfer von Recht mit den Mitteln der Differenzierung und Offenlegung Rechnung zu tragen.

---

85 Lasser, The question of understanding, in: Legrand/Munday (Hrsg.), Comparative Legal Studies: Traditions and Transitions, S. 197 (219); Baer, Verfassungsvergleichung und reflexive Methode: Interkulturelle und intersubjektive Kompetenz, in: 64 ZaöRV 2004, S. 735 (741).

86 Siehe ausführlicher zum Ansatz der kritischen Rechtsvergleichung unten unter C.II.4.b.

C. Komplexität der Empirie rechtlicher Transfers

Der Transfer normativ relevanter Sinneinheiten in einen fremden Kontext findet auf sehr verschiedene Art und Weise und mit unterschiedlicher Intention und Intensität statt. Einen Eindruck von dieser Vielfalt rechtlichen Transfers gibt *Neil Walker*, der allerdings den Terminus „Migration" verwendet: „Migration (…) refers to all movements across systems, overt or covert, episodic or incremental, planned or evolved, initiated by giver or receiver, accepted or rejected, adopted or adapted, concerned with substantive doctrine or with institutional design or some more abstract or intangible constitutional sensibility or ethos"[87].

Die folgende Darstellung erfasst und beschreibt diese empirische Vielfältigkeit der Interaktion normativer Ordnungen und ist zugleich Grundlage für die sich anschließende theoretisch-methodische Betrachtung[88]. Hierzu werden zuerst wesentliche Variablen rechtlichen Transfers thematisiert, die sowohl den geplanten wie auch den ungeplanten Rechtstransfer betreffen (I.). Entsprechend seiner hervorgehobenen Bedeutung in der Diskussion um die Interaktion normativer Ordnungen steht sodann der Transfer von Recht im Sinne einer planvollen Übertragung rechtlicher Normen im Vordergrund der weiteren Darstellung (II.). Wie einleitend bereits angesprochen, stellt die geplante Übertragung jedoch nicht die einzige Form der Interaktion normativer Ordnungen dar. Das Verständnis rechtlichen Transfers muss daher um solche ungeplanten Interaktionen ergänzt werden, die den Transfer in die Nähe allgemeiner kultureller

---

87 Walker, The migration of constitutional ideas and the migration of *the* constitutional idea: the case of the EU, in: Choudhry (Hrsg.), The Migration of Constitutional Ideas, S. 316 (320 f.) – seine Darstellung ist auf das Verfassungsrecht beschränkt.

88 Ein Anspruch auf Vollständigkeit der Darstellung ist damit nicht verbunden, vgl. hierzu Westbrook, Keynote Adress. Theorizing the Diffusion of Law: Conceptual Difficulties, Unstable Imaginations, and the Effort To Think Gracefully Nonetheless, in: 47 Harvard International Law Journal 2006, S. 489 (505): „If we were to take the admittedly risky step of acknowledging that our thinking is polyphonic (a nicer word than schizophrenic), that we dance among our incommensurate imaginations of the diffusion of law, and of globalization more generally, then the criterion of approval for social theory would not be descriptive completeness or even impeccable demonstration. Instead we should strive for a certain human gracefulness of response to the world in which we find ourselves".

Austauschprozesse rücken (III.). Die phänomenologische Aufarbeitung schließt mit einer zusammenfassenden Stellungnahme (IV.).

I. Wesentliche Variablen rechtlichen Transfers

Die Vielfältigkeit möglicher geplanter oder ungeplanter Rechtstransfers resultiert nicht zuletzt aus den zahlreichen Variablen, die in diesem Zusammenhang bestehen. Das Recht als Gegenstand der Rechtsübertragung (1.a.), der Umfang der Rechtsübertragung (1.b.), die möglichen Bezugssysteme des Rechtstransfers (2.) sowie die grundsätzlich uneingeschränkte Mobilität des Rechts als Gegenstand des Transfers (3.) sind wesentliche Parameter, die den Variantenreichtum rechtlichen Transfers bedingen. Der Abschnitt schließt mit einem Zwischenfazit (4.).

1. Vielfältigkeit des Gegenstandes der Rechtsübertragung

a. Recht als Objekt des Transfers

Rechtstransfer ist der Transfer von „Recht". Wie eingangs bereits beschrieben, handelt es sich bei diesem Übertragungsobjekt allerdings nicht um einen klar umgrenzten, eindeutig definierbaren Gegenstand, dessen Im- und Export zwischen verschiedenen Systemen es lediglich nachzuzeichnen gilt. Die Erscheinungsweisen und Verständnisse von Recht sind vielfältig. Auch der Inhalt des Rechts ist höchst variabel. Entsprechend kann alles, was sich als Recht bestimmen lässt, auch grundsätzlich zum Gegenstand rechtlichen Transfers gemacht werden[89]. Hierzu zählen detaillierte Rechtsregelungen ebenso wie rechtliche Prinzipien und Grundsätze, Strukturen, Verfahren und Methoden, Mentalitäten, Rechtsverständnisse und rechtliche Ideologien, Konzepte und Rechtspraktiken bestimmter (nicht notwendig) juristischer Berufs- oder Bevölkerungsgruppen. Das Recht kann politischer oder technischer Natur sein, einen wertenden oder eher organisatorischen, wertneutralen Inhalt haben, von seiner Normstruktur

---

89 „Grundsätzlich" deswegen, weil damit noch nichts über die tatsächliche Übertragbarkeit des jeweiligen Transferobjektes ausgesagt ist.

her offen und interpretationsbedürftig oder ausreichend bestimmt sein[90]. Der Gebrauch fremder Rechtsmuster kommt zudem in allen Rechtsgebieten vor[91].

Durch seinen Gegenstand – das Recht – grenzt sich der Rechtstransfer auf den ersten Blick von anderen Arten des Transfers ab, wie etwa Institutionentransfer, Kulturtransfer, Politiktransfer, Technologietransfer oder Wissenstransfer. Aber auch diese Unterscheidung lässt sich häufig vor allem auf unterschiedliche Betrachtungsweisen und die Betonung unterschiedlicher Aspekte eines einheitlichen Transferprozesses zurückführen[92].

Auch ist zu beachten, dass die Bestimmung dessen, was Recht ist und welchen Zwecken es dient, ihrerseits bereits von einem bestimmten kulturellen Vorverständnis geprägt und damit kontextvariabel ist. Ein universeller, interkultureller Begriff des Rechts existiert nicht[93].

---

90 Vgl. Twining, Diffusion of Law: A global Perspective, in: 49 Journal of Legal Pluralism and Unofficial Law 2004, S. 1 (24); Nelken, Towards a Sociology of Legal Adaptation, in: ders./Feest (Hrsg.), Adapting Legal Cultures, S. 7 (24 f.); von Benda-Beckmann, F., „Recht und Entwicklung" im Wandel, in: 41 VRÜ 2008, S. 295 (296).

91 Rehm, Rechtstransplantate als Instrumente der Rechtsreform und –transformation, in: 72 RabelsZ 2008, S. 1 (9); Miller, A Typology of Legal Transplants, in: 51 The American Journal of Comparative Law 2003, S. 839 (841); Twining, Diffusion of Law: A global Perspective, in: 49 Journal of Legal Pluralism and Unofficial Law 2004, S. 1 (24); Nelken, Towards a Sociology of Legal Adaptation, in: ders./Feest (Hrsg.), Adapting Legal Cultures, S. 7 (25).
Allerdings liegt, in Parallelität zur Rechtsvergleichung als Zivilrechtsvergleichung, ein deutlicher Schwerpunkt der Diskussionen um rechtliche Transfers im Bereich des Privatrechts. In den letzten Jahren ist jedoch vor allem das Verfassungsrecht zunehmend zum Gegenstand der Erörterung geworden. Vgl. zu diesem Befund Dann, Federal Democracy in India and the European Union: Towards Transcontinental Comparison of Constitutional Law, in: 44 VRÜ 2011, S. 160 (163); Örücü, Law as Transposition, in: 51 International and Comparative Law Quarterly 2002, S. 205 (222). Zu den aktuellen Diskussionen um den Transfer von Verfassungsrecht siehe auch die Aufsätze in Choudhry (Hrsg.), The Migration of Constitutional Ideas.

92 So kann beispielsweise ein Gesetz zur Einrichtung einer Universität humboldtscher Prägung zugleich als Transfer des Gesetzes und als Transfer einer Kulturinstitution erfasst werden, vgl. zu diesem Beispiel (jedoch ohne diese Schlussfolgerung) Kortländer, Begrenzung – Entgrenzung, in: Jordan/Kortländer (Hrsg.), Nationale Grenzen und internationaler Austausch, S. 1 (16 f.).

93 Großfeld, Kernfragen der Rechtsvergleichung, S. 14; Nelken, Towards a Sociology of Legal Adaptation, in: ders./Feest (Hrsg.), Adapting Legal Cultures, S. 7 (28); für das Verfassungsrecht auch Baer, Verfassungsvergleichung und reflexive Methode: Interkulturelle und intersubjektive Kompetenz, in: 64 ZaöRV 2004, S. 735 (739 ff.). Kritisch zu diesen Umstand ignorierenden Verallgemeinerungstendenzen insbesondere

b. Unterschiedlicher Umfang rechtlichen Transfers

Hinzu kommt, dass der praktische Rechtstransfer in unterschiedlichem Umfang erfolgen beziehungsweise das Objekt der Untersuchung bei der Betrachtung eines Transfers unterschiedlich weit gefasst werden kann. Hier wird mitunter zwischen einer Gesamtrezeption, einer Teil- oder Partialrezeption oder einer „systemischen" Rezeption des Rechts unterschieden.

Mit dem Begriff der Gesamt – oder Totalrezeption wird die Übernahme vollständiger Gesetzeswerke bezeichnet[94]. Beispiele hierfür sind etwa das türkische Zivilgesetzbuch von 1926, bei dessen Abfassung das schweizerische Zivilgesetzbuch und Obligationenrecht fast vollständig übernommen wurde oder die Übernahme des französischen *Code civil* in den Benelux-Staaten und Rumänien[95].

Häufiger als eine solche Übernahme ganzer Gesetzestexte ist die Teil- oder Partialrezeption von nur einzelnen rechtlichen Elementen oder Rechtsinstituten[96]. Diese kommt zum einen dann in Betracht, wenn tatsächlich nur ein einzelnes Rechtsinstitut oder ein bestimmter Rechtsgedanke in das heimische Recht übernommen wird. Als Beispiel kann etwa die Übernahme der deutschen Aktiengesellschaft und der deutschen Gesellschaft mit beschränkter Haftung in mehrere Rechtsordnungen Europas und Südamerikas fungieren[97]. Zum anderen bestehen auch umfassende Rezeptionen, wie etwa die in den Transitionsländern Mittel- und Osteuropas, aus zahlreichen einzelnen Teilrezeptionen, die je nach Ausweitung des Blickwinkels im Rahmen des Gesamtprozesses identifiziert werden können. Soweit dabei Anleihen aus den Rechtsordnungen verschiedener

---

westlicher und anglo-amerikanischer Provenienz auch Twining, Diffusion and Globalization Discourse, in: 47 Harvard International Law Journal 2006, S. 507 (510). Siehe zum Problem des Vorverständnisses bereits oben unter B.III.4.a.

94 Constantinesco, Rechtsvergleichung Band II, S. 413; Zajtay, Zum Begriff der Gesamtrezeption fremder Rechte, 170 (50 n.F.) Archiv für die civilistische Praxis 1970, S. 251 ff.; Rheinstein, Einführung in die Rechtsvergleichung, S. 127 f.; Häberle, Theorieelemente eines allgemeinen juristischen Rezeptionsmodells, in: 47 JZ 1992, S. 1033 (1035); Schlesinger/Baade/Herzog/Wise, Comparative Law: cases, text, materials, S. 11 f.

95 Vgl. hierzu Rheinstein, Einführung in die Rechtsvergleichung, S. 124 m.w.N.; Watson, Comparative Law: Law, Reality and Society, S. 6 ff.; Constantinesco, Rechtsvergleichung Band II, S. 413; Twining, Lecture IV: *Generalizing About Law: The Case of Legal Transplants, The Tilburg-Warwick Lectures, 2000, General Jurisprudence,* S. 2 (32 f.).

96 Häberle, Theorieelemente eines allgemeinen juristischen Rezeptionsmodells, in: 47 JZ 1992, S. 1033 (1035); Rheinstein, Einführung in die Rechtsvergleichung, S. 127 f.

97 Constantinesco, Rechtsvergleichung Band II, S. 413.

Staaten entnommen wurden, lässt sich insoweit von einer „eklektischen Rezeption" sprechen[98].

Die weitreichendste Form der Übernahme fremden Rechts ist die „systemisch" genannte Rezeption, bei der der Transfer auf verschiedenen Ebenen gleichzeitig oder sukzessive erfolgt. Als Beispiel eines solchen umfassenden Transfers zwischen verschiedenen normativen Ordnungen kann hier die Übernahme des gemeinschaftlichen Besitzstandes der Europäischen Union im Zuge der Neumitgliedschaft eines Staates genannt werden[99].

Auch ein solcher systemischer Transfer lässt sich wiederum in zahlreiche einzelne Gesamt- oder Partialtransfers aufgliedern. Die Unterscheidung von systemischem Transfer auf der einen und Gesamt- beziehungsweise Partialtransfer auf der anderen Seite ist, wie bereits beschrieben, eine Frage des Betrachtungswinkels und damit vornehmlich eine solche der praktischen oder wissenschaftlichen Opportunität, je nach dem, ob man einen Transfer in einen größeren Kontext allgemeinerer Rechtsbewegungen einordnen möchte oder ob der Schwerpunkt auf der Analyse oder Darstellung des Transferprozesses eines spezifischen Rechtsinhaltes liegen soll.

2. Bezugssysteme des Rechtstransfers

Der Transfer von Recht, also die Verwendung *fremder* Rechtsmuster, impliziert eine Grenze, eine Grenze zwischen dem eigenen und dem fremden Recht, welche von dem konkreten Transferobjekt im Rahmen des Transferprozesses überwunden wird[100]. Diese Grenze kann – je nach Betrachtungsweise und theoretischem Ansatz – zum Beispiel zwischen Systemen, Kulturen, Traditionen oder

---

98 Vgl. zu diesem Begriff mit weiteren Beispielen Constantinesco, Rechtsvergleichung Band II, S. 413. Siehe zum eklektischen Rechtstransfer auch unten unter C.I.3.c.

99 Vgl. hierzu Höland, EU-Recht auf dem Weg nach Osten: Rechtssoziologische Fragen, in: Boulanger (Hrsg.), Recht in der Transformation. Rechts- und Verfassungswandel in Mittel- und Osteuropa: Beiträge zur Debatte, S. 78 ff.; ders., Umjereni pravni transfer u Europi – novi razvitci na primjeru Republike Hrvatske, in: 44 Zbornik radova Pravnog fakulteta u Splitu 2007, S. 403 ff. zum Beitritt Kroatiens zur Europäischen Union; Örücü, Critical Comparative Law. Considering Paradoxes for Legal Systems in Transition, in: 4 The Electronic Journal of Comparative Law 2000, www.ejcl.org/41/abs41-1.html, S. 1 (9).

100 Fögen/Teubner, Rechtstransfer, in: 7 Rechtsgeschichte 2005, S. 38; vgl. auch den von Örücü, Critical Comparative Law. Considering Paradoxes for Legal Systems in Transition, in: 4 The Electronic Journal of Comparative Law 2000, www.ejcl.org/41/abs41-1.html, S. 1 (10) verwendeten Begriff der „transfrontier mobility of law".

Rechtskreisen verlaufen[101]. Maßgeblich ist nur, dass sie als Grenze erfahrbar ist und sich damit das übertragene Recht im neuen Kontext als „fremdes" Recht darstellt[102].

Ausgangspunkt einer solchen Grenzziehung ist ausgehend vom klassischen Rechtsbegriff zunächst der Nationalstaat (a.). In Anbetracht der Auswirkungen der globalen Vernetzungen auf das Recht vermehren sich jedoch die Stimmen, die eine Ergänzung oder Anpassung der westfälischen Rechtskonzeption eines nationalstaatszentrierten Dualismus von nationalem und internationalem Recht fordern und die nationalstaatliche Rechtsordnung nur als eines unter vielen Regelungssystemen ansehen, denen Rechtscharakter zugesprochen werden muss (b.).

a. Der Nationalstaat als zentrales Bezugssystem

Ein Großteil der Theorie und Praxis rechtlichen Transfers ist auch heute noch geprägt von einem Verständnis, das *William Twining* die „Country and Western Tradition" der klassischen Rechtsvergleichung nennt. Kernelemente dieser Konzeption sind unter anderem die vornehmliche Beschäftigung mit dem positiven Recht der staatlichen Rechtsordnung und seiner Interpretation durch Staatsorgane und Rechtswissenschaft und der fast ausschließliche Fokus auf den westlichen Demokratien Europas und den USA[103]. Ausgehend vom Recht des

---

101 Zu möglichen Klassifizierungen rechtlicher Systeme durch die Rechtsvergleichung vgl. Clark, Classification of Legal Systems, in: Smelser/Baltes (Hrsg.), International Encyclopedia of the Social and Behavioral Sciences, Bd. 13, S. 8684 ff. Ebd., S. 8687, auch zur Kritik der klassischen Einteilungen durch die Rechtsvergleichung.

102 Stichweh, Transfer in Sozialsystemen: Theoretische Überlegungen, in: Duss u.a. (Hrsg.), Rechtstransfer in der Geschichte, S. 1 (3); vgl. auch Westbrook, Keynote Adress. Theorizing the Diffusion of Law: Conceptual Difficulties, Unstable Imaginations, and the Effort To Think Gracefully Nonetheless, in: 47 Harvard International Law Journal 2006, S. 489 (494): „(...) if 'diffusion' is to mean anything, the new law must be felt to be somehow from elsewhere. There need be no formal 'reception', but if we are speaking of the diffusion of law, the new law cannot be considered purely indigenous or familiar"; ähnlich Walker, The migration of constitutional ideas and the migration of *the* constitutional idea: the case of the EU, in: Choudhry (Hrsg.), The Migration of Constitutional Ideas, S. 316 (321): „There must, in other words be a sense of a 'here' and a 'there' between which movement takes place".

103 Twining, Diffusion of Law: A global Perspective, in: 49 Journal of Legal Pluralism and Unofficial Law 2004, S. 1 (5, Fn 5); ders., Comparative Law and Legal Theory: The Country and Western Tradition, in: Edge (Hrsg.), Comparative Law in Global Perspective, S. 21 (33 f.). Darüber hinaus legt diese Hauptströmung der Rechtsvergleichung ihr Augenmerk insbesondere auf das Zivilrecht und die Herausarbeitung der

Nationalstaats wird damit in der Regel zwischen Transfers auf der Ebene der Gesetzgebung, auf der Ebene der Rechtsprechung, Transfers durch die Rechtslehre und solchen im Rahmen sonstiger staatlicher Rechtspraxis differenziert[104]. Entsprechend wird auch der für rechtlichen Transfer häufig verwendete Begriff des Rechtstransplantates vielfach auf die genaue Übernahme, die „Kopie" fremder Rechtsregeln oder spezifischer Gesetze bezogen und auf den zwischenstaatlichen, offiziellen Transfer im Rahmen rechtlicher Reform durch einen formalen Akt staatlicher Rechtsetzung beschränkt[105].

b. Normativer Pluralismus

Die verschiedenen nationalen Rechtsordnungen sind jedoch nicht die einzigen relevanten Systeme, zwischen denen Transferprozesse stattfinden. Jede Gemeinschaft ist typischerweise ebenso wie jeder einzelne Rechtsunterworfene in ein Netz verschiedenster Regelungssysteme eingebettet. Dieser Zustand der Koexistenz rechtlicher (oder normativer, falls man eine pauschale Kategorisierung der in Rede stehenden Regelungssysteme als Rechtssysteme vermeiden möchte[106])

Gemeinsamkeiten und Unterschiede zwischen Common Law und Civil Law. Vgl. zu diesem Ansatz nur Zweigert/Kötz, Einführung in die Rechtsvergleichung, S. 4.

104 So zum Verfassungsrecht Häberle, Theorieelemente eines allgemeinen juristischen Rezeptionsmodells, in: 47 JZ 1992, S. 1033 (1036); Kokott, From Reception and Transplantation to Convergence of Constitutional Models in the Age of Globalization – with Special Reference to the German Basic Law, in: Starck (Hrsg.), Constitutionalism, Universalism and Democracy – a comparative analysis, S. 71 (76); Sommermann, Die Bedeutung der Rechtsvergleichung für die Fortentwicklung des Staats- und Verwaltungsrechts in Europa, in: 52 Die Öffentliche Verwaltung 1999, S. 1017 (1024).

105 Mistelis, Regulatory Aspects: Globalization, Harmonization, Legal Transplants and Law Reform – Some Fundamental Observations, in: 34 The International Lawyer 2000, S. 1055 (1067). Auch Miller, A Typology of Legal Transplants, in: 51 The American Journal of Comparative Law 2003, S. 839 und Wise, The Transplant of Legal Patterns, in: 38 The American Journal of Comparative Law 1990 (Suppl.), S. 1 stellen auf den Transfer zwischen Staaten ab. Dagegen geht der Schöpfer des Begriffs „legal transplant", Alan Watson, selbst nicht von einer solch engen Beschränkung des Begriffsfeldes aus.

106 Vgl. zu einer denkbar weiten Definition von „Rechtssystem", die Raum für eine genauere Bestimmung von Grenzfällen im spezifischen Kontext lässt, Twining, Diffusion of Law: A global Perspective, in: 49 Journal of Legal Pluralism and Unofficial Law 2004, S. 1 (15, Fn 43): „von der Existenz einer Rechtsordnung kann dort gesprochen werden, wo sich ein institutionalisiertes System, eine Ballung oder Gruppe von sozialen Praktiken und Normen identifizieren lässt, die darauf ausgerichtet sind, die Beziehungen zwischen Personen (Rechtssubjekten) zu regeln (…)".

Ordnungen in einem bestimmten Zeit-Raum-Kontext wird als rechtlicher oder normativer Pluralismus bezeichnet[107].

Rechtspluralismus ist kein neues Phänomen[108]. Rechtsethnologen haben das Bild des Staates als zentralem Normgeber und der staatlichen Rechtsordnung als integrierter Einheit schon lange als für ihre Arbeit, insbesondere die Untersuchung kolonialer und postkolonialer Rechts- und Verhaltensstrukturen unbrauchbare Fiktion des Juristenstandes abgetan[109].

Eugen Ehrlich, der Begründer der Rechtssoziologie, wies darauf hin, dass auch im Staat westlicher Prägung das staatliche Recht nicht die einzige und auch nicht immer die wirksamste Ordnung des staatlichen, gesellschaftlichen, geistigen und wirtschaftlichen Lebens sei[110]. Als Beispiel können hier religiöse Rechtsordnungen genannt werden, Aktualität besitzt etwa die Anwendung der Scharia in Deutschland[111]. Auch Verhaltensmuster, die sich mehr nach der ethnischen oder nationalen, als nach der – von der internationalen Staatengemeinschaft

---

107 Twining, Globalisation and Legal Theory, S. 83 f.; Twining, Diffusion and Globalization Discourse, in: 47 Harvard International Law Journal 2006, S. 507 (508 f.); Trubek u.a., Global Restructuring and the Law: Studies of the Internationalization of Legal Fields and the Creation of Transnational Arenas, in: 44 Case Western Reserve Law Review 1994, S. 407 (418); Merry, Legal Pluralism, in: 22 Law and Society Review 1988, S. 869 (870); dies., Law: Anthropological Aspects, in: Smelser/Baltes (Hrsg.), International Encyclopedia of the Social and Behavioral Sciences, Bd. 12, S. 8489 (8490).

108 Vgl. z.B. den Pluralismus von religiösem und weltlichem Recht, nationalem und Völkerrecht, indigenem und Kolonialrecht etc.

109 Günther, Rechtspluralismus und universaler Code der Legalität: Globalisierung als rechtstheoretisches Problem, in: Wingert/Günther (Hrsg.), Die Öffentlichkeit der Vernunft und die Vernunft der Öffentlichkeit. Festschrift für Jürgen Habermas, S. 539 (552); vgl. auch Merry, Legal Pluralism, in: 22 Law and Society Review 1988, S. 869 (889): „ideology of legal centralism".

110 Siehe hierzu Ehrlich, Grundlegung der Soziologie des Rechts, S. 46; vgl. auch ebd. S. 11: „Es hat nie eine Zeit gegeben, wo das vom Staate als Gesetz verkündete Recht das einzige Recht gewesen wäre, auch nicht für die Gerichte und andere Behörden (...)".

111 Gemeint sind damit weniger die nach Internationalem Privatrecht Anwendung findenden Regelungen, sondern solche Praktiken nach islamischem Recht, die im deutschen Rechtsraum neben (auch: entgegen) der staatlichen Rechtsordnung umgesetzt werden, etwa die Anrufung von Friedensrichtern zur Streitschlichtung nach begangenen Straftaten, deren Schlichtungssprüche Auswirkungen auf staatliche Strafverfahren haben können, vgl. dazu Wagner, Joachim, Richter ohne Gesetz: Islamische Paralleljustiz gefährdet unseren Rechtsstaat.

festgelegten – staatlichen Zugehörigkeit richten, können das geltende staatliche Recht überformen[112].

Insbesondere unter dem Stichwort der Globalisierung hat die Diskussion um den Pluralismus normativer Ordnungen eine neue Dimension angenommen[113]. Im Zuge kommunikativer, wirtschaftlicher und sozialer globaler – aber auch internationaler, supranationaler, regionaler und sektoraler – Vernetzung verliert (oder jedenfalls verändert) der Nationalstaat zunehmend seine Position als maßgeblicher Normsetzer und Bezugspunkt rechtlicher Austauschprozesse und löst seine Monopol- (oder jedenfalls Vormacht-)stellung zur Rechtsetzung und Rechts-Weitergabe zugunsten über- und internationaler staatlicher Zusammenschlüsse und privater Akteure auf[114].

So entstehen neue, nicht-staatliche Formen des Rechts, die unter dem Begriff des transnationalen oder globalen Rechts zusammengefasst werden[115]. Als Felder

---

112 Vgl. hierzu Mertus, Mapping Civil Society Transplants: A Preliminary Comparison of Eastern Europe and Latin America, in: 53 University of Miami Law Review 1999, S. 921 (931 f., insb. Fn. 55), zu den Verhältnissen in der post-Dayton Republik Bosnien-Herzegowina; ähnlich auch Glenn, The nationalist heritage, in: Legrand/Munday (Hrsg.), Comparative Legal Studies: Traditions and Transitions, S. 76 (87 f.).

113 Vgl. Merry, Law: Anthropological Aspects, in: Smelser/Baltes (Hrsg.), International Encyclopedia of the Social and Behavioral Sciences, Bd. 12, S. 8489 (8490); vgl. auch Twining, Globalisation and Legal Theory, S. 138: „One consequence of globalisation is a tendency to loosen the association of the ideas of law, state, and nation and so to make more salient the multiplicity of legal orderings."

114 Ossenbühl, Gesetz und Recht – Die Rechtsquellen im demokratischen Rechtsstaat, in: Isensee/Kirchhof (Hrsg.), Handbuch des Staatsrechts, Bd. V, § 100, Rz. 4 spricht von einer „durch Prozesse der Globalisierung ausgelöste(n) *Entgrenzung und Entstaatlichung*" (*Kursivdruck durch Verfasserin*); siehe auch Di Fabio, Das Recht offener Staaten. Grundlinien einer Staats- und Rechtstheorie, S. 2. Zu einer moderateren Einschätzung der Veränderungen kommen Günther/Randeria, Recht, Kultur und Gesellschaft im Prozeß der Globalisierung, S. 17, die dem Nationalstaat und seinem Recht eine „nach wie vor wichtige, wenn auch sich nachhaltig verändernde Rolle" zuschreiben. Dagegen sehen von Benda-Beckmann, F./von Benda-Beckmann, K., Evolutionismus und Recht: Komplexe Fragen zu komplexen Gesellschaften, in: Voigt (Hrsg.), Evolution des Rechts, S. 93 (98 ff.), in diesen Entwicklungen eher eine subtile Erstarkung der beziehungsweise einzelner Nationalstaaten (wie etwa den USA). Siehe hierzu auch unten unter D.V.5.

115 Reimann, Die Entstaatlichung des Rechts und die Rechtsvergleichung, in: Schwarze (Hrsg.), Globalisierung und Entstaatlichung des Rechts II, S. 1 (2); Glenn, A Transnational Concept of Law, in: Cane/Tushnet (Hrsg.), The Oxford Handbook of Legal Studies, S. 839 (846 f.); Teubner, ‚Global Bukowina': Legal Pluralism in the World Society, in: ders. (Hrsg.), Global Law without a State, S. 3 (3 f.).

transnationaler pluraler Rechtsentwicklungen heben *Klaus Günther* und *Shalini Randeria* insbesondere das Feld der gekoppelten Transnationalisierung von Recht und Wirtschaft, zu dem etwa die neue „lex mercatoria" – die standardisierten Vertragspraktiken des internationalen Handels – und die internationalen Schiedsgerichtsbarkeiten gehören, die transnationale Regelung der Themen Umwelt und Entwicklung sowie der Menschenrechte und die transnationale Kriminalpolitik hervor[116]. Als wichtigste Akteure in der Arena transnationaler Rechtsetzung und -entwicklung nennen sie internationale Anwaltskanzleien, internationale Rechtsberater auf dem „globalen Markt der Experten und der Expertise"[117], Nichtregierungsorganisationen und internationale Organisationen[118].

Diese unterschiedlichen normativen Ordnungen existieren nicht isoliert voneinander und ihre Akteure handeln nicht isoliert voneinander. Sie interagieren auf komplexe Art und Weise und können auch mit dem Recht des Nationalstaats in nicht unerheblichem Maße in Austauschbeziehungen und Wechselwirkungen treten[119]. Dabei lassen sich die Ordnungen weder immer in räumlich geographischen Ebenen erfassen, noch lassen sie sich vor allem gänzlich in einen einheitlichen Stufenbau einordnen[120].

---

116 Günther/Randeria, Recht, Kultur und Gesellschaft im Prozeß der Globalisierung, S. 59; vgl. zur neuen *lex mercatoria* auch Michaels, The Re-*State*-Ment of Non-State Law: The State, Choice of Law, and the Challenge from Global Legal Pluralism, in: 51 The Wayne Law Review 2005, S. 1209 (1218 ff.).

117 Dezalay/Garth, The Import and Export of Law and Legal Institutions: International Strategies in National Palace Wars, in: Nelken/Feest (Hrsg.), Adapting Legal Cultures, S. 241 (250).

118 Günther/Randeria, Recht, Kultur und Gesellschaft im Prozeß der Globalisierung, S. 35. Siehe zur Rolle dieser Akteure im Rahmen der transnationalen Rechtsentwicklung unten unter D.V.5.

119 Vgl. Twining, Diffusion of Law: A global Perspective, in: 49 Journal of Legal Pluralism and Unofficial Law 2004, S. 1 (14); ders., Globalisation and Legal Theory, S. 85 f.; Merry, Law: Anthropological Aspects, in: Smelser/Baltes (Hrsg.), International Encyclopedia of the Social and Behavioral Sciences, Bd. 12, S. 8489 (8490); Santos, Toward a New Legal Common Sense, hat für den Vorgang der Interaktion normativer Ordnungen im weiteren Sinne den Begriff der „Interlegalität" geprägt, vgl. etwa ebd., S. 437.

120 Grimm, Gemeinsame Werte – globales Recht?, in: Däubler-Gmelin/Mohr (Hrsg.), Recht schafft Zukunft, S. 14 (19): „Wir haben es mit einer Pluralisierung der Rechtsordnung zu tun, ohne dass in diese pluralisierte Rechtsordnung schon wieder das Prinzip der Einheitlichkeit hineingetragen werden kann, weil es an entsprechenden Hierarchisierungsbestimmungen fehlt".

3. Mobilität des Rechts

Das Recht als Gegenstand rechtlichen Transfers weist schließlich eine grundsätzlich uneingeschränkte Mobilität auf[121]. Dies soll im Folgenden näher dargestellt werden.

a. Direkter Rechtstransfer

Zieht man die Grenze zwischen eigenem und fremdem Recht in Anlehnung an das beschriebene klassische Rechtsverständnis vornehmlich zwischen nationalen Rechtssystemen sowie ihrer Einbettung in inter- und supranationale Bezüge, ist ein Transfer prinzipiell sowohl zwischen allen normativen Regelungssystemen als auch in jede Richtung möglich[122]. Er kann nicht nur horizontal zwischen nationalen Rechtsordnungen oder horizontal zwischen Ordnungen einer anderen Regelungsebene[123] erfolgen, sondern auch und vor allem „*across* levels of ordering"[124], also zwischen Rechtssystemen unterschiedlicher Regelungsebenen[125]. So wurde etwa bei der Erstellung des Entwurfs des Europäischen Verfassungsvertrages ausgiebig auf die Verfassungstraditionen der Mitgliedstaaten zurückgegriffen[126].

Es ist allerdings zu beachten, dass die Begriffe der Regelungsebene und der Vertikalität eine Normenhierarchie implizieren, die nicht immer besteht. Denn der Transfer von Recht findet nicht nur zwischen verschiedenen Ebenen im Rahmen eines bestimmten, festgelegten Stufenbaus der Rechtsordnung statt, wie

---

121 Auch hier gilt mit Blick auf die Einschränkung „grundsätzlich" das unter C.I.1.a., Fn. 89 zur tatsächlichen Transferabilität des jeweiligen Transferobjektes Gesagte.

122 Twining, Diffusion of Law: A global Perspective, in: 49 Journal of Legal Pluralism and Unofficial Law 2004, S. 1 (21).

123 Etwa zwischen den Bundesstaaten der USA, vgl. hierzu Wise, The Transplant of Legal Patterns, in: 38 The American Journal of Comparative Law 1990 (Suppl.), S. 1 (11); Rheinstein, Types of Reception, in: 5 Annales de la Faculté de Droit d'Istanbul 1956, S. 31 (36 f.).

124 Twining, Diffusion of Law: A global Perspective, in: 49 Journal of Legal Pluralism and Unofficial Law 2004, S. 1 (21; Kursivdruck im Original).

125 Dieser Transfer von Recht zwischen Regelungsebenen unterschiedlicher Ordnung wird auch als „vertikaler" Transfer bezeichnet, vgl. Wiener, Something Borrowed for Something Blue: Legal Transplants and the Evolution of Global Environmental Law, in: 27 Ecology Law Quarterly 2001, S. 1295 (1297).

126 Choudhry, Migration as a new metaphor in comparative constitutional law, in: ders. (Hrsg.), The Migration of Constitutional Ideas, S. 1 (13); vgl. auch Seckelmann, Im Labor. Beobachtungen zum Rechtstransfer anhand des Europäischen Verfassungsvertrages, in: 8 Rechtsgeschichte 2006, S. 70.

etwa zwischen völkerrechtlichem, europarechtlichem und nationalstaatlichem Regelungsregime. Der Gebrauch fremder Rechtsmuster kann vielmehr auch zwischen Rechtsordnungen erfolgen, die in keinerlei (Rang-)Verhältnis stehen. Dies ist durchaus häufig der Fall und betrifft punktuelle Transfers wie beispielsweise die Übernahme der Mißbrauchsregelung des Art. 82 EGV a.F. (jetzt Art. 102 AEUV) in das israelische Wettbewerbsrecht[127] ebenso wie Transfers im Rahmen umfassender Rezeptionsbewegungen wie etwa die Rezeption des US-amerikanischen Gesellschaftsrechts in Deutschland[128].

Auch mit Blick auf die beteiligten Akteure und Organe kommen Transfers nicht nur auf derselben Ebene einer spezifischen Normenhierarchie, also durch sich entsprechende Akteure und Verfahren auf beiden Seiten in Betracht, wie etwa nur zwischen Gesetzgebern oder nur auf Rechtsprechungsebene[129]. Hier ist ebenso ein Transfer zwischen unterschiedlichen Akteuren und Organen möglich. Als Beispiel kann etwa die Entwicklung einer Wesensgehaltsgarantie für Grundrechte durch den Europäischen Gerichtshof in Nachbildung des Verfassungstextes von Art. 19 Abs. 2 GG dienen[130].

Häufig werden die Grenzen aber ohnehin verwischt sein: Da sich die meisten Rechtsfiguren und Prinzipien im Laufe der Zeit durch die Tätigkeit der verschiedenen Rechtsformungsorgane entwickelt haben und stetig weiterentwickeln, ist die Frage, welcher Quelle man das Recht letztlich entnimmt, vielfach nur eine Momentaufnahme[131].

b. Vermittelter Rechtstransfer

Neben dem direkten Austausch zwischen zwei normativen Ordnungen beziehungsweise ihren Rechtsformungsorganen kann der Austausch auch indirekt,

---

127 Hierzu Gal, The „Cut and Paste" of Art. 82 of the EC Treaty in Israel: Conditions for a Successful Transplant, in: 9 European Journal of Law Reform 2007, S. 467 ff.

128 Umfassend hierzu von Hein, Die Rezeption US-amerikanischen Gesellschaftsrechts in Deutschland.

129 Häberle, Theorieelemente eines allgemeinen juristischen Rezeptionsmodells, in: 47 JZ 1992, S. 1033 (1037) nennt diesen Transfer, bei dem sich die Ebenen und Verfahren der Produktion und Rezeption auf beiden Seiten nicht entsprechen, „Überkreuzrezeption".

130 Vgl. Häberle, Theorieelemente eines allgemeinen juristischen Rezeptionsmodells, in: 47 JZ 1992, S. 1033 (1036).

131 Vgl. zu diesem Problem der Identifizierung des Ursprungs eines Transferobjektes auch Frankenberg, Constitutional transfer: The IKEA theory revisited, in: 8 International Journal of Constitutional Law 2010, S. 563 (570 f.) und unten unter D.III.4.

durch Vermittler, erfolgen. Die Vermittlung des Rechts spielt seit jeher eine wichtige Rolle bei der Verwendung fremder Rechtsmuster. Naheliegendes historisches Beispiel ist die Rezeption des Römischen Rechts in Deutschland und dem restlichen Kontinentaleuropa. Dieses beruhte zwar noch auf der Grundlage des justinianischen Corpus Iuris, wurde jedoch in der Gestalt rezipiert, die ihm die italienische und französische Rechtswissenschaft seit dem 12. Jahrhundert durch eigene Beschränkungen und Erweiterungen gegeben hatte[132].

Im Zuge der immer dichter werdenden weltweiten Vernetzung wird die nationale Rechtswissenschaft in zunehmendem Maße von supra-, inter- und transnationalen Institutionen und Akteuren abgelöst, die als Vermittler bei der Verbreitung fremder Rechtsmaterie fungieren. So konkurrierten und konkurrieren beispielsweise im Rahmen der Rechtsreformen in den mittel- und osteuropäischen Ländern Internationale Organisationen wie der Internationale Währungsfonds, die Weltbank, die Europäische Bank für Wiederaufbau und Entwicklung, der Europarat und die Europäische Union darum, dass ihre Vorschläge und vorgefertigten Lösungen bei den potentiellen Empfängern auf Akzeptanz stoßen[133]. Auch auf die Bedeutung international agierender Nichtregierungsorganisationen und Anwaltssozietäten für die Rechtsentwicklung und –verbreitung wurde bereits hingewiesen[134]. Ebenso tragen auf der Ebene der Rechtsprechung inter- und supranationale Gerichtsbarkeiten zu einer Zunahme „vermittelter Nachahmung"[135] bei. So gelangte beispielsweise das deutsche Verhältnismäßigkeitsprinzip zunächst in die Rechtsprechung des EuGH und wurde sodann von dort – zumindest zeitweilig – vom französischen Conseil d'État übernommen[136].

---

132 Ausführlich zu diesem Prozess Wieacker, Privatrechtsgeschichte der Neuzeit, S. 129 f., 133 f.

133 Chanturia, Recht und Transformation. Rechtliche Zusammenarbeit aus der Sicht eines rezipierenden Landes, in: 72 RabelsZ 2008, S. 114 (115); Ajani, Legal Borrowing and Reception as Transplants, in: Clark, Encyclopedia of law and society: American and global perspectives, S. 1508 (1510); Roggemann, Verfassungsentwicklung und Verfassungsrecht in Osteuropa, in: 40 Recht in Ost und West 1996, S. 177 (184): „Wettlauf westlicher Rechtsberater".

134 Siehe hierzu oben unter C.I.2.b.

135 Sacco, Einführung in die Rechtsvergleichung, S. 135.

136 Sacco, Einführung in die Rechtsvergleichung, S. 135; Walker, The migration of constitutional ideas and the migration of *the* constitutional idea: the case of the EU, in: Choudhry (Hrsg.), The Migration of Constitutional Ideas, S. 316 (325, Fn. 39). Zur Ablehnung dieses kontinentalen Rechtsprinzips durch englische Gerichte vgl. allerdings Legrand, The Return of the Repressed: Moving Comparative Legal Studies Beyond Pleasure, 75 Tulane Law Review 2001, S. 1033 (1041).

Dabei erschöpft sich die Rolle dieser Vermittler häufig nicht darin, die Übernahme eines bestimmten, vorhandenen Rechtsbestandes in einen neuen Kontext zu fördern, sondern sie leisten vielfach einen eigenständigen Beitrag bei der Schaffung des zu übertragenden Rechts. Dies ist etwa dann der Fall, wenn die Europäische Bank für Wiederaufbau und Entwicklung ein Modellgesetz aus den Rechtsinhalten verschiedener Rechtsordnungen zusammenstellt, um es sodann in verschiedene neue Kontexte zu importieren[137].

c. Eklektischer Rechtstransfer

Entsprechend dem grundsätzlich unbeschränkten Zugang zu fremdem Recht sind die möglichen Quellen rechtlicher Transfers vielfältig. Bei der Übernahme eines fremden Rechtsmusters kann dabei eine einzige Quelle als Vorbild oder Vorlage dienen. Im Rahmen umfassenderer rechtlicher Reformen weitaus häufiger ist allerdings die Heranziehung verschiedener Quellen unterschiedlicher Herkunft[138]. *Günter Frankenberg* hat für den Bereich des Verfassungsrechts in diesem Zusammenhang den Begriff der „IKEA-Theorie" geprägt: in dem globalen Supermarkt der Verfassungsbausteine könnten sich die Verfassungsgeber an „fertigen Produkten" ebenso wie an „inspirierenden Ideen" bedienen[139].

Als praktisches Beispiel eines solchen eklektischen Vorgehens nach dem „Baukastenprinzip" kann etwa die Neufassung der ungarischen Verfassung herangezogen werden, bei der die amerikanische, die deutsche, die französische, die spanische und die italienische Verfassung ebenso als Ideenfundus dienten, wie die Praxis der jeweiligen Verfassungsgerichte. Beachtung fanden daneben

---

137 Knieper, Möglichkeiten und Grenzen der Verpflanzbarkeit von Recht, in: 72 RabelsZ 2008, S. 88 (88 f.); Ajani, By Chance and Prestige: Legal Transplants in Russia and Eastern Europe, in: 43 The American Journal of Comparative Law 1995, S. 93 (97, Fn 14); Rehm, Rechtstransplantate als Instrumente der Rechtsreform und – transformation, in: 72 RabelsZ 2008, S. 1 (8).

138 Herrnfeld, Recht europäisch: Rechtsreform und Rechtsangleichung in den Visegrád-Staaten, S. 17: „Versuche, aus den Bestimmungen der einschlägigen Gesetze verschiedener Staaten eine eigene Mixtur herzustellen"; vgl. auch Ajani, Transfer of Legal Systems from the Point of View of the Export Countries, in: Drobnig/Hopt/Kötz/Mestmäcker (Hrsg.), Systemtransformation in Mittel- und Osteuropa und ihre Folgen für Banken, Börsen und Kreditsicherheiten, S. 37 (39).

139 Frankenberg, Autorität und Integration, S. 129; ders., Constitutional transfer: The IKEA theory revisited, in: 8 International Journal of Constitutional Law 2010, S. 563 (565). Zur Bandbreite der Modalitäten rechtlichen Transfers von der Kopie bis zur Inspiration siehe unten unter C.II.3. Ausführlicher zur „IKEA-Theorie" siehe unten unter D.IV.

außerdem diverse internationale Menschenrechtskonventionen wie die Allgemeine Erklärung der Menschenrechte und die Europäische Menschenrechtskonvention[140]. Auch wissenschaftliches und politisches Schrifttum kann bei der Gesetzgebung ohne Rücksicht auf heimische oder fremde Herkunft als Ideengeber fungieren[141].

Ein solches eklektisches Vorgehen kann allerdings zu Kohärenzverlusten und Wertungswidersprüchen im Rechtssystem oder inhaltlich widersprüchlichen Gesetzen führen. Dies etwa dann, wenn aufgrund der Beteiligung unterschiedlicher Geberorganisationen oder Berater Konzepte aus unterschiedlichen Rechtstraditionen und -kontexten zusammengefügt werden oder Verfassungsgeber im Sinne eines „best of" Verfassungstexte konstruieren, die die ursprünglichen Zusammenhänge der übernommenen Bestimmungen außer Acht lassen[142].

4. Zwischenfazit

Die vorstehende Differenzierung verdeutlicht, dass das Recht als Gegenstand der Rechtsübertragung bereits aufgrund seiner Erscheinungsweisen und der Möglichkeiten, diese zu erfassen, eine schier unbegrenzte Vielfalt aufweist. Es liegt auf der Hand, dass die Beurteilung von Transferprozessen schon aus diesem Grund keinem einheitlichen Erklärungsmuster folgen kann, sondern nicht zuletzt davon abhängt, was als jeweiliges Transferobjekt zum Gegenstand der Untersuchung

---

140 Vörös, Contextuality and Universality: Constitutional Borrowings on the Global Stage – The Hungarian View, in: 1 University of Pennsylvania Journal of Constitutional Law 1999, S. 651 (654).

141 Hirsch, Rezeption als sozialer Prozeß. Erläutert am Beispiel der Türkei, S. 16; Häberle, Theorieelemente eines allgemeinen juristischen Rezeptionsmodells, in: 47 JZ 1992, S. 1033 (1041).

142 Herrnfeld, Recht europäisch: Rechtsreform und Rechtsangleichung in den Visegrád-Staaten, S. 17; Chanturia, Recht und Transformation. Rechtliche Zusammenarbeit aus der Sicht eines rezipierenden Landes, in: 72 RabelsZ 2008, S. 114 (116, Fn. 7); Schalast, Erfahrungen der Entwicklungszusammenarbeit bei der Unterstützung der Rechtsreform in den Transformationsländern Mittel- und Osteuropas und der GUS, in: 47 Osteuropa-Recht 2001, S. 263 (265 f.); Elster, Constitutionalism in Eastern Europe: An Introduction, in: 58 The University of Chicago Law Review 1991, S. 447 (477); Knieper, Wirtschaftsreform als Rechtsreform in post-kommunistischen Gesellschaften, in: ders., Rechtsreformen entlang der Seidenstraße, S. 39 ff. A.A. Michaels, „One size can fit all" – some heretical thoughts on the mass production of legal transplants, in: Frankenberg (Hrsg.), Order From Transfer: Comparative Constitutional Design and Legal Culture, S. 56 (74), der im globalen Rechtsfundus den Vorteil einer „Paket-Lösung" zueinander passender Gesetze sieht.

gemacht wird. Als Objekt des untersuchten oder dargestellten Transferprozesses kann es sowohl seinem Inhalt als auch seinem Umfang nach unterschiedlich aufgefasst und erfasst werden. Bei der konkreten Konzeption des Transferprozesses können und werden die individuellen Zielsetzungen des Untersuchenden oder des Rechtspraktikers ebenso zum Tragen kommen, wie deren schon beschriebene, nicht zuletzt auch kulturell geprägten, Vorverständnisse.

Es wurde zudem aufgezeigt, dass sich eine aussagekräftige Darstellung der Komplexität rechtlichen Transfers nicht auf ein nationalstaatszentriertes, positivistisches Rechtsmodell beschränken kann. Da dieses Modell jedoch dem weiterhin in der Theorie und Praxis gezielten Transfers vorherrschenden Verständnis entspricht, wird es auch im Folgenden als Grundlage der Darstellung der Empirie rechtlicher Transfers herangezogen. Daneben werden jedoch auch Interaktionsprozesse aufgezeigt, die dem beschriebenen pluralistischen Rechtsverständnis entsprechen. Konstatiert werden kann an dieser Stelle bereits die hervorgehobene Bedeutung der Vermittler fremden Rechts – inter-, supra- oder transnational agierender Institutionen und Akteure –, gegen deren Einfluss bei der Gestaltung und Verbreitung des Rechts sich der des eigentlichen (und, zumindest in der Regel, demokratisch legitimierten) Gesetzgebers mitunter verschwindend gering ausnehmen kann. In diesen Fällen muss kritisch hinterfragt werden, wem hier tatsächlich die Position des Normgebers zukommt[143].

II. Rechtstransfer als planvolle Rechts-Übertragung

Nachfolgend wird zunächst die Komplexität des Rechtstransfers im Sinne einer planvollen Übertragung dargestellt. Solche planvollen Rechtstransfers finden regelmäßig auf der Ebene der Gesetzgebung oder der Rechtsprechung statt[144]. Unter planvollem Rechtstransfer wird ein absichtsvolles und zweckgeleitetes, auf die Verfolgung bestimmter rechtlicher oder außerrechtlicher Ziele gerichtetes Übertragen rechtlicher Regeln von einer Rechtsordnung in eine andere verstanden[145]. Entsprechend werden zunächst wesentliche Ziele und Kontexte solcher Übertragungen skizziert (1.) sowie die (weiteren) mannigfaltigen Motive und Interessen beschrieben, die bei

---

143 Siehe hierzu unten unter D.V.5.

144 Ähnlich du Plessis, Comparative Law and the Study of Mixed Legal Systems, in: Reimann/Zimmermann (Hrsg.), The Oxford Handbook of Comparative Law, S. 477 (489): „Traditionally, the most important instruments used to effect legal change in mixed legal systems are the legislature and the judiciary".

145 Höland, Umjereni pravni transfer u Europi – novi razvitci na primjeru Republike Hrvatske, in: 44 Zbornik radova Pravnog fakulteta u Splitu 2007, S. 403 (405).

dem geplanten Gebrauch fremder Rechtsmuster in unterschiedlichem Maße von Belang sein können (2.). Die Komplexität des Rechtstransfers kommt weiterhin in den unterschiedlichen Arten und Weisen zum Ausdruck, auf die das fremde Recht in den neuen Kontext übernommen werden kann (3.). Bei der Praxis der Orientierung an fremden Rechtsmustern kann zudem zwischen verschiedenen Methoden der Rechtsübertragung differenziert werden, nach denen die Auswahl des fremden Rechtes erfolgt: entweder als Folge eines systematischen Rechtsvergleichs nach der funktionalistischen Methode der klassischen Rechtsvergleichung oder im Wege der kritischen Rechtsvergleichung, oder aber im Wege einer eher zufälligen Zusammenstellung von als passend erachteten oder auch nur zur Verfügung stehenden Rechtsmustern. Letztere wird in Anlehnung an *Claude Lévi-Strauss* als „Bricolage" bezeichnet (4.). Abschließend folgt eine Auseinandersetzung mit der Frage nach der Legitimation des Rückgriffs auf fremde Rechtsmuster (5.).

1. Wesentliche Ziele und Kontexte geplanten Rechtstransfers

Nach ihrer jeweiligen Zielrichtung lassen sich folgende wesentliche Situationen unterscheiden, in denen die absichtsvolle Übernahme oder Übertragung fremden Rechts besonders häufig vorkommt: als „Entwicklungshilfe", insbesondere im Rahmen staatlicher Transitionen nach Regimewechseln (a.), anlässlich von Rechtsvereinheitlichungs- und Rechtsangleichungsvorhaben (b.), zur Verbesserung des eigenen Rechts im juristischen Alltag der Rechtsetzer und Rechtsanwender (c.) sowie zur Schaffung neuer, transnationaler Rechtsregimes (d.).

Nicht immer sind die genannten Zusammenhänge, in denen Rechtstransfers vorkommen können, zeitlich oder räumlich eindeutig unterscheidbar. Insbesondere nach staatlichen Umbrüchen aber auch anlässlich alltäglicher staatlicher Unterfangen zur Modernisierung des eigenen Rechtsbestandes oder zur Ausgestaltung neuer Rechtsgebiete sind Bestrebungen rechtlicher Reform in der Regel auch mit solchen der Rechtsvereinheitlichung oder -angleichung an die „Standards" der internationalen Staatengemeinschaft oder anderer als Vorbild fungierender Rechtsordnungen verbunden oder stellt die Angleichung bereits das Mittel der Reform dar[146].

a. Rechtsreform und Modernisierung

Besonders umfassende Transferprozesse sind im Rahmen von Rechtsreformen im Zuge staatlicher und gesellschaftlicher Umbrüche zu verzeichnen. In diesem

---

146 Kritisch zu entsprechenden Ansätzen im Bereich der internationalen Finanzmarktregulierung Pistor, The Standardization of Law and Its Effect on Developing Economies, in: 50 The American Journal of Comparative Law 2002, S. 97 ff.

Zusammenhang dient der Rechtstransfer dazu, rechtlichen und vor allem gesellschaftlichen – sozialen und insbesondere auch wirtschaftlichen – Wandel her-
beizuführen. Als rückständig oder weniger entwickelt angesehene Länder sollen
an das Recht westlicher Demokratien angepasst und mit den Mitteln des Rechts
„modernisiert" werden[147].

Prominentes und in der wissenschaftlichen Literatur ausführlich kommen-
tiertes Beispiel sind vor allem die US-amerikanischen Reformversuche des Law
and Development Movements ab den sechziger Jahren in Lateinamerika, aber
auch auf dem afrikanischen und asiatischen Kontinent[148]. Die Modernisierungs-
bestrebungen durch das Law and Development Movement zielten vornehmlich
auf die wirtschaftliche Entwicklung der reformbedürftigen Staaten durch neue,
insbesondere zivilrechtliche Strukturen ab, die von politischen und verfassungsrechtlichen Reformen zur Herbeiführung von Freiheit und Demokratie flankiert
wurden. Bevorzugtes Mittel der Reform war der „Export" insbesondere der
US-amerikanischen Rechtskultur vor allem durch rechtliche Ausbildungsprogramme für staatliche wie private Juristen, aber auch durch die Weitergabe der
eigenen Rechtstexte und abstrakten Rechtsprinzipien[149]. Zahlreiche Entwick-
lungshilfeorganisationen, Rechtsberatungsinstitutionen und Finanzierungsinst-
rumente engagierten sich oder wurden gar eigens geschaffen, um diese Aufgaben

---

147 Vgl. Babeck, Stolpersteine des internationalen Rechtsexports, in: 4 Forum Recht
Online 2002, S. 1 ff.; Bryde, Die Erfahrungen der „Law and Development"-Diskus-
sion und die Transformationsforschung, in: Kirk/Kramer/Steding (Hrsg.), Genos-
senschaften und Kooperation in einer sich wandelnden Welt: Festschrift für Prof.
Dr. Hans H. Münkner, S. 405 (406 f.); Gessner, Law as an Instrument of Social
Change, in: Smelser/Baltes (Hrsg.), International Encyclopedia of the Social and
Behavioral Sciences, Bd. 12, S. 8492 (8493).

148 Grundlegend Gardner, Legal Imperialism: American Lawyers and Foreign Aid in
Latin America; Snyder, Book Review. The Failure of „Law and Development", in:
Wisconsin Law Review 1982, S. 373 ff.; Trubek/Galanter, Scholars in Self-Estran-
gement: Some Reflections on the Crisis in Law and Development Studies in the
United States, in: 4 Wisconsin Law Review 1974, S. 1062 ff.

149 Vgl. Trubek, The „Rule of Law" in Development Assistance: Past, Present, and Future, in: ders./Santos (Hrsg.), The New Law and Economic Development: A Critical
Appraisal, S. 74 (77); Bryde, Die Erfahrungen der „Law and Development"-Diskus-
sion und die Transformationsforschung, in: Kirk/Kramer/Steding (Hrsg.), Genossenschaften und Kooperation in einer sich wandelnden Welt: Festschrift für Prof.
Dr. Hans H. Münkner, S. 405 (406 ff.); Perry, International Economic Organizations
and the Modern Law and Development Movement, in: Seidman A./Seidman R./
Wälde (Hrsg.), Making Development Work, S. 19 (21 f.).

zu erfüllen[150]. Die Reformer galten als „Sozialingenieure", die durch die entsprechenden Änderungen des Rechtssystems die erforderlichen gesellschaftlichen, insbesondere politischen und wirtschaftlichen Entwicklungen fördern und voranbringen sollten[151]. Die Arbeit der Reformer erfolgte dabei nicht aufgrund theoretisch fundierter Erkenntnisse über die Zusammenhänge zwischen Recht und gesellschaftlicher und ökonomischer Entwicklung, sondern aufgrund impliziter Arbeitshypothesen, die nachträglich unter dem Etikett des „liberal legalism" zusammengefasst wurden[152].

Ebenfalls von besonderer Tragweite und auch weiterhin von Relevanz sind die mit dem Zerfall des Ostblocks begonnenen Reformen in den Ländern Mittel- und Osteuropas. Sie werden daher auch als zweite Welle des Law and Development Movements bezeichnet[153]. Nach dem Zusammenbruch des alten Systems war eine grundlegende rechtliche Neuordnung erforderlich, für die ebenfalls in großem Stil

---

150 Gardner hat hier den Begriff der „Rechtsmissionare" geprägt, vgl. ders., Legal Imperialism: American Lawyers and Foreign Aid in Latin America, S. 282.

151 Trubek, Law and Development, in: Smelser/Baltes (Hrsg.), International Encyclopedia of the Social and Behavioral Sciences, Bd. 12, S. 8443; Merryman, Comparative Law and Social Change: On the Origins, Style and Decline & Revival of the Law and Development Movement, in: 25 The American Journal of Comparative Law 1977, S. 457 (465).

152 Trubek/Galanter, Scholars in Self-Estrangement: Some Reflections on the Crisis in Law and Development Studies in the United States, in: 4 Wisconsin Law Review 1974, S. 1062 (1070 ff.); Trubek, Law and Development, in: Smelser/Baltes (Hrsg.), International Encyclopedia of the Social and Behavioral Sciences, Bd. 12, S. 8443. Zu Annahmen und Kritik des „liberal legalism" siehe unten unter D.II.2.b. und D.II.3.a.

153 Nelken, Comparatists and transferability, in: Legrand/Munday (Hrsg.), Comparative Legal Studies: Traditions and Transitions, S. 437; Rittich, Enchantments of Reason/Coercions of Law, in: 57 University of Miami Law Review 2003, S. 727 (732). Teilweise wird auch von einer „dritten Welle" oder einem „dritten Moment" gesprochen, vgl. Slaughter, A Typology of Transjudicial Communication, in: 29 University of Richmond Law Review 1994, S. 99 (131) mit Verweis auf Huntingtons „dritte Welle der Demokratisierung" und Trubek/Santos, Introduction: The Third Moment in Law and Development Theory and the Emergence of a New Critical Practice, in: dies. (Hrsg.), The New Law and Economic Development: A Critical Appraisal, S. 1 (5 f.), die nach der neoliberalen Anfangsphase der Reformbemühungen direkt nach dem Zerfall des Ostblocks als zweitem Moment des Law and Development Movements seit der Jahrtausendwende einen dritten Moment in der Überarbeitung der ursprünglichen Ansätze durch Entwicklungsorganisationen und Rechtsreformer ausmachen.

die Erfahrungen anderer Länder herangezogen wurden[154]. Auch hier stand eine Vielzahl westlicher Rechtsexperten und Institutionen für die Durchführung der notwendigen Reformen bereit und auch hier fand in erheblichem Umfang ein Transfer rechtlicher Strukturen aus den etablierten Demokratien in die Transitionsländer statt[155]. Wiederum standen ökonomische Reformen im Vordergrund, die unter Prämissen umgesetzt wurden, die – mit einigen geringfügigen Änderungen – denen des liberal legalism des Law and Development Movements sehr ähnlich waren[156]. Die nun häufig unter Begriffen wie „Rule of Law" oder „Good Governance" firmierenden Reformprojekte zielten vornehmlich darauf ab, die sozialistischen Rechts- und Gesellschaftsstrukturen durch solche einer liberalen Marktwirtschaft westlicher Prägung zu ersetzen. Daneben wurde durch die internationale Gemeinschaft verstärkt die Bedeutung universal gültiger Menschenrechte hervorgehoben und der Eingang etwa von Bürgerrechten und Regelungen zur Unabhängigkeit der Justiz und gleichem Zugang zu den Gerichten – nach westlichen Vorbildern – auch in die neuen Verfassungen forciert[157].

---

154 Ajani, By Chance and Prestige: Legal Transplants in Russia and Eastern Europe, in: 43 The American Journal of Comparative Law 1995, S. 93; Boulanger, Recht in der Transformation – Transformation durch Recht?, in: ders. (Hrsg.), Recht in der Transformation. Rechts- und Verfassungswandel in Mittel- und Osteuropa: Beiträge zur Debatte, S. 7 (8 f.). Kritisch zum Vorgehen der ausländischen Rechtsberater Sajó, Was macht der Westen falsch bei der Unterstützung der Rechtsreformen in Osteuropa, in: 30 Kritische Justiz 1997, S. 495 ff.

155 Schalast, Erfahrungen der Entwicklungszusammenarbeit bei der Unterstützung der Rechtsreform in den Transformationsländern Mittel- und Osteuropas und der GUS, in: 47 Osteuropa-Recht 2001, S. 263; Knieper, Wirtschaftsreform als Rechtsreform in post-kommunistischen Gesellschaften, in: ders., Rechtsreformen entlang der Seidenstraße, S. 39 ff. Vgl. auch Ajani, Transfer of Legal Systems from the Point of View of the Export Countries, in: Drobnig/Hopt/Kötz/Mestmäcker (Hrsg.), Systemtransformation in Mittel- und Osteuropa und ihre Folgen für Banken, Börsen und Kreditsicherheiten, S. 37: „Die mögliche Überbetonung der Notwendigkeit eines ‚internationalen' Austauschs von Rechtsideen hing eng zusammen mit der weit verbreiteten Ansicht, dass der Einführung von formalen Demokratieelementen und der rechtlichen Säulen der Marktwirtschaft schon eine schnelle Transition folgen werde".

156 Trubek, Law and Development, in: Smelser/Baltes (Hrsg.), International Encyclopedia of the Social and Behavioral Sciences, Bd. 12, S. 8443 (8445); Carothers, Promoting the Rule of Law abroad. The Problem of Knowledge, Carnegie Papers. Rule of Law Series, Number 34, 2003, S. 5.

157 Trubek, Law and Development, in: Smelser/Baltes (Hrsg.), International Encyclopedia of the Social and Behavioral Sciences, Bd. 12, S. 8443 (8444 f.); Carothers, Promoting the Rule of Law abroad. The Problem of Knowledge, Carnegie Papers.

Wie eingangs bereits erwähnt, wurden sowohl die Modernisierungsbestre-
bungen des ursprünglichen Law and Development Movements als auch zahlreiche Reformbemühungen in den ehemaligen Ostblock-Staaten als gescheitert
erklärt[158]. Hierfür wurden und werden nicht zuletzt die diesen Bemühungen
gleichermaßen zugrunde liegenden, übersimplifizierten Annahmen zur Natur
des Rechts und zur Steuerbarkeit gesellschaftlicher (im weiteren Sinne) Entwicklungen sowie das Fehlen einer adäquaten theoretischen Fundierung der
praktischen Unterfangen verantwortlich gemacht[159]. Das dieser Praxis zugrunde
liegende instrumentalistisch-evolutionistische Rechts- und Gesellschaftsverständnis wird im theoretischen Teil dieser Arbeit noch näher untersucht und
einer kritischen Betrachtung unterzogen[160].

b. Rechtsvereinheitlichung und Rechtsangleichung

Auch das Ziel der Vereinheitlichung oder Angleichung des Rechts ist ein treiben-
der Motor für eine weitreichende Orientierung an fremden Rechtsmustern[161].
Diese Unterfangen zur Schaffung eines einheitlichen Rechtsraumes werden von
verschiedenen Seiten und mit unterschiedlichen Mitteln betrieben. Solche Har-
monisierungsbestrebungen sind auf zwischen- beziehungsweise überstaatlicher
Ebene besonders häufig, finden aber auch innerhalb nationalstaatlicher Rechtsordnungen statt[162].

Rule of Law Series, Number 34, 2003, S. 6; Perry, International Economic Organizations and the Modern Law and Development Movement, in: Seidman A./Seid-
man R./Wälde (Hrsg.), Making Development Work, S. 19 (22 f.). Kritisch Rittich,
Enchantments of Reason/Coercions of Law, in: 57 University of Miami Law Review
2003, S. 727 (731 ff.); Holmes, Can Foreign Aid Promote the Rule of Law?, in: 8 East
European Constitutional Review 1999, S. 68 ff.

158 Siehe oben unter A.I.
159 Merryman, Comparative Law and Social Change: On the Origins, Style and Decline
& Revival of the Law and Development Movement, in: 25 The American Journal of
Comparative Law 1977, S. 457 (483); Bryde, Die Rolle des Rechts im Entwicklungsprozeß, S. 15. Siehe hierzu auch die bereits einleitend unter A.I., Fußnoten 11 und
12 zitierte Literatur.
160 Siehe hierzu unten unter D.II.
161 Zweigert/Kötz, Einführung in die Rechtsvergleichung, S. 23 ff.; Schlesinger/Baade/
Herzog/Wise, Comparative Law: cases, text, materials, S. 37 ff.; vgl. hierzu auch Graziadei, Comparative Law as the Study of Transplants and Receptions, in: Reimann/
Zimmermann (Hrsg.), The Oxford Handbook of Comparative Law, S. 441 (455 f.).
162 Vgl. etwa in den USA den Uniform Commercial Code (unverbindliches, verein-
heitlichtes Handelsrecht, an dem sich die Bundesstaaten orientieren können) oder

Initiator solcher Vorhaben sind häufig allgemeine inter- oder supranationale Organisationen, wie etwa die Europäische Union, die Vereinten Nationen und der Europarat. Als besonders prägnantes Beispiel kann hier die Übernahme des gemeinschaftlichen Besitzstandes, des „Acquis Communautaire"[163], genannt werden, die Voraussetzung jeder Aufnahme eines neuen Mitgliedsstaates in die Europäische Union ist[164].

Daneben existieren aber auch zahlreiche spezifisch zum Zwecke der Rechtsvereinheitlichung ins Leben gerufene Kommissionen und Institute, wie etwa UNIDROIT, eine unabhängige, intergouvernementale Organisation zur Vereinheitlichung des internationalen Privatrechts und insbesondere des Handelsrechts[165], oder UNCITRAL, die Kommission der Vereinten Nationen zur Modernisierung und Harmonisierung der Regeln des internationalen Handels[166].

---

die Restatements (ebenfalls unverbindliche Zusammenstellung der wichtigsten Grundsätze und Prinzipien aus dem Fallrecht der einzelnen Bundesstaaten), beides Projekte des American Law Institute (ALI); siehe unter www.ali.org). Wise, The Transplant of Legal Patterns, in: 38 The American Journal of Comparative Law 1990 (Suppl.), S. 1 (11 f.), schlägt für alle Fälle des Gebrauchs fremder Rechtsmuster zwischen den Rechtsordnungen der US-Bundesstaaten – z.B. durch die Zirkulation rechtlicher Lehrbücher, Verweise auf die Rechtsprechung in den jeweils anderen Bundesstaaten oder Rechtsanleihen der Legislativen beim Recht der anderen Bundesstaaten – die Bezeichnung der „Zirkulation oder Diffusion oder Übermittlung von Ideen" vor. Diese Vorgänge als „transplant" zu bezeichnen, lasse in Anbetracht der eine gemeinsame Rechtskultur besitzenden Bundesstaaten der USA dagegen einen „Vorgang so natürlich wie das Atmen wie eine große Operation erscheinen" und sei daher nicht angemessen.

163 Eine Zusammenstellung des (monatlich aktualisierten) geltenden Unionsrechtes findet sich unter http://eur-lex.europa.eu/en/consleg/latest/index.htm.

164 Oppermann/Classen/Nettesheim, Europarecht, S. 748, § 42, Rn. 12. Erforderlich ist grundsätzlich die vollständige Übernahme des gemeinsamen Besitzstandes, befristete Übergangsregelungen sind aber möglich. Das Erfordernis der Übernahme des Acquis ist Teil der sogenannten „Kopenhagener Beitrittskriterien", benannt nach den Schlussfolgerungen des Europäischen Rates von Kopenhagen 1993 (SN 180/1/93), die daneben die institutionelle Stabilität des Beitrittskandidaten als Garantie für eine demokratische und rechtsstaatliche Ordnung, für die Wahrung der Menschenrechte sowie die Achtung und den Schutz von Minderheiten und eine funktionsfähige Marktwirtschaft verlangen.

165 Siehe unter www.unidroit.org.

166 So das erklärte Ziel der Kommission unter www.uncitral.org. Das bekannteste Projekt der UNCITRAL ist das Wiener Kaufrechts-Übereinkommen von 1980. Watson, Legal Transplants and European Private Law, in: 4 The Electronic Journal of Comparative Law 2000, www.ejcl.org/44/art44-2.html, S. 1 (7) nennt das Übereinkommen

Darüber hinaus wurde und wird von wissenschaftlicher Seite aus die Vereinheitlichung oder Angleichung bestimmter Rechtsgebiete betrieben. Aus dem Europäischen Rechtsraum sind hier vor allem die (abgeschlossenen) Arbeiten der sogenannten „Lando-Group" zu nennen, die die „Principles of European Contract Law" als Grundlage für ein Europäisches Zivilgesetzbuch herausgearbeitet und zusammengestellt hat, sowie das von *Ugo Mattei* und *Mauro Bussani* ins Leben gerufene „Common Core"-Projekt. Ziel der Vertreter des letztgenannten Projektes ist dabei erklärtermaßen nicht die Vereinheitlichung in den untersuchten Rechtsgebieten oder gar die Schaffung eines einheitlichen kodifizierten Rechtsrahmens. Das Projekt sieht seine Aufgabe vielmehr lediglich darin, die Gemeinsamkeiten der europäischen Staaten auf dem Gebiet des Privatrechts zu Tage zu fördern, ohne sich aktiv in Harmonisierungsbemühungen einzumischen[167].

Teilweise wird diese Form des Rechtstransfers, die Rechtsangleichung durch Harmonisierung, von der Rechtsangleichung durch Rechtstransplantation unterschieden[168]. Eine solche Unterscheidung kann hilfreich sein, um die konkrete Transfersituation zu beschreiben, etwa dergestalt, dass die Harmonisierung eher durch internationale Organisationen erfolgt, die die Anwendung eines bestimmten Rechtsbestandes anbieten oder vorgeben, während die Rechtstransplantation die Übernahme oder Übergabe zwischen zwei im normativen Rang gleichartigen Rechtssystemen, also beispielsweise zwischen zwei Staaten bezeichnet[169]. Sie kann zugleich, oder auch, auf den Umfang des Transfers hinweisen: umfassend im Rahmen einer Harmonisierung oder punktuell, etwa zur Modernisierung des

---

als gewichtiges Beispiel eines rechtlichen Transplantats zwischen Völkerrecht und nationalstaatlichen Rechtsordnungen.

167 Vgl. Bussani/Mattei, The Common Core Approach to European Private Law, in: 3 Columbia Journal of European Law 1997, S. 339 (340 f.). Siehe auch die Ausführungen unter www.common-core.org/. Diese ausdrückliche Trennung von praktischer und theoretischer Rechtsvergleichung entspricht auch dem Ansatz Rodolfo Saccos, dem sich das Projekt verbunden fühlt. Siehe zu Saccos Theorie der Formanten und dem „Common Core"- Ansatz sowie einer Kritik hieran unten unter C.II.4.a.

168 So Merryman, On the Convergence (and Divergence) of the Civil Law and the Common Law, in: 17 Stanford Journal of International Law 1981, S. 357 (365 ff.); Clark, Classification of Legal Systems, in: Smelser/Baltes (Hrsg.), International Encyclopedia of the Social and Behavioral Sciences, Bd. 13, S. 8684 (8688); wohl auch Frankenberg, Stranger than Paradise: Identity & Politics in Comparative Law, in: 2 Utah Law Review 1997, S. 259 (262).

169 So wohl Merryman, On the Convergence (and Divergence) of the Civil Law and the Common Law, in: 17 Stanford Journal of International Law 1981, S. 357 (365 ff.).

eigenen Rechts, durch ein Transplantat. Oder sie ist ein Hinweis auf die Art und Weise des Transfers in dem Sinne, dass es sich bei der Harmonisierung nur um eine bloße Annäherung des Rechts handeln soll, während das Rechtstransplantat eine eher strikte Kopie des fremden Rechts darstellen soll. Diese Differenzierungen können im Einzelfall hilfreich sein, zwingend sind sie indes nicht.

Gemeinsam ist den unterschiedlichen Bestrebungen zur Rechtsvereinheitlichung, ähnlich wie den bereits beschriebenen Modernisierungsunterfangen, in der Regel ein evolutionistisches Rechts- und Gesellschaftsverständnis. Dieses beinhaltet etwa die Annahme, dass sich die gesellschaftlichen Systeme – meist erfolgt hier eine Begrenzung auf die europäischen Staaten oder die westlichen Industrienationen – langfristig einander angleichen. Da das Recht den gesellschaftlichen Wandel nachvollziehe, bedeute dies schließlich in der Folge auch eine Konvergenz der rechtlichen Systeme. Dieses evolutionistisch-funkionalistische Rechts- und Gesellschaftsverständnis und die „Konvergenzthese" werden im theoretischen Teil der Arbeit wieder aufgegriffen und analysiert[170].

c. Verbesserung und Fortentwicklung des Rechts

Auch außerhalb groß angelegter Transfervorhaben im Zuge staatlicher Umbruchsituationen oder Vereinheitlichungsbestrebungen, in der regulären Praxis staatlicher wie nichtstaatlicher Akteure wird vielfältig auf fremdes Recht zurückgegriffen. Die fremden Rechtsideen dienen dazu, das eigene, als reformbedürftig erkannte Recht fortzuentwickeln[171]. Anliegen des handelnden Juristen, insbesondere des Gesetzgebers oder des Richters, kann hier zum Beispiel sein, das eigene Recht zu verbessern, Unklarheiten und Widersprüche auszuräumen[172], das Recht geänderten Verhältnissen anzupassen oder vorhandene Lücken zu schließen[173].

---

170 Vgl. hierzu unten unter D.II.
171 Markesinis, Rechtsvergleichung in Theorie und Praxis, S. 153.
172 Watson, Comparative Law and Legal Change, in: 37 The Cambridge Law Journal 1978, S. 313 (317); Zweigert/Kötz, Einführung in die Rechtsvergleichung, S. 14; Rehm, Rechtstransplantate als Instrumente der Rechtsreform und –transformation, in: 72 RabelsZ 2008, S. 1 (36); Markesinis, Rechtsvergleichung in Theorie und Praxis, S. 153; Sommermann, Die Bedeutung der Rechtsvergleichung für die Fortentwicklung des Staats- und Verwaltungsrechts in Europa, in: 52 Die Öffentliche Verwaltung 1999, S. 1017 (1025) spricht von einer „Rationalitätssteigerung" des Rechts.
173 Zweigert/Kötz, Einführung in die Rechtsvergleichung, S. 17; Smits, A European Private Law as a Mixed Legal System, in: 5 Maastricht Journal of European and

d. Herausbildung und Weiterentwicklung neuer Rechtsregimes

Regelmäßig umfassende Rückgriffe auf bereits bestehendes Recht erfolgen außerdem bei der Schaffung neuer Rechtsregimes, wie sie aufgrund der zunehmenden globalen wie auch regionalen Vernetzung der maßgeblichen Akteure vor allem auf internationaler und transnationaler Ebene entstehen und bei der weiteren rechtlichen Entwicklung dieser Systeme. So wurde bei der Gründung der Europäischen Gemeinschaften ebenso auf vorhandene Bestimmungen aus den nationalstaatlichen Rechtsordnungen zurückgegriffen, wie etwa bei der Errichtung internationaler Gerichtsbarkeiten wie des Internationalen Strafgerichtshofs und der verschiedenen Kriegsverbrechertribunale[174].

Auch auf dem Gebiet des Umweltrechts hat die Internationale Staatengemeinschaft auf die globalen Probleme des Klimaschutzes mit einem eigenen Rechtsregime reagiert, welches zahlreiche Prinzipien aus nationalen Kontexten entlehnt hat[175].

Daneben schafft eine steigende Anzahl autonomer oder semi-autonomer Akteure zunehmend staatenübergreifende, transnationale Regelungssysteme. Unzählig sind die Beispiele aus dem Wirtschaftsrecht, wo sich in den letzten Jahren gleichsam ein von den Wirtschaftsakteuren selbst herausgebildetes, von staatlichen Rechtssetzungs- und Rechtsprechungsorganen weitgehend unabhängiges Rechtsregime („lex mercatoria") etabliert hat[176].

Die Besonderheit dieser Fallgruppe liegt in der Schaffung gänzlich neuer Rechtsregimes, so dass andernorts bestehende Rechtsmuster dorthin übernommen

---

Comparative Law 1998, S. 328 (334); Drobnig, The Use of Comparative Law by Courts, in: ders./van Erp (Hrsg.), The Use of Comparative Law by Courts, S. 3 (16, 21); Rehbinder, Erkenntnistheoretisches zum Verhältnis von Rechtssoziologie und Rechtsvergleichung, in: ders., Abhandlungen zur Rechtssoziologie, S. 143 (153).

174 Langer, From Legal Transplants to Legal Translations: The Globalization of Plea Bargaining and the Americanization Thesis in Criminal Procedure, in: 45 Harvard International Law Journal 2004, S. 1 (8); Tochilovsky, Rules of Procedure for the International Criminal Court: Problems to Address in Light of the Experience of the *Ad Hoc* Tribunals, 46 Netherlands International Law Review 1999, S. 343 (345). Ausführlich zum Rechtstransfer im Zusammenhang mit der Entstehung der Europäischen Union Walker, The migration of constitutional ideas and the migration of *the* constitutional idea: the case of the EU, in: Choudhry (Hrsg.), The Migration of Constitutional Ideas, S. 316 ff.

175 Zum Rechtstransfer im Bereich des internationalen Umweltrechts vgl. Wiener, Something Borrowed for Something Blue: Legal Transplants and the Evolution of Global Environmental Law, in: 27 Ecology Law Quarterly 2001, S. 1295 ff.

176 Siehe hierzu oben unter C.I.2.b.

werden, wo vorher keine Regelungen bestanden. (Nur) in diesem Fall lässt sich – zumindest in der Gründungsphase der neuen Ordnung – von einer sogenannten „tabula-rasa"- Situation sprechen, in die das fremde Recht übertragen wird[177]. *Walker* erläutert dies am Beispiel der Europäischen Union. Diese sei jedenfalls in ihren Anfangsjahren oft als „eine Art kulturelle *tabula rasa*" angesehen worden, als „ein rechtlicher und politischer Raum, dessen Quellen sämtlich ‚immigriert' seien"[178]. Mittlerweile könne allerdings überzeugend argumentiert werden, dass die Europäische Union eine eigene, spezifische Rechtskultur herausgebildet habe. Diese bestehe aus den ihr eigenen institutionellen Strukturen und gerichtlichen, politischen und administrativen Handlungsweisen, welche die unionseigene Rechts- und politische Ordnung produzierten und reproduzierten[179].

e. Zwischenfazit

Die Darstellung der wesentlichen Kontexte, in denen geplante Rechtstransfers stattfinden, zeigt, dass hier die Verwendung der fremden Rechtsmuster stets zur Erreichung bestimmter Zwecke erfolgt: Rechtsreform, Rechtsvereinheitlichung, Rechtsverbesserung. Dem Transfer liegt folglich ein bestimmtes, in

---

177 Mitunter wird auch im Rahmen von Rechtsreformen in Transitions- und Entwicklungsländern angenommen, das importierte Recht finde im neuen Kontext eine solche „tabula-rasa"- Situation vor, nachdem die alte Rechtsordnung delegitimiert worden sei. Die Vorstellung eines solchen temporären gleichsam rechtsfreien Raumes übersieht jedoch, dass das neue Recht immer auf schon bestehende Rechtsstrukturen trifft. Diese reichen von weiterhin geltenden staatlichen Gesetzen über mit Bildung und Erfahrung der Vergangenheit imprägnierte Denk- und Handlungsmuster der Rechtsanwender wie der Rechtsunterworfenen bis zu außerstaatlichen, inoffiziellen Regelungen, die mit dem neuen ebenso wie mit dem alten offiziellen Recht konfligieren oder auch neben diesem bestehen können. Vgl. hierzu Twining, Diffusion of Law: A global Perspective, in: 49 Journal of Legal Pluralism and Unofficial Law 2004, S. 1 (28, Fn 81); ders., Diffusion and Globalization Discourse, in: 47 Harvard International Law Journal 2006, S. 507 (512); Geertz, Local Knowledge: Fact and Law in Comparative Perspective, in: ders., Local Knowledge: Further Essays in Interpretive Anthropology, S. 167 (220) spricht in diesem Zusammenhang von „legal sensibilities".
178 Walker, The migration of constitutional ideas and the migration of *the* constitutional idea: the case of the EU, in: Choudhry (Hrsg.), The Migration of Constitutional Ideas, S. 316 (333; Kursivdruck im Original).
179 Walker, The migration of constitutional ideas and the migration of *the* constitutional idea: the case of the EU, in: Choudhry (Hrsg.), The Migration of Constitutional Ideas, S. 316 (334).

unterschiedlichen Ausprägungen funktionalistisches Verständnis des Rechts zugrunde. Die hiermit verbundenen Annahmen über das Recht, seine Funktionen und seine Beziehung zu seiner Umwelt werden im theoretischen Teil der Arbeit noch zu betrachten sein[180].

Im Rahmen der genannten Kontexte und über diese hinaus werden von den am Transferprozess beteiligten Akteuren noch zahlreiche weitere, unterschiedlichste Zielsetzungen und Motivationen mit dem Transfer des Rechts verbunden und bestimmen deren Handeln. Auf diese soll im folgenden Abschnitt die Aufmerksamkeit gelenkt werden.

2. (Weitere) Begründungen für den geplanten Transfer von Recht

Die geschilderten Kontexte rechtlichen Transfers – Rechtsreform, Rechtsvereinheitlichung, Rechtsverbesserung – stellen zugleich Motive der beteiligten Akteure für die Übertragung oder Übernahme des fremden Rechts dar. Jede geplante Übernahme oder Übertragung fremden Rechts wird jedoch in der Regel von einer Vielzahl weiterer Gründe und Hintergründe bedingt. Diese Motive werden, zusammen mit den bereits genannten, in aller Regel nicht alternativ, sondern – in unterschiedlichen Konstellationen – als kumulative Beweggründe unterschiedlicher am Transferprozess beteiligter Akteure vorkommen. Innerhalb der möglichen Gründe und Begründungen kann zwischen rechtsinternen (a.) und rechtsexternen Faktoren (b.) unterschieden werden. Schließlich liegen auch der ausdrücklichen Nennung ebenso wie dem Verschweigen einer verwendeten externen Rechtsquelle häufig bestimmte Motivationen zugrunde, auf die abschließend eingegangen wird (c.).

a. Rechtsinterne Begründungen

Als rechtsinterne Begründungen werden im Folgenden rechts- oder rechtssystem-immanente Argumente dargestellt, auf die zurückgegriffen wird, um die Übernahme oder Übertragung einer bestimmten Norm oder eines Normkomplexes zu begründen. Neben der Qualität des rezipierten Rechts (aa.) zählen zu diesen Begründungen vor allem die ökonomische Effizienz einer Rechtsregel (bb.) sowie die Ähnlichkeit der Rechtssysteme (cc.).

aa. Qualität des Rechts
Es liegt auf der Hand, dass Rechtstransfers zur Verbesserung des Rechts in der alltäglichen juristischen Praxis in der Regel mit der Qualität des übernommenen

---

180   Siehe unten unter D.II.

Rechts begründet werden[181]. So liegt ein Ziel der klassischen (funktionalistischen) Rechtsvergleichung gerade darin, mit der Zusammenstellung möglichst umfassenden Vergleichsmaterials den Vorrat an „besseren Rechtslösungen" für den nach Qualität strebenden Gesetzgeber zu erweitern[182].

Im Zusammenhang mit der Übernahme fremden Rechts im Zuge umfassender staatlicher Neuordnungen wird häufig das Ansehen oder das „Prestige" genannt, welches dem fremden Recht aufgrund seiner Qualität zukomme und für dessen Übernahme spreche[183]. Das Prestige muss allerdings nicht notwendig in der Qualität des (konkreten) Transferobjekts begründet sein. Es kann auch aus anderen, nicht-rechtlichen Umständen, etwa der Anerkennung des gebenden Staates in der internationalen Staatengemeinschaft folgen[184]. Der Übernahme des fremden Rechts kommt in diesen Fällen, wenn das Recht oder das gebende System besonders angesehen sind, auch eine symbolische Funktion zu[185].

bb. Ökonomische Effizienz
Mit etwas anderer Konnotation argumentiert auch ein von der ökonomischen Analyse des Rechts geprägter Ansatz mit der Qualität des Rechts als Grund für einen Rechtstransfer. Dieser Ansatz sieht für die Übernahme des fremden Rechts und insbesondere für die Übernahme einer bestimmten Rechtsregel deren ökonomische Effizienz als ausschlaggebenden Faktor an. Die Qualität dieser Rechtsnorm(en) ist danach vor allem in deren Fähigkeit zur Verminderung von Transaktionskosten und dem daraus resultierenden Wettbewerbsvorteil zu sehen[186].

cc. Ähnlichkeit der Rechtssysteme
Vielfach wird bezüglich der Übernahme fremder Normen darauf abgestellt, dass sie der eigenen Rechtstradition oder Rechtskultur besonders nahestehen oder

---

181 Großfeld, Macht und Ohnmacht der Rechtsvergleichung, S. 95; Smits, A European Private Law as a Mixed Legal System, in: 5 Maastricht Journal of European and Comparative Law 1998, S. 328 (335).

182 Zweigert/Kötz, Einführung in die Rechtsvergleichung, S. 14. Siehe ausführlich zur funktionalistischen Methode der Rechtsvergleichung unten unter C.II.4.a.aa.

183 Sacco, Einführung in die Rechtsvergleichung, S. 145.

184 Vgl. Rehbinder, Die Rezeption fremden Rechts in soziologischer Sicht, in: 14 Rechtstheorie 1983, S. 305 (306).

185 Siehe hierzu unten unter C.II.2.b.bb.

186 Mattei, Comparative Law and Economics, S. 129 f.; Graziadei, Comparative Law as the Study of Transplants and Receptions, in: Reimann/Zimmermann (Hrsg.), The Oxford Handbook of Comparative Law, S. 441 (459); siehe zu diesem Ansatz auch unten unter D.II.2.a.bb.

dem gleichen Rechtskreis entstammen[187]. So wird beispielsweise die vorwiegende Orientierung der mitteleuropäischen Transitionsstaaten des ehemaligen Ostblocks an westeuropäischem Zivil- und Verfassungsrecht mit den gemeinsamen Wurzeln im Römischen Recht[188] beziehungsweise den gemeinsamen Verfassungstraditionen begründet[189].

Der Transfer von Recht zwischen ähnlichen Rechtstraditionen muss allerdings nicht zwingend aufgrund der angenommenen inhaltlichen Gemeinsamkeiten der Rechtssysteme und der besonderen Geeignetheit des fremden Rechts für das eigene Rechtssystem erfolgen. Ähnlich wie deren – nicht (oder jedenfalls nicht allein) aus der Qualität der rechtlichen Regel folgendes – „Prestige" die Übernahme fremder Rechtsregeln begründen kann, können auch hier vielmehr rechtsexterne Gründe die tatsächlich maßgeblichen für einen Transfer sein. In Betracht kommen etwa die leichtere Zugänglichkeit des Rechts (auch durch eine gemeinsame Sprache) oder der wissenschaftliche Austausch gerade zwischen Rechtssystemen mit ähnlicher Tradition aufgrund der (auch) geographischen Nähe[190]. *Alan Watson* beschreibt diese besondere Empfänglichkeit eines Rechtssystems für das Recht eines bestimmten anderen Systems mit dem Begriff „transplant bias" und unterscheidet diese „Übernahme-Neigung" von der

---

187 Zweigert/Kötz, Einführung in die Rechtsvergleichung, S. 15 (zu ähnlichen Rechtstraditionen sowie grundlegend zur Einteilung der Rechtssysteme in Rechtskreise); Häberle, Verfassungsentwicklungen in Osteuropa- aus der Sicht der Rechtsphilosophie und der Verfassungslehre, in: 117 Archiv des öffentlichen Rechts 1992, S. 169 (186, Fn 27 zu „Nachbarschaft und Tradition"); Sacco, Einführung in die Rechtsvergleichung, S. 145 (zur Ähnlichkeit kultureller, gesellschaftlicher, wirtschaftlicher und Umweltbedingungen).

188 Örücü, Critical Comparative Law. Considering Paradoxes for Legal Systems in Transition, in: 4 The Electronic Journal of Comparative Law 2000, www.ejcl.org/41/abs41-1.html, S. 1 (70).

189 Osiatynski, Paradoxes of constitutional borrowing, in: 1 International Journal of Constitutional Law 2003, S. 244 (250) zur Entscheidung einiger osteuropäischer Transitionsstaaten, sich aufgrund der erheblichen Unterschiede in den Rechtstraditionen und sozialen Gegebenheiten nicht am US-amerikanischen Verfassungsmodell zu orientieren, sondern an westeuropäischen Vorbildern.

190 Schauer, The Politics and Incentives of Legal Transplantation, Law and Development Paper No 2, CID Working Paper No. 44, April 2000, Center for International Development at Harvard University, www.cid.harvard.edu/cidwp/044.htm, S. 1 (18); Elster, Constitutionalism in Eastern Europe: An Introduction, in: 58 The University of Chicago Law Review 1991, S. 447 (477).

Akzeptanz des fremden Rechts aufgrund einer genauen Untersuchung inhaltlicher Altenativen[191].

b. Rechtsexterne Begründungen

Wie bereits angeklungen, spielen neben den rechtsinternen Fakoren – und teilweise auch statt dieser – bei einem geplanten Rechtstransfer regelmäßig rechtsfremde Motive der unterschiedlichen am Transfer beteiligten Akteure eine bestimmende Rolle[192]. Dies können rein praktische Argumente sein, wie die – erhoffte – Zeit- und Kostenersparnis durch den Rückgriff auf bereits bestehende Normen (aa.). Das fremde Recht kann auch eine symbolische Funktion übernehmen, wenn es gleichsam als Naturrechts-Ersatz ein Bedürfnis nach Autorität und Legitimation auf Seiten des Empfängers befriedigt (bb.). Schließlich prägen die unterschiedlichen wirtschaftlichen und politischen Gemeinwohl- wie auch privaten Interessen der am Transferprozess beteiligten Akteure das „ob" und „wie" des Gebrauchs fremder Rechtsmuster (cc.).

aa. Zeit- und Kosteneffizienz

Die offenkundigste Motivation außerhalb rechtsinterner Begründungen, auf fremde Rechtsmuster zurückzugreifen, liegt wohl in der augenscheinlichen Ökonomie dieses Vorgehens[193]. In Zeiten stetiger Durchnormierung aller Lebensbereiche sind rechtliche Lösungen für fast alle Probleme und Situationen im „globalen Supermarkt"[194] rechtlicher Regeln frei verfügbar. Der Gesetzgeber, der sich an diesen bereits bestehenden Regelungen bedient, anstatt aufwendig eigene

---

191 Watson, The Making of the Civil Law, S. 183; ders., Legal Origins and Legal Change, Kap. 7: Legal Change: Sources of Law and Legal Culture, S. 69 (95). Der Begriff kann mit „Übernahme-Neigung" übersetzt werden, da er Gründe für die Neigung eines Staates beschreibt, das Recht eines bestimmten Rechtssystems zu übernehmen. Anders Großfeld, Macht und Ohnmacht der Rechtsvergleichung, S. 95, der von „Übernahme-Vorurteil" spricht.

192 Schauer, The Politics and Incentives of Legal Transplantation, Law and Development Paper No 2, CID Working Paper No. 44, April 2000, Center for International Development at Harvard University, www.cid.harvard.edu/cidwp/044.htm, S. 1 (2).

193 Vgl. von Münch, Rechtsexport und Rechtsimport, in: NJW 1994, 3145 (3146); Smits, A European Private Law as a Mixed Legal System, in: 5 Maastricht Journal of European and Comparative Law 1998, S. 328 (334 f.).

194 Vgl. zum Begriff „des globalen Supermarktes" Frankenberg, Autorität und Integration, S. 129 f.; ebenso Mattei, Efficiency in Legal Transplants: An Essay in Comparative Law and Economics, in: 14 International Review of Law and Economics 1994, S. 3 (8).

rechtliche Lösungen zu entwickeln, möchte auf diese Weise Zeit und Ressourcen sparen oder hat die personellen, finanziellen und zeitlichen Mittel zur Erstellung eigener Rechtslösungen schlicht nicht zur Verfügung[195].

Ein erheblicher Zeitdruck bestand etwa in den Transitionsländern Mittel- und Osteuropas nach dem Zusammenbruch der sozialistischen Systemstrukturen[196]. Nach dem Zerfall des Ostblocks standen die gesetzgebenden Organe dieser Länder vor der Aufgabe, in kürzester Zeit den gesetzlichen Unterbau für eine demokratisch und rechtsstaatlich verfasste Staatlichkeit und für eine Anerkennung als Akteur auf dem Parkett der Weltwirtschaft zu entwickeln. Ein Rückgriff auf etwaig bestehende Gesetze aus prä-kommunistischer Zeit war dabei – nicht zuletzt aufgrund der erheblichen zwischenzeitlichen Rechtsentwicklungen – nur bedingt möglich[197]. Es bestand daher Bedarf an Neuregelungen in nahezu sämtlichen Rechtsgebieten – von der Staatsverfassung bis zum Zivilgesetzbuch. In dieser Situation lag es demnach auf der Hand, auf erprobte, zeitgemäße Regelungen anderer Länder oder die Normenkodices internationaler Organisationen zurückzugreifen. So wollte man sich die anderweitig gemachten Erfahrungen ebenso zu nutze machen, wie die gegebenenfalls aufgrund dieser Erkenntnisse im Laufe der Jahre vorgenommenen Änderungen und Verbesserungen der übernommenen Regelungen[198]. Entsprechendes galt und gilt auch für andere Staaten, die nach der Auflösung bestehender Staats-, Gesellschafts- und Rechtsstrukturen etwa nach Revolutionen und Regimestürzen einen akuten – und umfassenden – Bedarf an neuen Regelungen haben[199].

---

195 Miller, A Typology of Legal Transplants, in: 51 The American Journal of Comparative Law 2003, S. 839 (845); Watson, Aspects of Reception of Law, in: 44 The American Journal of Comparative Law 1996, S. 335; Rehm, Rechtstransplantate als Instrumente der Rechtsreform und –transformation, in: 72 RabelsZ 2008, S. 1 (34 f.).

196 Gaul, Sinn und Unsinn internationaler Rechtsberatung, in: Boulanger (Hrsg.), Recht in der Transformation. Rechts- und Verfassungswandel in Mittel- und Osteuropa: Beiträge zur Debatte, S. 102 (108).

197 Von Münch, Rechtsexport und Rechtsimport, in: NJW 1994, S. 3145 (3146); Karpen, „Rechtsexport" – Möglichkeiten und Grenzen der Verfassungs- und Rechtsberatung im Ausland, in: 20 Humboldt Forum Recht 2009, S. 1 (3); zum Faktor der Anerkennung als politischer und wirtschaftlicher Akteur siehe auch unten unter C.II.2.b.cc.

198 Von Münch, Rechtsexport und Rechtsimport, in: NJW 1994, S. 3145 (3146); Rosenkrantz, Against borrowings and other nonauthoritative uses of foreign law, in: 1 International Journal of Constitutional Law 2003, S. 269 (287 f.).

199 Karpen, „Rechtsexport" – Möglichkeiten und Grenzen der Verfassungs- und Rechtsberatung im Ausland, in: 20 Humboldt Forum Recht 2009, S. 1 (4) nennt hier

bb. Symbolische Funktion des Rechtstransfers

Besondere Beachtung verdient auch das Argument, dass die Auswahl eines prestigeträchtigen Rechtsvorbildes ein Bedürfnis nach Autorität oder Legitimation auf Seiten des Empfängerstaates befriedigt[200]. Gerade in Zeiten des Übergangs besteht das Problem vieler Staaten beziehungsweise ihrer ausführenden Organe, die bisher keine oder wenig Erfahrungen mit demokratischen und rechtsstaatlichen Strukturen aufweisen können, darin, das Vertrauen der Bevölkerung in das neue System und die diesem zugrunde liegende Rechtsordnung zu stärken oder gar erst aufzubauen. Die Übernahme rechtlicher Regeln und Institutionen, die in ihrem Herkunftsland erfolgreich funktioniert haben oder aus einem Land stammen, das im rezipierenden Staat oder in der internationalen Staatengemeinschaft besondere Anerkennung genießt, erscheint den verantwortlichen politischen Kräften in diesen Situationen als probates Mittel, ihre fehlende Autorität gleichsam mit dem fremden Recht zu importieren[201]. Mitunter wird hier auch von der „symbolischen" Funktion des Rechtstransfers gesprochen[202].

Eng mit dieser Motivation zur Verwendung fremder Rechtsmuster verbunden ist der Gedanke an ein allgemeines Natur- oder Vernunftrecht, das in dem Recht der entwickelten Demokratien, auf das zurückgegriffen wird, zum Ausdruck komme[203]. Dieses Argument greift etwa bei der Übernahme fremden Verfassungsrechts durch Transitionsländer auf ihrem Weg zu Rechtsstaatlichkeit und Demokratie[204]. Es dient aber auch als Rechtfertigungsmuster für umfassendere politische und ökonomische Reformen. Vor dem Hintergrund

---

exemplarisch Südafrika, Afghanistan, Irak, Kambodscha sowie Bosnien und Herzegowina.

200 So Watson, Aspects of Reception of Law, in: 44 The American Journal of Comparative Law 1996, S. 335 (346); ausführlich Miller, A Typology of Legal Transplants, in: 51 The American Journal of Comparative Law 2003, S. 839 (856 ff.).

201 Miller, A Typology of Legal Transplants, in: 51 The American Journal of Comparative Law 2003, S. 839 (856 f.).

202 Schauer, The Politics and Incentives of Legal Transplantation, Law and Development Paper No 2, CID Working Paper No. 44, April 2000, Center for International Development at Harvard University, www.cid.harvard.edu/cidwp/044.htm, S. 1 (16).

203 Vgl. Mattei, A Theory of Imperial Law: A Study on U.S. Hegemony and the Latin Resistance, in: 10 Indiana Journal of Global Legal Studies 2003, S. 383 ff., der mit dem Begriff des „imperial law" die Dominanz des US-amerikanischen Rechts anprangert, dessen gleichsam naturrechtliche Notwendigkeit durch die organisierten Akteure des internationalen Kapitals hervorgehoben und verbreitet werde.

204 Halmai, Book Reviews, in: 3 International Journal of Constitutional Law 2005, S. 157 (162).

vernunftrechtlicher Verbindlichkeit werden politische und ökonomische Ziele in den Olymp des Rechts gehoben und unter dem Deckmantel von „Good Governance"- oder „Rule of Law"-Projekten legitimiert[205].

Das Motiv der Legitimationsvermittlung findet sich aber nicht nur in Situationen staatlichen Umbruchs. Auch in der Gerichtspraxis gefestigter Demokratien greifen etwa Richter auf die Rechtsprechung ausländischer Kollegen zurück oder verweisen auf die Häufigkeit der Verwendung einer bestimmten Begründung in anderen Rechtskontexten, um die eigene Argumentation zu stützen[206].

Letztlich hat diese symbolische Funktion fremden (Verfassungs-)Rechts auch eine Kehrseite: so wird teilweise das Recht eines bestimmten Staates in einem anderen Staat gerade aus dem Grund nicht übernommen oder angewandt, um sich von diesem abzugrenzen, etwa aus historischen Gründen oder um die eigene Autonomie zu betonen[207].

cc. Vorteilsvermittlung durch Rechtstransfer

Häufig ist die Übernahme fremden Rechts zumindest auch von dem Interesse des Übernehmenden geleitet, in den Genuss bestimmter Vorteile zu gelangen oder Sanktionen zu vermeiden. Dabei wird nicht selten von Seiten des „Gebers" bestimmt, welchen Rechtsbestand der „Nehmer" in sein System zu übernehmen hat, um diese Ziele zu erreichen[208].

---

205 Kritisch Rittich, Enchantments of Reason/Coercions of Law, in: 57 University of Miami Law Review 2003, S. 727 (731 ff.); Carothers, Promoting the Rule of Law abroad. The Problem of Knowledge, Carnegie Papers. Rule of Law Series, Number 34, 2003, S. 6 f.

206 Siehe hierzu auch unten unter C.II.5.c.

207 Sogenanntes „non-borrowing", vgl. Schauer, The Politics and Incentives of Legal Transplantation, Law and Development Paper No 2, CID Working Paper No. 44, April 2000, Center for International Development at Harvard University, www.cid. harvard.edu/cidwp/044.htm, S. 1 (16), der als Beispiele unter anderem die Praxis des Supreme Court of Canada anführt, der bei der Übernahme US-amerikanischer Rechtsprechung Zurückhaltung an den Tag lege, wohl, um Kanada nicht als „51. Staat" der USA erscheinen zu lassen sowie die vietnamesische Rechtspraxis, die mit großer Sorgfalt einen französischen Einfluss auf das vietnamesische Rechtssystem zu vermeiden suche.

208 Örücü, Law as Transposition, in: 51 International and Comparative Law Quarterly 2002, S. 205 (211) spricht im Zusammenhang mit Rechtstransfer zwischen Europäischer Union und Mitgliedstaaten von einer „imposed reception". Der Begriff dient einerseits der Abgrenzung zu „imposition", der durch Zwang durchgesetzten Übernahme fremden Rechts etwa durch die Kolonialherren und andererseits zu „reception", der freiwilligen Aufnahme fremder Rechtsnormen. Differenzierend auch Höland, EU-Recht auf dem Weg nach Osten: Rechtssoziologische Fragen, in:

(1) Gemeinschaftsinteressen

Betroffen sein können staatliche oder „Gemeinschafts-"Interessen, zu deren Durchsetzung das fremde Recht übernommen wird. Dies können wirtschaftliche Anreize sein, etwa wenn wirtschaftsrechtliche Normen übernommen werden, um die Teilnahme an bestimmten Märkten zu erreichen oder sich zur Geltung der Menschenrechte bekannt wird, um Handelssanktionen zu entgehen[209]. Der Zutritt zum Weltmarkt wird Staaten nur unter der Voraussetzung gewährt, dass sie ein liberales Privatrechtssystem mit entsprechenden Eigentumsgewährleistungen aufweisen können. Unter der gleichen Prämisse steht die Vergabe von Krediten durch Organisationen wie die Weltbank oder den Internationalen Währungsfonds[210]. Und auch bilaterale Handelsabkommen können von der Einführung bestimmter Normenbestände abhängig gemacht werden[211]. Beweggrund für die Übernahme fremder Normenkodices kann aber auch der Wunsch nach Teilhabe an und Mitbestimmung im Rahmen von internationalen Organisationen und anderen politischen Beziehungen sein[212].

Boulanger (Hrsg.), Recht in der Transformation. Rechts- und Verfassungswandel in Mittel- und Osteuropa: Beiträge zur Debatte, S. 78 (88 ff.); Tushnet, Returning with Interest: Observations on some putative Benefits of studying Comparative Constitutional Law, in: 1 University of Pennsylvania Journal of Constitutional Law 1998, S. 325 (333 f., Fn. 53).

209 Miller, A Typology of Legal Transplants, in: 51 The American Journal of Comparative Law 2003, S. 839 (847 f.); Taylor, The law reform Olympics: measuring the effects of law reform in transitional economies, in: Lindsey (Hrsg.), Law Reform in Developing and Transitional States, S. 83 (85). Vgl. auch Berkowitz/Pistor/Richard, The Transplant Effect, in: 51 The American Journal of Comparative Law 2003, S. 163 (164, Fn 5) zum Beispiel Kroatien, das wirtschaftsrechtliche Regelungen teilweise dem deutschen und teilweise dem US-amerikanischen Recht entnommen habe, um Investoren beider Staaten anzulocken.

210 Günther/Randeria, Recht, Kultur und Gesellschaft im Prozeß der Globalisierung, S. 59; Miller, A Typology of Legal Transplants, in: 51 The American Journal of Comparative Law 2003, S. 839 (847).

211 Herrnfeld, Recht europäisch: Rechtsreform und Rechtsangleichung in den Visegrád-Staaten, S. 39, zum Beispiel des Abschlusses eines bilateralen Handelsabkommens zwischen den USA und Polen, im Vorfeld dessen die USA unter anderem einige zur Verabschiedung bereite Gesetzesvorlagen an Polen übersandte.

212 Vgl. Frankenberg, Autorität und Integration, S. 129, zur Übernahme global verfügbarer Verfassungsbausteine als Voraussetzung für eine Aufnahme in Europäische Union und Europarat; Tushnet, Returning with Interest: Observations on some putative Benefits of studying Comparative Constitutional Law, in: 1 University of Pennsylvania Journal of Constitutional Law 1998, S. 325 (333 f., Fn. 53) zur

(2) Partikularinteressen

Darüber hinaus können ebenso Partikularinteressen einzelner relevanter Individuen oder Interessengruppen maßgeblich beeinflussen, ob und insbesondere auch in welcher Ausgestaltung ein Rechtstransfer stattfindet[213].

Dies betrifft einerseits die politischen und gesellschaftlichen Macht- und Organisationsstrukturen im übernehmenden System. Sie können einem Transfer sowohl hinderlich als auch förderlich sein, je nach dem, ob etwa bestimmte Errungenschaften gegenüber dem Einfluss des fremden Rechts verteidigt werden müssen, oder ob dieses als hilfreich angesehen wird, den eigenen Einfluss zu bewahren oder auszubauen[214].

Andererseits werden Politik und juristisches System heute stark von international agierenden Beratern, Entwicklungshelfern, Lobbygruppen und Anwaltssozietäten beeinflusst, die ihre jeweils ganz eigenen Interessen auf dem internationalen Markt der Rechtsberatung vertreten[215]. Die zunehmende Bedeutung dieses „Expertentums" ist nicht zuletzt vor dem Hintergrund der fehlenden demokratischen Legitimation dieser Vertreter kritisch zu betrachten. Durch ihre Funktion als „Experten" suggerieren sie die Objektivität und „Vernünftigkeit" des von ihnen verbreiteten Wissens und des von ihnen eingebrachten Rechts. Tatsächlich handelt es sich auch bei ihnen um Interessenvertreter, deren Ansichten durchaus konträr zu denen existierender demokratisch legitimierter Organe stehen können[216].

---

staatlichen Übernahme bestimmter (internationaler) Regelungen, um den IMF oder andere Internationale Organisationen davon zu überzeugen, dass man geeigneter Partner internationaler Absprachen sei.

213 Schauer, The Politics and Incentives of Legal Transplantation, Law and Development Paper No 2, CID Working Paper No. 44, April 2000, Center for International Development at Harvard University, www.cid.harvard.edu/cidwp/044.htm, S. 1 (19).

214 Holmes, Can Foreign Aid Promote the Rule of Law?, in: 8 East European Constitutional Review 1999, S. 68 (73); ausführlich Elster, Die Schaffung von Verfassungen: Analyse der allgemeinen Grundlagen, in: Preuß (Hrsg.), Zum Begriff der Verfassung. Die Ordnung des Politischen, S. 37 (47 ff.) zur Rolle von Interessen in verfassungsgebenden Versammlungen.

215 Dezalay/Garth, Dealing in Virtue: International Commercial Arbitration and the Construction of a Transnational Legal Order, S. 3; Miller, Legal Exports as Transplants, in: Clark, Encyclopedia of law and society: American and global perspectives, Band 3, S. 1512 (1515), spricht hier von „Norm-Unternehmern".

216 Günther, Rechtspluralismus und universaler Code der Legalität: Globalisierung als rechtstheoretisches Problem, in: Wingert/Günther (Hrsg.), Die Öffentlichkeit der Vernunft und die Vernunft der Öffentlichkeit. Festschrift für Jürgen Habermas,

c. Gründe für ausdrücklichen oder stillschweigenden Rechtstransfer

Der allgegenwärtige Gebrauch fremder Rechtsmuster geschieht schließlich sowohl unter Angabe der herangezogenen externen Rechtsquelle, als auch unter Verschweigen derselben[217]. Sowohl die Nennung als auch das Verschweigen der jeweiligen Rechtsquelle können dabei aus Gründen der Opportunität erfolgen. Da Gerichte und Gesetzgeber in der Regel nicht gezwungen sind, die externe Herkunft des spezifischen Rechtsinstitutes oder der Rechtsidee offenzulegen, spricht vieles dafür, dass mit der Nennung der fremden Rechtsquelle über die bibliographische Genauigkeit hinausgehende Zwecke verfolgt werden: Mit der Unterstreichung des Umstandes, dass ein fremdes Gericht oder ein fremder Gesetzgeber zu der gleichen oder einer ähnlichen rechtlichen Lösung gekommen ist, soll der eigenen Entscheidung oder dem eigenen Rechtstext Überzeugungskraft, Legitimität und Autorität verliehen werden[218]. Auf das Bedürfnis der Transitionsländer Mittel- und Osteuropas, sich bei der Umgestaltung oder Neuerrichtung ihrer Verfassungen offen an westlichen Vorbildern zu orientieren, um nicht zuletzt die Autorität und Legitimität des neuen politischen Systems zu unterstreichen und zu festigen, wurde bereits eingegangen[219]. Im Rahmen der Rechtsprechung dient der rechtsvergleichende Verweis auf eine der eigenen Argumentationslinie entsprechende Praxis eines anderen Gerichts oder gar mehrerer anderer Gerichte häufig als Bekräftigung der eigenen Begründung[220].

Umgekehrt kann die fremde Quelle aus den gleichen Gründen aber auch gerade verschwiegen werden, wenn die Autorität oder Legitimität des eigenen Rechts nicht durch den Verweis auf die fremde Rechtsquelle untergraben werden

---

S. 539 ff.; Rittich, Functionalism and Formalism: Their Latest Incarnations in Contemporary Development and Governance Debates, in: 55 University of Toronto Law Journal 2005, S. 853 (856 f.); Mertus, Mapping Civil Society Transplants: A Preliminary Comparison of Eastern Europe and Latin America, in: 53 University of Miami Law Review 1999, S. 921 (927).

217 Kokott, From Reception and Transplantation to Convergence of Constitutional Models in the Age of Globalization – with Special Reference to the German Basic Law, in: Starck (Hrsg.), Constitutionalism, Universalism and Democracy – a comparative analysis, S. 71 (77): „Explicit and Implicit Reception".

218 Slaughter, A Typology of Transjudicial Communication, in: 29 University of Richmond Law Review 1994, S. 99 (118).

219 Siehe hierzu oben unter C.II.2.b.bb.

220 Slaughter, A Typology of Transjudicial Communication, in: 29 University of Richmond Law Review 1994, S. 99 (118 f.). Siehe ausführlicher hierzu unten unter C.II.5.c.

soll. Prägnantes Beispiel ist hier die Diskussion des amerikanischen Supreme Court über die – fehlende – Legitimation des Rekurses auf die Rechtspraxis und Argumentation anderer Gerichte oder sonstiger Institutionen[221]. Auch persönliche Befindlichkeiten oder (National-)Stolz von Richtern und Gesetzgebern, vor allem Verfassungsgebern, können ein Anreiz sein, die fremde Argumentation als eigene auszugeben[222]. So ist zu beobachten, dass etwa in der Rechtspraxis der französischen und holländischen Verfassungsgerichtsbarkeit zwar die am Verfahren beteiligten Generalbundesanwälte, berichterstattenden Richter oder beteiligten Rechtsanwälte in ihren jeweiligen Stellungnahmen – die in der Regel nicht veröffentlicht werden – durchaus offen auf fremde Rechtsargumentationen zurückgreifen. Die auf diese Weise in das Verfahren eingeführten, rechtsvergleichenden Argumente werden dann mitunter im späteren Gerichtsurteil auch wieder aufgegriffen. Ihre Herkunft wird jedoch nicht explizit gemacht[223].

Ein weiteres, historisches Beispiel sind die Anleihen kommunistischer Systeme bei westlichen Rechtsordnungen: Zwar waren offizielle Rechtsanleihen während der kommunistischen Herrschaft nicht möglich. Dessen ungeachtet fand jedoch ein lebhafter Austausch zwischen den Rechtssystemen durch die Lehre statt, über die westliche Rechtsprinzipien beispielsweise in Russland oder Ungarn Eingang ins kommunistische Rechtssystem fanden[224].

d. Zwischenfazit

Die vorangegangene Darstellung unterschiedlicher Motive für den Transfer von Recht zeigt: Teilweise sprechen die aufgeführten Gründe für die Übernahme einer bestimmten rechtlichen Regel, so etwa, wenn mit ihrer besonderen rechtlichen

---

221 Siehe hierzu unten unter C.II.5.c.

222 Slaughter, A Typology of Transjudicial Communication, in: 29 University of Richmond Law Review 1994, S. 99 (118).

223 Lasser, Judicial (Self-)Portraits: Judicial Discourse in the French Legal System, in: 104 The Yale Law Journal 1995, S. 1325 (1370); Drobnig, The Use of Comparative Law by Courts, in: ders./van Erp (Hrsg.), The Use of Comparative Law by Courts, S. 3 (4); van Erp, The Use of the Comparative Law Method by the Judiciary – Dutch National Report, in: Drobnig/ders. (Hrsg.), The Use of Comparative Law by Courts, S. 235 (243 f.).

224 Ajani, Das Recht der Länder Osteuropas, S. 61 f.; ders., By Chance and Prestige: Legal Transplants in Russia and Eastern Europe, in: 43 The American Journal of Comparative Law 1995, S. 93 (94); Vörös, Contextuality and Universality: Constitutional Borrowings on the Global Stage – The Hungarian View, in: 1 University of Pennsylvania Journal of Constitutional Law 1999, S. 651 (653).

Qualität argumentiert wird, mit ihrer daraus eventuell folgenden symbolischen Wirkung im Empfängersystem oder mit der Ähnlichkeit der Rechtssysteme. Teilweise sind aber auch solche Gründe bestimmend, die – unabhängig von der konkreten Rechtsregel – dazu führen, dass überhaupt auf fremdes Recht zurückgegriffen wird, anstatt eine eigene Rechtslösung zu entwickeln. Dies ist etwa der Fall bei einem Rechtstransfer aus Zeit- und Kostengründen.

Die verschiedenen Begründungen und involvierten Interessen machen deutlich, dass es bei dem Gebrauch fremder Rechtsmuster häufig weniger um die übertragenen Rechtsinhalte geht, als um außerrechtliche Motive, wie etwa das Prestige des übernommenen Rechtsvorbildes oder auch nur das des als Vorbild dienenden Rechtssystems, oder die Aussicht der politischen Elite oder wirtschaftlicher Entscheidungsträger auf persönliche Vorteile.

Im Rahmen eines Transferprozesses sind in der Regel viele verschiedene Interessen involviert. Diese können offenkundig sein, wie die Anliegen der Rechtsvereinheitlichung und Rechtsreform. Es können jedoch auch eher verdeckte Motivationen maßgeblichen Einfluss auf die Transfersituation haben, die sich vielleicht nicht ohne Weiteres offenbaren, die aber dennoch wirkungsmächtiger sein können, als die „offiziellen", aber möglicherweise vorgeschobenen Begründungen. Je nach verfolgtem Interesse können auch der Wille und die Motivation zur Umsetzung eines Transfers unterschiedlich sein: so kann mitunter eine oberflächliche Übernahme eines formalen Rechtsbestandes zur Erreichung des gewünschten Zieles genügen, etwa bei dem Wunsch nach Teilhabe an bestimmten Märkten. Es kann aber auch eine genaue Übernahme und Integration des fremden Rechts in das neue Rechts- und Gesellschaftsumfeld gewollt sein, etwa wenn als Ziel des Transfers die Herbeiführung bestimmter gesellschaftlicher Veränderungen durch den neuen Rechtsbestand verfolgt wird. Unterschiedliche Akteure können diese unterschiedlichen Interessen mit ein und demselben Rechtstransfer verfolgen.

Es lässt sich damit festhalten, dass die Qualität der rechtlichen Regel oder die Zugehörigkeit oder Nichtzugehörigkeit zu einem bestimmten Rechtskreis oder einer bestimmten Rechtstradition zwar möglicherweise einige der Muster erklären können, nach denen die Migration von Recht verläuft. Die vielfältigen Motivationen für den Gebrauch fremder Rechtsmuster zeigen jedoch, dass die Auseinandersetzung mit den einem Transfer zugrunde liegenden Beweggründen ein schwieriges Unterfangen ist, das die Erforschung komplexer Verhaltensmuster und unterschiedlichster Beweggründe erfordert[225].

---

225 Ähnlich auch Schauer, The Politics and Incentives of Legal Transplantation, Law and Development Paper No 2, CID Working Paper No. 44, April 2000, Center

3. Modalitäten geplanten Rechtstransfers

Im folgenden Abschnitt werden wesentliche Arten und Weisen dargestellt, auf welche fremdes Recht im Wege der gezielten Übertragung Eingang in neue Kontexte finden kann. Die Bandbreite der Möglichkeiten einer solchen zielgerichteten Übertragung reicht von der „Kopie", der wortwörtlichen Übernahme eines Gesetzestextes (a.), über eine Anpassung des fremden Rechts an den neuen Rechtskontext (oder umgekehrt) (b.) bis hin zu einer bloßen Inspiration des Normsetzers oder Rechtsanwenders durch fremde Rechtsideen (c.).

a. Kopie des fremden Rechts

Das wohl plastischste Beispiel eines rechtlichen Transfers stellt die möglichst genaue, also in der Regel wortwörtliche Übertragung fremder Rechtsregeln, eines spezifischen Gesetzes oder eines Ausschnittes aus diesem, in einen neuen Kontext dar. In der Regel wird hier von einer „Kopie" der fremden Regelung gesprochen[226]. Gängig sind aber auch Bezeichnungen wie „Rechtstransplantat"[227] oder „Rechtsimport" beziehungsweise „Rechtsexport"[228]. Auch *Peter Häberles* Unterscheidung von Text- und Interpretationsrezeption lässt sich auf diese Weise verstehen[229].

Als Beispiele für eine solche Kopie eines Gesetzes werden etwa die Übernahme des Schweizerischen Zivilgesetzbuches in das türkische Recht oder des

---

for International Development at Harvard University, www.cid.harvard.edu/cid wp/044.htm, S. 1 (17).

226 Carothers, Promoting the Rule of Law abroad. The Problem of Knowledge, Carnegie Papers. Rule of Law Series, Number 34, 2003, S. 12; Seidman, A./Seidman, R., Drafting Legislation for Development: Lessons from a Chinese Project, in: 44 The American Journal of Comparative Law 1996, S. 1 (10 ff.); Höland, Umjereni pravni transfer u Europi – novi razvitci na primjeru Republike Hrvatske, in: 44 Zbornik radova Pravnog fakulteta u Splitu 2007, S. 403 (404).

227 Vgl. Channell, Lessons Not Learned: Problems with Western Aid for Law Reform in Postcommunist Countries, in: Carnegie Papers. Rule of Law Series, Number 57, 2005, S. 4: „hasty transplant syndrom".

228 Von Münch, Rechtsexport und Rechtsimport, in: NJW 1994, 3145; Karpen, „Rechtsexport" – Möglichkeiten und Grenzen der Verfassungs- und Rechtsberatung im Ausland, in: 20 Humboldt Forum Recht 2009, S. 1 ff.; Smits, Import and Export of Legal Models – The Dutch Experience, in: 13 Transnational Law and Contemporary Problems 2003, S. 551 ff.

229 Häberle, Theorieelemente eines allgemeinen juristischen Rezeptionsmodells, in: 47 JZ 1992, S. 1033 (1041).

Deutschen BGB in das japanische Recht genannt[230]. Auch im Rahmen des ersten Law and Development Movements wurde die Ansicht vertreten – und in der Praxis umgesetzt –, dass eine möglichst wortwörtliche Übernahme von Gesetzen erfolgreicher Marktwirtschaften und Demokratien in den reformbedürftigen Entwicklungsländern das notwendige Rahmenwerk für eine ebenso erfolgreiche wirtschaftliche und gesellschaftliche Verfasstheit liefern könne[231]. Zwar hat sich heute unter Vertretern internationaler Organisationen und anderen Reformern die Einsicht durchgesetzt, dass zur effektiven Umsetzung eines Rechtstransfers zumindest auch begleitende Maßnahmen zur Anpassung des fremden Rechts an den neuen Kontext (oder umgekehrt) erforderlich seien[232]. Dennoch ist das Kopieren westlicher Gesetze, insbesondere im Bereich des Wirtschaftsrechts, eine weiterhin gängige Praxis vieler Transitionsländer. Dies nicht zuletzt aus den bereits genannten Gründen etwa der Zeit- und Kosteneffizienz und der relativen Einfachheit der Übernahme eines Gesetzestextes zur Erreichung bestimmter Vorteile oder Teilhaberechte durch das formale Bekennen zu einem bestimmten Rechtsregime[233]. Auch die Rechtsvereinheitlichung durch die Übernahme bestimmter internationaler oder transnationaler Normenkodices erfolgt regelmäßig durch eine „Kopie" des entsprechenden positivierten Rechtsbestandes im eigenen Rechtssystem.

b. Anpassung des fremden Rechts an den neuen Kontext

Sowohl in der Theorie als auch in der Praxis des Rechtstransfers nimmt die „Anpassung" des fremden Rechts an den neuen Kontext einen großen Raum ein. Meist wird das Erfordernis eines „fit" zwischen Recht und Kontext im Zusammenhang mit der Frage nach der Effektivität oder dem Erfolg eines Rechtstransfers vorgebracht[234]. Die Einschätzung, was genau für einen erfolgreichen

---

230 Schlesinger/Baade/Herzog/Wise, Comparative Law: cases, text, materials, S. 11 f.
231 Vgl. Seidman, A./Seidman, R., Using Reason and Experience to draft Country-specific Laws, in: Seidman, A./Seidman, R./Wälde (Hrsg.), Making Development Work, S. 249 (259 f.).
232 Siehe hierzu sogleich unten unter C.II.3.b.
233 Schalast, Erfahrungen der Entwicklungszusammenarbeit bei der Unterstützung der Rechtsreform in den Transformationsländern Mittel- und Osteuropas und der GUS, in: 47 Osteuropa-Recht 2001, S. 263 (264 f.); Carothers, Promoting the Rule of Law abroad. The Problem of Knowledge, Carnegie Papers. Rule of Law Series, Number 34, 2003, S. 12.
234 Vgl. Kahn-Freund, On Uses and Misuses of Comparative Law, in: The Modern Law Review 37 (1974), S. 1 (6); Nelken, Comparatists and Transferability, in: Legrand/Munday

Rechtstransfer erforderlich ist, welche Anpassungsleistungen das Recht – oder auch der neue gesellschaftliche Kontext – dafür zu erbringen haben oder ob ein solcher Rechtstransfer überhaupt möglich ist, hängt allerdings maßgeblich davon ab, welches Verständnis von Recht, Gesellschaft und „Passform" man zugrunde legt und kann daher erheblich variieren[235].

Von besonderer Relevanz ist der Anpassungsprozess für (funktionalistische) Auffassungen, nach denen das Recht im neuen Kontext bestimmte gesellschaftliche Veränderungen nachvollziehen oder diese herbeiführen soll[236]. Um effektives Recht und möglichst ein mit dem Wirken der ursprünglichen Regel übereinstimmendes Ergebnis im neuen Kontext zu erzielen, werden von diesen Ansichten unterschiedliche Maßnahmen identifiziert, die von geringfügigen Anpassungen des Transferobjektes bis zu weitreichenden Modifikationen desselben führen können[237]. Das fremde Recht müsse in seinem neuen Kontext „internalisiert"[238], „assimiliert"[239], „domestiziert"[240] oder „re-produziert"[241] werden. Zwar ändere sich das Recht beziehungsweise seine Bedeutung im Übertragungsvorgang[242]. In der Folge eines Rechtstransfers könne jedoch durch

---

(Hrsg.), Comparative Legal Studies: Traditions and Transitions, S. 437 (456 ff.); Graziadei, Comparative Law as the Study of Transplants and Receptions, in: Reimann/Zimmermann (Hrsg.), The Oxford Handbook of Comparative Law, S. 441 (472).

235   Nelken, Comparatists and Transferability, in: Legrand/Munday (Hrsg.), Comparative Legal Studies: Traditions and Transitions, S. 437 (450). Zu unterschiedlichen Ansichten hierzu siehe ausführlich unten unter D.

236   Vgl. zu diesen funktionalistischen Verständnissen ausführlich unten unter D.II.

237   Cohn, Legal Transplant Chronicles: The Evolution of Unreasonableness and Proportionality Review of the Administration in the United Kingdom, in: 58 The American Journal of Comparative Law 2010, S. 583 (592); Örücü, Law as Transposition, in: 51 International and Comparative Law Quarterly 2002, S. 205 (207).

238   Örücü, Law as Transposition, in: 51 International and Comparative Law Quarterly 2002, S. 205 (208).

239   Graziadei, Legal Transplants and the Frontiers of Legal Knowledge, in: 10 Theoretical Inquiries in Law 2009, S. 723 (733).

240   Merryman in: Legrand, John Henry Merryman and Comparative Legal Studies: A Dialogue, in: 47 The American Journal of Comparative Law 1999, S. 3 (46).

241   Häberle, Theorieelemente eines allgemeinen juristischen Rezeptionsmodells, in: 47 JZ 1992, S. 1033 (1035).

242   Insoweit gehen die funktionalistischen Ansätze mit einem Großteil der übrigen Transfertheorien – ausgenommen sind hier die formalistischen Rechtskonzeptionen – konform, vgl. nur Merryman in: Legrand, John Henry Merryman and Comparative Legal Studies: A Dialogue, in: 47 The American Journal of Comparative Law 1999, S. 3 (46); Teubner, Rechtsirritationen: Der Transfer von Rechtsnormen in rechtssoziologischer

Anpassungsprozesse aufgrund richterlicher Rechtsfortbildung oder entsprechende rechtliche Ausbildung und den stetigen Austausch zwischen den Rechtskulturen langfristig eine Konvergenz zwischen den Rechtssystemen erfolgen[243].

In den Fällen, in denen der Rechtstransfer zu gesellschaftlichen Veränderungen führen soll, in denen also bestimmte Zustände des ursprünglichen Kontextes des Rechts, wie etwa die Etablierung von Rechtsstaatlichkeit oder die Einführung eines funktionierenden Grundbuchwesens, auch in dem neuen Kontext des Rechts herbeigeführt werden sollen, sind neben Anpassungsprozessen auf Seiten des Rechts auch und vor allem solche auf Seiten des neuen gesellschaftlichen Kontextes erforderlich[244].

c. Inspiration durch fremdes Recht

Weniger im Rahmen von Rechtsvereinheitlichungsvorhaben, aber durchaus im Rahmen von reformorientierten Gesetzgebungsvorhaben, richterlicher Entscheidungsfindung oder anwaltlicher Rechtspraxis kann das fremde Recht schließlich auch bewusst als bloße „Inspiration" für die Ausgestaltung einer bestimmten Rechtsthematik im eigenen Rechtskontext herangezogen werden[245]. Hierher gehört das Aufgreifen fremder Rechtsideen ebenso wie deren bewusste

---

Sicht, in: Brand/Stempel (Hrsg.), Soziologie des Rechts. Festschrift für Erhard Blankenburg zum 60. Geburtstag, S. 233 (233 f.); Frankenberg, Constitutional transfer: The IKEA theory revisited, in: 8 International Journal of Constitutional Law 2010, S. 563 (575).Vgl. zum Konzept der „Re-Invention" fremder Ideen im Rahmen der Innovationsforschung als Beschreibung des Grades, in dem eine Innovation durch einen Nutzer im Prozess der Übernahme und Implementierung verändert oder abgewandelt wird, Rogers, Diffusion of innovations, S. 180.

243 Örücü, Law as Transposition, in: 51 International and Comparative Law Quarterly 2002, S. 205 (208, 211); Merryman in: Legrand, John Henry Merryman and Comparative Legal Studies: A Dialogue, in: 47 The American Journal of Comparative Law 1999, S. 3 (46).

244 Nelken, Comparatists and Transferability, in: Legrand/Munday (Hrsg.), Comparative Legal Studies: Traditions and Transitions, S. 437 (457).

245 Vgl. Frankenberg, Autorität und Integration, S. 129 sowie ders., Constitutional transfer: The IKEA theory revisited, in: 8 International Journal of Constitutional Law 2010, S. 563 (572), der zwischen der Transplantation eines fertigen Rechts-Produktes und der bloßen Inspiration durch fremde Rechtsideen unterscheidet. Zu einem schönen Beispiel für eine solche Inspiration vgl. Graziadei, Legal Transplants and the Frontiers of Legal Knowledge, in: 10 Theoretical Inquiries in Law 2009, S. 723 (738).

Veränderung oder Weiterentwicklung[246]. Um auch diese subtileren Austausch-prozesse angemessen beschreiben und begrifflich mit erfassen zu können, wird als Alternative zu den umfassenderen Begriffen des „Rechtstransfers" oder der „Rechtsanleihe" auch der des „Einflusses" vorgeschlagen[247].

d. Zwischenfazit

Die beschriebenen Formen des Rechtstransfers zeigen einen weiteren Aspekt des Variantenreichtums, in dem der Austausch fremder Rechtsmuster auftritt. Den-noch sind Kopie, Anpassung und Inspiration nur Platzhalter für eine noch weit-aus größere Vielfalt an Übernahme-Modi. Die Grenzen zwischen den genannten Varianten sind fließend und hängen auch von der Sichtweise des Betrachters ab[248]. So kann für den einen mit der Kopie des Rechtstextes der Rechtstransfer abgeschlossen sein, für den anderen beginnt dann erst der wesentliche Prozess der Anpassung des fremden Rechts an den neuen Kontext. Auch, ob man im Falle einer erheblichen Veränderung des Transferobjektes noch von einem An-passungsprozess spricht, von einer bloßen Inspiration durch das fremde Recht ausgeht oder den Vorgang als einen solchen eigener Art betrachtet, hängt maß-geblich von der jeweiligen Konzeption und Überzeugung des Betrachters ab.

Es erhellt, dass die theoretischen und praktischen Anforderungen an einen Rechtstransfer unterschiedliche sind, je nach dem, um welche Form es sich handelt. Insbesondere der Umstand der „Anpassung" des neuen Rechts oder Kontextes wirft zahlreiche theoretisch wie praktisch anspruchsvolle Fragen, vor allem zum Verhältnis von Recht und Gesellschaft, auf[249].

---

246 Vgl. Osiatynski, Paradoxes of constitutional borrowing, in: 1 International Journal of Constitutional Law 2003, S. 244 (245 f., 251 f.).

247 Vgl. etwa Scheppele, Aspirational and aversive constitutionalism: The case for stu-dying cross-constitutional influence through negative models, in: 1 International Journal of Constitutional Law 2003, S. 296 (297).

248 Zudem gibt es Mischformen, vgl. etwa das Beispiel bei Foster, Transmigration and Transferability of Commercial Law in a Globalized World, in: Harding/Örücü (Hrsg.), Comparative Law in the 21st Century, S. 55 (58, Fn 6): Modell-Gesetz der Europäischen Bank für Wiederaufbau über Secured Transactions soll nicht als ausführliches Gesetz zur direkten Umsetzung ins nationale Rechtssystem dienen, sondern nur als unterstützendes Rahmenwerk in Hinblick auf die wichtigsten An-forderungen eines solchen Gesetzes.

249 Häufig bleiben diese Fragen allerdings offen oder werden nur oberflächlich oder zu stark verallgemeinernd beantwortet. Vgl. ausführlich hierzu im Rahmen der Kritik der funktionalistischen Ansätze unten unter D.II.3.

4. Methoden der Rechtsübertragung

Weiter kann hinsichtlich der Methoden, die bei einer geplanten Rechtsübertragung zur Anwendung kommen, differenziert werden. Als entgegengesetzte methodische Herangehensweisen an den Transfer von Recht werden im Folgenden der Rechtstransfer als Ergebnis systematischer rechtsvergleichender Vorarbeit, entweder nach der vorherrschenden funktionalistischen Methode (a.) oder im Wege kritischer Rechtsvergleichung (b.) einerseits, und die in Anlehnung an *Claude Levi-Strauss* so genannte Methode der „Bricolage" (c.) andererseits unterschieden. Der Abschnitt schließt mit einem Zwischenfazit (d.).

a. Rechtsvergleichende Vorarbeit nach der funktionalistischen Methode

Wie bereits beschrieben wird der Transfer von Recht vielfach als der zweite Schritt der Rechtsvergleichung angesehen[250]. Er soll danach gleichsam die praktische Umsetzung der in der theoretischen rechtsvergleichenden Arbeit gewonnenen Erkenntnisse darstellen. In den eigenen Kontext übernommen werden soll das fremde Recht, welches nach eingehender rechtsvergleichender Prüfung als das für den heimischen Kontext beste herausgearbeitet wurde[251].

Die bei diesem rechtsvergleichenden Vorgehen vorherrschende Herangehensweise ist die funktionalistische Methode. Den Grundstein für diese Methode legte *Ernst Rabel*, der dabei allerdings selbst eher an praktischen Lösungsansätzen als an methodischer Grundlegung interessiert war. Er brachte jedoch die Funktion rechtlicher Institutionen in das Blickfeld der Rechtsvergleichung[252]. Als methodische Herangehensweise ausgearbeitet wurde der funktionalistische Ansatz dann von *Konrad Zweigert* und *Hein Kötz*[253] (aa.). Mit Blick auf das Recht als Vergleichsgegenstand haben *Rodolfo Sacco* und die Vertreter des „Common Core"-Ansatzes die funktionalistische Methode *Zweigerts* und *Kötzs* durch seine

---

250 Siehe oben unter B.I.1.

251 Zweigert/Kötz, Einführung in die Rechtsvergleichung, S. 14; Rehm, Rechtstransplantate als Instrumente der Rechtsreform und –transformation, in: 72 RabelsZ 2008, S. 1 (8).

252 Michaels, The Functional Method of Comparative Law, in: Reimann/Zimmermann (Hrsg.), The Oxford Handbook of Comparative Law, S. 339 (362); Peters/Schwenke, Comparative Law beyond Post-Modernism, in: 49 International and Comparative Law Quarterly 2000, S. 800 (808).

253 Vgl. insbesondere Zweigert/Kötz, Einführung in die Rechtsvergleichung, § 3 „Methode der Rechtsvergleichung".

Theorie der Formanten weitergeführt und ausdifferenziert (bb.). Die funktionalistische Methode hat von vielen Seiten Kritik erfahren (cc.).

aa. Die funktionalistische Methode nach Zweigert/Kötz

Zweigert/Kötz erheben die „Funktionalität" zum methodischen Grundprinzip der Rechtsvergleichung. Im Recht sei nur das vergleichbar, was dieselbe Aufgabe in der Gesellschaft erfülle. Da alle Gesellschaften im Wesentlichen die gleichen Probleme zu lösen hätten, ließen sich auch „an jede Rechtsordnung der Welt dieselben Fragen stellen und dieselben Maßstäbe anlegen; selbst dann, wenn es sich um Länder verschiedener Gesellschaftsformen oder gar verschiedener Entwicklungsstufen handel(e)"[254]. Dieses spezifische, von den Systembegriffen der einzelnen Länder befreite Sachproblem sei der jeweilige Ausgangspunkt der rechtsvergleichenden Methode[255]. Mit dieser seien sodann in den verschiedenen Ordnungen diejenigen – nicht notwendig rechtlichen – Lösungen zu finden und zu vergleichen, die in Bezug auf das identifizierte Problem „funktional gleichwertig"[256] seien. Die Kategorie der funktionalen Gleichwertigkeit sei erforderlich, da sich die Art und Weise, wie rechtliche Probleme in den verschiedenen Gesellschaften gelöst würden, mitunter erheblich unterscheide[257].

Allerdings kann nach *Zweigert/Kötz* jedenfalls mit Blick auf das „vergleichsweise ‚unpolitische'" Privatrecht die Ähnlichkeit der Lösungswege, die die „entwickelten" Rechtsordnungen für die Fragestellungen des Rechtsverkehrs bereitstellen, regelrecht vermutet werden[258]. Dementsprechend wird dem Rechtsvergleicher als weiteres methodisches Hilfsmittel eine „praesumtio similitudinis" an die Hand gegeben, eine Vermutung für die Ähnlichkeit der Lösungen. Diese könne dem Vergleichenden einerseits als heuristisches Prinzip von Nutzen

---

254 Zweigert/Kötz, Einführung in die Rechtsvergleichung, S. 33, 45.

255 Eine ähnliche methodische Vorgehensweise proklamiert auch die sogenannte „faktische Methode" Schlesingers, nach dem die den Rechtslösungen zugrunde liegenden, ähnlichen faktischen Situationen zum Ausgangspunkt der Vergleichung gemacht werden, vgl. dazu Bussani/Mattei, The Common Core Approach to European Private Law, in: 3 Columbia Journal of European Law 1997, S. 339 (343 f.).

256 Zweigert/Kötz, Einführung in die Rechtsvergleichung, S. 35.

257 Zweigert/Kötz, Einführung in die Rechtsvergleichung, S. 33.

258 Zweigert/Kötz, Einführung in die Rechtsvergleichung, S. 39. Weniger Gemeinsamkeiten gibt es nach Zweigert/Kötz hingegen in Rechtsbereichen, die besonders moralisch oder sittlich aufgeladene Fragen der Gesellschaft regeln, vgl. ebd., S. 38. Ähnlich bereits Rabel, Aufgabe und Notwendigkeit der Rechtsvergleichung, in: ders., Gesammelte Aufsätze, Band III: Arbeiten zur Rechtsvergleichung und zur Rechtsvereinheitlichung 1919–1954, S. 1 (4).

sein, als Anleitung, wo im fremden Recht und der fremden Rechtswirklichkeit die andere Rechtsordnung auf funktional äquivalente Lösungen hin zu untersuchen sei. Andererseits bedeute diese Vermutung, dass der Rechtsvergleicher, so er in der fremden Ordnung keine Lösung für sein Problem finde, davon ausgehen könne, dass er sich noch nicht genügend von seinen durch das heimische Recht geprägten Vorverständnissen und „juristisch-dogmatischen Vorurteilen" emanzipiert, die Frage nach der Funktion nicht richtig gestellt oder das fremde Rechtssystem noch nicht gründlich genug durchsucht habe[259].

Das funktionale Prinzip zur Prämisse erhoben, lässt sich der Vergleichsprozess zur Vorbereitung rechtlichen Transfers sodann in drei Schritten darstellen: Zunächst seien sogenannte „Länderberichte" zu erstellen, in denen die jeweiligen Lösungswege zur universalen Problemstellung wertungsfrei wiedergegeben werden sollten[260]. Hier nehmen *Zweigert/Kötz* eine Differenzierung zwischen Rechtskreisen vor sowie innerhalb dieser zwischen Mutter- und Tochterordnungen[261]. Entsprechend dem von den Autoren vertretenen evolutionistischen Rechtsverständnis[262] rücken im Rahmen der Vergleichung vor allem die Mutterordnungen ins Zentrum der Betrachtung, die von den Tochterordnungen „imitiert" werden[263]. Die Autoren betonen allerdings, dass dies lediglich als „Faustregel" gelten könne. Bei der tatsächlichen Auswahl der zu vergleichenden Rechtsordnungen sei der Rechtsvergleicher „in hohem Maße auf Erfahrung und Gespür angewiesen"[264]. Sodann erfolge die eigentliche Vergleichung, im Rahmen derer die Gemeinsamkeiten und Unterschiede zwischen den Rechtslösungen sowie die Gründe für divergierende Lösungen herausgearbeitet werden sollten[265]. Schließlich müssten die gefundenen Ergebnisse einer kritischen Bewertung durch den Vergleicher unterzogen werden. Er habe abzuwägen, welche der in den unterschiedlichen Rechtssystemen vertretenen Antworten die „bessere" sei. Anhand der Anforderungen, die das soziale Leben an das Recht stelle, also anhand dessen gesellschaftlicher Funktion, habe der Rechtsvergleicher zu beurteilen, welches die „zweckmäßigere" oder „gerechtere" Lösung sei[266].

---

259 Zweigert/Kötz, Einführung in die Rechtsvergleichung, S. 33 f., 39.
260 Zweigert/Kötz, Einführung in die Rechtsvergleichung, S. 42.
261 Zweigert/Kötz, Einführung in die Rechtsvergleichung, S. 40.
262 Vgl. zu diesem Rechtsverständnis unten unter D.I.2.a und D.II.
263 Zweigert/Kötz, Einführung in die Rechtsvergleichung, S. 40.
264 Zweigert/Kötz, Einführung in die Rechtsvergleichung, S. 41.
265 Zweigert/Kötz, Einführung in die Rechtsvergleichung, S. 43.
266 Zweigert/Kötz, Einführung in die Rechtsvergleichung, S. 46.

Die so gefundenen Lösungen könnten sodann unter anderem zur Rechtsreform in Entwicklungsländern oder zur Fortentwicklung des eigenen Rechts eingesetzt werden[267].

bb. Saccos Theorie der Formanten

Der italienische Rechtsvergleicher *Rodolfo Sacco* hat den funktionalistischen Ansatz weitergeführt und um seine eigene Theorie der sogenannten „Formanten"[268] ergänzt. Diese Theorie ist – neben der faktischen Methode *Rudolf Schlesingers* – auch Grundlage der „Common Core"- Forschung zum Europäischen Privatrecht[269], die mit Hilfe von detaillierten Fragebögen zu hypothetischen Rechtsfällen die Antworten der unterschiedlichen Rechtssysteme vergleicht[270].

Ausgehend von einer Kritik des methodischen Prinzips der Einheitlichkeit der Rechtsordnung warnt *Sacco* vor der Suche nach *der einen* Norm oder Rechtsregel der zu vergleichenden Länder als „irreführender Vereinfachung"[271]. Eine jede Rechtsordnung bestehe vielmehr aus einer Vielzahl das Recht bildender und formender Elemente, die er die „Formanten" der Rechtsordnung nennt. Das Postulat der Einheitlichkeit der Rechtsordnung sei für den Rechtsvergleicher unfruchtbar, da danach die verschiedenen, eine bestimmte Norm oder Rechtsregel bildenden Formanten in inhaltlicher, gegebenenfalls durch Auslegung zu ermittelnder Übereinstimmung stünden. Eine solche Sichtweise versperre jedoch den Blick auf die tatsächliche Vielfalt der Formanten und ihre oft differierenden oder sogar widersprüchlichen Inhalte[272]. Daher bestehe die Aufgabe des Rechtsvergleichers darin, dem Drang nach einer undifferenzierten Gegenüberstellung „des Rechts" der von ihm untersuchten Systeme zu widerstehen und statt dessen die in diesen jeweils bestehenden, verschiedenen Formanten zu identifizieren,

---

267 Zweigert/Kötz, Einführung in die Rechtsvergleichung, S. 14.

268 Sacco, Einführung in die Rechtsvergleichung, S. 61; Schlesinger bevorzugt den etwas eingängigeren Begriff „formative element" (prägendes Element), siehe ders., The Past and Future of Comparative Law, in: 43 The American Journal of Comparative Law 1995, S. 477.

269 Sacco ist neben Rudolf Schlesinger einer der Begründer des Common Core-Projektes, vgl. Bussani/Mattei, The Common Core Approach to European Private Law, in: 3 Columbia Journal of European Law 1997, S. 339 (343).

270 Vgl. Bussani/Mattei, The Common Core Approach to Eurpean Private Law, in: 3 Columbia Journal of European Law 1997, S. 339 (343 ff.).

271 Sacco, Einführung in die Rechtsvergleichung, S. 59, 62.

272 Sacco, Einführung in die Rechtsvergleichung, S. 59 ff.

um sie sodann auf ihre Unterschiedlichkeiten und Gemeinsamkeiten hin über-
prüfen zu können[273].

Im juristischen Diskurs seien insbesondere die Formanten des Gesetzes, der
Rechtsprechung und der Lehre auseinanderzuhalten[274]. Diese Formanten ließen
sich allerdings wiederum in zahlreiche weitere, nicht notwendig einheitliche
Elemente unterteilen. So könnten zum Beispiel Richter oder Gelehrte zur Begründung derselben rechtlichen Lösung durchaus unterschiedliche Erklärungen
und Argumentationen heranziehen. Diese Begründungen stellten daher gegenüber dem gefundenen Ergebnis eigenständige rechtliche Formanten dar. Ebenso
verhalte es sich mit den verschiedenen Arten wissenschaftlicher Erläuterungen
positiver Rechtsregeln[275]. Die verschiedenen Formanten einer Rechtsordnung
könnten sich nicht nur inhaltlich in unterschiedlichem Maße voneinander unterscheiden, sondern in ihrer Anzahl und Bedeutung auch von Rechtsordnung
zu Rechtsordnung variieren[276]. Schließlich sei zwischen solchen Formanten zu
unterscheiden, die in verbalisierter Form aufträten und lediglich impliziten Regeln, die vom Menschen zwar angewandt würden, derer er sich aber nicht vollständig bewusst oder die auszuformulieren er zum gegebenen Zeitpunkt (noch)
nicht imstande sei[277]. Diese allgegenwärtigen, aber subtilen Rechtsverständnisse,
Wert- und Realitätsvorstellungen machten die „Mentalität" des Juristen eines
bestimmten Rechtssystems aus und bildeten „ein wesentliches Hindernis für das
Verständnis zwischen Juristen verschiedener Provenienz"[278].

Bei der rechtsvergleichenden Untersuchung sind nach diesem Ansatz alle
Formanten und die zwischen ihnen bestehenden Unterschiede und Konflikte
mit in die Betrachtung einzubeziehen[279]. *Sacco* und die Vertreter des „Common
Core"-Ansatzes plädieren zwar für eine strikte Trennung von Theorie und Praxis
der Rechtsvergleichung: Die Rechtsvergleichung diene der wissenschaftlichen
Erkenntnis, nicht praktischen Zielen wie der Rechtsvereinheitlichung oder der

---

273 Sacco, Einführung in die Rechtsvergleichung, S. 64.
274 Sacco, Einführung in die Rechtsvergleichung, S. 61.
275 Sacco, Einführung in die Rechtsvergleichung, S. 69, 73. Sacco differenziert weiterhin
     zwischen unterschiedlichen Intentionen, die jeweils hinter den verschiedenen For-
     manten stehen könnten, vgl. ders., Einführung in die Rechtsvergleichung, S. 70 f., 74.
276 Sacco, Einführung in die Rechtsvergleichung, S. 72.
277 Sacco, Einführung in die Rechtsvergleichung, S. 74.
278 Sacco, Einführung in die Rechtsvergleichung, S. 77; Schlesinger/Baade/Herzog/
     Wise, Comparative Law: cases, text, materials, S. 288 f.
279 Bussani/Mattei, The Common Core Approach to European Private Law, in: 3 Co-
     lumbia Journal of European Law 1997, S. 339 (346).

Rechtsreform. Dessen ungeachtet könne sie aber Gemeinsamkeiten der Rechtssysteme und neue gemeinsame Lösungswege zu Tage fördern, die letztlich zu einer Konvergenz der Systeme –beziehungsweise der Konvergenz auf der Ebene einzelner Formanten – führten[280].

cc. Kritik

Die funktionalistische Methode der Rechtsvergleichung gilt als „die" rechtsvergleichende Methode schlechthin und das Werk von *Zweigert/Kötz* als Standardwerk der Rechtsvergleichung. Nichtsdestotrotz oder gerade deswegen ist die Methode von vielen Seiten angegriffen worden[281]. In geringerem Umfang trifft diese Kritik auch die Weiterführung der funktionalistischen Methode durch die „Common Core"-Vertreter[282].

Ein erster Kritikpunkt gilt dem Anspruch der Methode, bei der rechtsvergleichenden Suche nach der „besseren Rechtslösung" oder dem „gemeinsamen Kern" des europäischen Privatrechts, wertneutrale und objektive Wissenschaft zu betreiben[283]. Tatsächlich sind sowohl die Bestimmung des Vergleichsgegenstandes und der „Funktion" der betreffenden Rechtsinstitution als auch die bei der Gegenüberstellung der Rechtslösungen angelegten Kriterien der „Zweckmäßigkeit" oder der „Gerechtigkeit" der Lösung geprägt von subjektiven Entscheidungen,

---

280 Bussani/Mattei, The Common Core Approach to European Private Law, in: 3 Columbia Journal of European Law 1997, S. 339 (346 f.).
281 Michaels, The Functional Method of Comparative Law, in: Reimann/Zimmermann (Hrsg.), The Oxford Handbook of Comparative Law, S. 339 (340); Graziadei, The functionalist heritage, in: Legrand/Munday (Hrsg.), Comparative Legal Studies: Traditions and Transitions, S. 100 (101 ff.); Reimann, The Progress and Failure of Comparative Law in the Second Half of the Twentieth Century, in: 50 The American Journal of Comparative Law 2002, S. 671 (679); Hill, Comparative Law, Law Reform and Legal Theory, in: 9 Oxford Journal of Legal Studies 1989, S. 101 ff.; Legrand, John Henry Merryman and Comparative Legal Studies: A Dialogue, in: 47 The American Journal of Comparative Law 1999, S. 3 (55): „Dieses Werk verkörpert all das, was in der Rechtsvergleichung falsch läuft: ein trockenes theoretisches Gerüst (überzeugend kritisiert beispielsweise von Frankenberg und Hill), kombiniert mit dünnen, banalen, deskriptiven Auflistungen rechtlicher Traditionen und einer Übersättigung an formalem Privatrecht".
282 Vgl. grundlegend hierzu Frankenberg, How to do Projects with Comparative Law – Notes of an Expedition to the Common Core, in: 6 Global Jurist Advances 2006, S. 1 ff.
283 Vgl. Zweigert/Kötz, Einführung in die Rechtsvergleichung, S. 47; kritisch zu diesem Anliegen der „Common Core"- Vertreter Frankenberg, How to do Projects with Comparative Law – Notes of an Expedition to the Common Core, in: 6 Global Jurist Advances 2006, S. 1 (19 ff.).

Werturteilen und Unbestimmtheiten[284]. Gleiches lässt sich hinsichtlich der Formanten sagen, die die „Common Core"-Forschung strukturieren sollen: auch hier fehlen objektive Maßstäbe, etwa zur Identifizierung und Gewichtung der einzelnen Formanten[285]. Angefangen bereits bei der Festlegung auf ein bestimmtes Rechtsverständnis erfordert das funktionalistische Vergleichen zahlreiche bewusste Entscheidungen, die von Einfluss auf das Untersuchungsergebnis und dessen Aussagewert sind und die jede für sich in methodologischer wie in politischer Hinsicht bestritten werden können[286]. Diese Entscheidungen werden im Rahmen der funktionalistischen Betrachtung jedoch nicht problematisiert, um den Anspruch der wissenschaftlichen Neutralität der Vergleichung nicht aufzugeben und ein Abdriften in die Rechtsphilosophie zu vermeiden[287]. So sehr sie aber selbst – vielleicht historisch bedingt[288] – darauf beharren: Das eklektische und agnostische Vorgehen der Rechtsfunktionalisten macht ihre Vergleichung nicht zu einem apolitischen Projekt. Vielmehr wird die Arbeit des funktionalistischen

---

284 Hill, Comparative Law, Law Reform and Legal Theory, in: 9 Oxford Journal of Legal Studies 1989, S. 101 (103 f.); Rosen, Beyond Compare, in: Legrand/Munday, (Hrsg.), Comparative Legal Studies: Traditions and Transitions, S. 493 (505); Kennedy, The methods and the politics, in: Legrand/Munday (Hrsg.), Comparative Legal Studies: Traditions and Transitions, S. 345 (368).

285 Frankenberg, How to do Projects with Comparative Law – Notes of an Expedition to the Common Core, in: 6 Global Jurist Advances 2006, S. 1 (22).

286 Kennedy, The methods and the politics, in: Legrand/Munday (Hrsg.), Comparative Legal Studies: Traditions and Transitions, S. 345 (368, 423 ff.); Grosswald Curran, Cultural Immersion, Difference and Categories in U.S. Comparative Law, in: 46 The American Journal of Comparative Law 1998, S. 41 (59).

287 So stellt etwa Rheinstein, Einführung in die Rechtsvergleichung, S. 19 f., die Rechtsvergleichung explizit der Rechtsphilosophie gegenüber. Während sich die Philosophie mit Fragen wie der nach dem Wesen des Rechts beschäftige, habe die Rechtsvergleichung „weniger weitreichende Ziele". Als „empirische Wissenschaft" habe sich die Rechtsvergleichung jeder „Spekulation" zu enthalten und danach zu streben, eine *exakte Wissenschaft(en)* im Sinne der Naturwissenschaft" zu sein (Kursivdruck im Original). Kritisch hierzu Kennedy, The methods and the politics, in: Legrand/Munday (Hrsg.), Comparative Legal Studies: Traditions and Transitions, S. 345 (358).

288 Ausführlich zum geschichtlichen Hintergrund und dessen möglichem Einfluss auf die funktionalistische Methode Kennedy, The methods and the politics, in: Legrand/Munday (Hrsg.), Comparative Legal Studies: Traditions and Transitions, S. 345 (369 ff.); siehe auch Grosswald Curran, Cultural Immersion, Difference and Categories in U.S. Comparative Law, in: 46 The American Journal of Comparative Law 1998, S. 41 (68 ff.).

Rechtsvergleichers durch politische Trends ebenso bestimmt, wie sie umgekehrt Ausdruck ideologischer Strömungen und konkreter Interessen ist. Im Rahmen der Rechtsvergleichung durch Vertreter wie *Zweigert/Kötz* oder die „Common Core"-Theoretiker zeigt sich dies etwa am politischen Grundgedanken eines einheitlichen Europas, welcher die Forschung nach Gemeinsamkeiten der Rechtssysteme befeuert und zugleich durch diese neue Nahrung bekommt[289]. Auch die „praesumtio similitudinis" ist Ausdruck dieser fehlenden Neutralität durch Betonung von Gemeinsamkeiten gegenüber Differenzen[290].

Das Vorgehen der Rechtsfunktionalisten kann zudem als ethnozentrisch beschrieben werden: Zwar heben *Zweigert/Kötz* hervor, dass sich der Rechtsvergleicher von allem kulturellen Ballast und juristischer Dogmatik befreien müsse[291]. Diese Sichtweise missachtet jedoch den bereits im Rahmen der theoretisch-methodischen Vorüberlegungen beschriebenen Umstand, dass der Rechtsvergleicher immer schon „teilnehmender Beobachter" ist[292]. Das eigene Vorverständnis lässt sich daher nicht einfach abstreifen, sondern bleibt stets als Beschränkung des eigenen Betrachtungsfeldes bestehen[293]. In seinem Bestreben nach Objektivität geht der Rechtsfunktionalist jedoch davon aus, mit genügend Anstrengung und Einfühlungsvermögen könne er sich dieser Verständnisse und Überzeugungen entledigen[294]. Er enthält sich folglich bei seiner Vergleichung jedweder Kritik des Bestehenden, projiziert die Kategorien seiner eigenen Rechtskultur auf das von ihm untersuchte Rechtsmaterial, ohne diese zu hinterfragen und macht diese zum Maßstab seines Vergleichens. Damit bleibt er notwendig konservativ und der eigenen Rechtsideologie verhaftet[295].

---

289 Kennedy, The methods and the politics, in: Legrand/Munday (Hrsg.), Comparative Legal Studies: Traditions and Transitions, S. 345 (408 ff.); Hill, Comparative Law, Law Reform and Legal Theory, in: 9 Oxford Journal of Legal Studies 1989, S. 101 (109 ff.); Frankenberg, How to do Projects with Comparative Law – Notes of an Expedition to the Common Core, in: 6 Global Jurist Advances 2006, S. 1 (18).

290 Vgl. hierzu Michaels, The Functional Method of Comparative Law, in: Reimann/Zimmermann (Hrsg.), The Oxford Handbook of Comparative Law, S. 339 (369 f.); Grosswald Curran, Cultural Immersion, Difference and Categories in U.S. Comparative Law, in: 46 The American Journal of Comparative Law 1998, S. 41 (67 ff.).

291 Zweigert/Kötz, Einführung in die Rechtsvergleichung, S. 33 f.

292 Siehe hierzu oben unter B.III.4.a.

293 So auch Grosswald Curran, Cultural Immersion, Difference and Categories in U.S. Comparative Law, in: 46 The American Journal of Comparative Law 1998, S. 41 (58).

294 Zweigert/Kötz, Einführung in die Rechtsvergleichung, S. 34.

295 Hill, Comparative Law, Law Reform and Legal Theory, in: 9 Oxford Journal of Legal Studies 1989, S. 101 (106 f.); Frankenberg, Autorität und Integration, S. 315 f.

Der funktionalistische Ansatz ist weiterhin reduktionistisch und universalistisch: Die Kategorie der „Funktion", die rechtliche Institutionen vergleichbar machen soll, geht davon aus, dass das Recht stets eine Funktion erfüllt und dass diese Funktion zudem allgemeingültig ist, also in allen Rechtssystemen gleichermaßen identifiziert werden kann. Dabei wird außer Acht gelassen, dass das Recht zahlreiche verschiedene, auch gegenläufige Funktionen haben oder auch überhaupt keine Funktion erfüllen kann[296]. Um die Universalität der Funktion sicherzustellen, wird zudem der Untersuchungsgegenstand eingeschränkt auf Rechtssysteme der gleichen Entwicklungsstufe und bestimmte Bereiche des „unpolitischen" Privatrechts[297]. Diese Beschränkungen gehen von einem evolutorischen Verständnis der Entwicklung rechtlicher Systeme aus, welches dem ethnozentrischen Rechts- und Weltbild der Funktionalisten entspringt[298]. Es ist außerdem nicht erkennbar und wird auch nicht erklärt, wieso die von *Zweigert/Kötz* untersuchten Bereiche des Privatrechts, namentlich des Vertrags-, Bereicherungs- und Deliktsrechts, frei von politischen und moralischen Wertungen sein sollen und inwiefern die Verbundenheit der ausgenommenen Rechtsgebiete mit „besonders stark von Wertvorstellungen und Moralgeboten geprägten Fragen"[299] – offensichtlich als einziges Kriterium – deren Vergleichbarkeit entgegenstehen soll[300].

Schließlich wird der Rechtsfunktionalismus auch als „legozentrisch", als zu sehr auf die rechtlichen Regeln, auf Rechtstexte und Gerichtsentscheidungen

---

296 Peters/Schwenke, Comparative Law beyond Post-Modernism, in: 49 International and Comparative Law Quarterly 2000, S. 800 (828), Frankenberg, Autorität und Integration, S. 337; Ewald, Comparative Jurisprudence (I): What was it like to try a rat, in: 143 University of Pennsylvania Law Review 1995, S. 1889 (1938 f.). Michaels, The Functional Method of Comparative Law, in: Reimann/Zimmermann (Hrsg.), The Oxford Handbook of Comparative Law, S. 339 (368 f.) sieht dies allerdings nicht als – in der Tat verzerrte – Darstellung der Lebenswirklichkeit an, sondern als interpretativen Schachzug zur Deutung derselben. Dies nimmt der Methode jedoch nicht ihren reduktionistischen Gestus.

297 Zweigert/Kötz, Einführung in die Rechtsvergleichung, S. 39 f. Diese Einschränkungen machen aus dem Universalitätsanspruch eine Tautologie, wie Michaels, The Functional Method of Comparative Law, in: Reimann/Zimmermann (Hrsg.), The Oxford Handbook of Comparative Law, S. 339 (370), richtig bemerkt: „problems are universal in so far as we exclude all problems that are not universal."

298 Vgl. eingehender hierzu unten unter D.II.

299 Zweigert/Kötz, Einführung in die Rechtsvergleichung, S. 39.

300 So auch Michaels, The Functional Method of Comparative Law, in: Reimann/Zimmermann (Hrsg.), The Oxford Handbook of Comparative Law, S. 339 (368).

bezogen, kritisiert[301]. Zwar betonen sowohl *Zweigert/Kötz* als auch *Sacco* und die Vertreter der „Common Core"-Forschung die Relevanz außerrechtlicher Lösungswege und die Notwendigkeit der Einbeziehung in ihre jeweilige Methode[302]. Mit ihrer Theorie der Formanten versuchen *Sacco* und die Vertreter des „Common Core"-Projektes zudem, den reduktionistischen, universalistischen Tendenzen der funktionalistischen Methode entgegenzuwirken[303]. Spätestens im Rahmen der praktischen Umsetzung wird das zu vergleichende Recht jedoch in aller Regel auch hier wieder in Gesetzestexten und Gerichtsentscheidungen „gefunden"[304]. Sowohl bei der Suche nach unterschiedlichen Rechtslösungen anhand der Funktion des Rechts als auch im Rahmen der faktischen Methode der „Common Core"-Forschung wird das Recht aus seiner Lebenswelt herausgelöst und von allen seinen kontextuellen Besonderheiten gereinigt. Indem er die historischen, sozialen, ökonomischen, politischen, kulturellen und psychologischen Besonderheiten der Regel außer Acht lässt, beraubt sich der funktionalistische Rechtsvergleicher jedoch für einen adäquaten Vergleichsprozess relevanter und wichtiger, wenn nicht unabdingbarer, Einsichten[305].

Die theoretisch-methodischen Defizite des Rechtsfunktionalismus haben zur Folge, dass dieser sein Versprechen an die Praxis der Rechtsvergleichung, die „bessere" Rechtslösung für eine Vereinheitlichung oder Reform des Rechts finden zu können, nicht einhalten kann[306]. Die Kriterien zur Bestimmung der

---

301 Vgl. Frankenberg, Autorität und Integration, S. 338; Legrand, How to Compare Now, in: 16 Legal Studies 1996, S. 232 (235).

302 Vgl. Zweigert/Kötz, Einführung in die Rechtsvergleichung, S. 37; Sacco, Einführung in die Rechtsvergleichung, S. 30 ff.

303 Frankenberg, How to do Projects with Comparative Law – Notes of an Expedition to the Common Core, in: 6 Global Jurist Advances 2006, S. 1 (20).

304 Legrand, How to Compare Now, in: 16 Legal Studies 1996, S. 232 (235 f.); Frankenberg, How to do Projects with Comparative Law – Notes of an Expedition to the Common Core, in: 6 Global Jurist Advances 2006, S. 1 (24); vgl. auch den Vorwurf von Merryman in: Legrand, John Henry Merryman and Comparative Legal Studies: A Dialogue, in: 47 The American Journal of Comparative Law 1999, S. 3 (46), Saccos wissenschaftliche Beschäftigung gelte dem Studium positiver Rechtsregeln.

305 Legrand, How to Compare Now, in: 16 Legal Studies 1996, S. 232 (236); Graziadei, The functionalist heritage, in: Legrand/Munday (Hrsg.), Comparative Legal Studies: Traditions and Transitions, S. 100 (110 f.); Frankenberg, How to do Projects with Comparative Law – Notes of an Expedition to the Common Core, in: 6 Global Jurist Advances 2006, S. 1 (24).

306 Hill, Comparative Law, Law Reform and Legal Theory, in: 9 Oxford Journal of Legal Studies 1989, S. 101 (113).

„zweckmäßigeren" oder „gerechteren" Rechtslösung ergeben sich nicht aus dem rechtsvergleichend zusammengestellten Material, sondern bleiben der subjektiven Wertung des Vergleichers vorbehalten. Sie besitzen damit keine normative Überzeugungskraft. Ebenso wenig können die durch das „Common Core"-Projekt herausgearbeiteten, allen Rechtsordnungen gemeinsamen Rechtslösungen normative Verbindlichkeit beanspruchen: denn allein aus dem Faktum der bloßen Häufigkeit einer bestimmten Rechtslösung folgt noch kein Sollen im normativen Sinn[307].

b. Rechtsvergleichende Vorarbeit im Wege der kritischen Rechtsvergleichung

Eine alternative Herangehensweise an den Transfer von Recht, die versucht, die Schwierigkeiten der funktionalistischen Methode zu vermeiden, stellt die Vorarbeit im Wege der kritischen, auch „reflexiv"[308] oder „dialogisch"[309] genannten Rechtsvergleichung dar. Im Gegensatz zur funktionalistischen Methode geht diese Rechtsvergleichung selbstkritisch ans Werk. Sie macht sich ihre eigenen Vorverständnisse bewusst und reflektiert die eigene Position im interkulturellen wie im intersubjektiven Kontext[310]. Während der funktionalistische Rechtsvergleicher versucht, sich seiner bestehenden Denkmuster und Verständnisse zu entledigen, um die vermeintliche Objektivität seiner Wissenschaft sicherzustellen und dann im Vergleichsprozeß doch den bekannten Kategorien und Erklärungsmustern folgt, fordert die kritische Rechtsvergleichung, die eigene Rolle als „teilnehmender Beobachter" ernst zu nehmen und „Perspektive als integralen Aspekt der Lerngeschichte einer jeden Person" nicht nur zu akzeptieren, sondern diesen Umstand aktiv in die Vergleichung einzubeziehen[311]. Dies bedeutet, den Anspruch auf universelle Gültigkeit der gewohnten Maßstäbe und Kategorien abzulegen und den eigenen Rechtsbegriff ebenso zu

---

307 Michaels, The Functional Method of Comparative Law, in: Reimann/Zimmermann (Hrsg.), The Oxford Handbook of Comparative Law, S. 339 (373 f.); Hill, Comparative Law, Law Reform and Legal Theory, in: 9 Oxford Journal of Legal Studies 1989, S. 101 (103).

308 Vgl. Baer, Verfassungsvergleichung und reflexive Methode: Interkulturelle und intersubjektive Kompetenz, in: 64 ZaöRV 2004, S. 735 ff.

309 Choudhry, Globalization in Search of Justification: Toward a Theory of Comparative Constitutional Interpretation, in: 74 Indiana Law Journal 1999, S. 819 (835 ff.).

310 Frankenberg, Autorität und Integration, S. 302; Baer, Verfassungsvergleichung und reflexive Methode: Interkulturelle und intersubjektive Kompetenz, in: 64 ZaöRV 2004, S. 735 (745, 750).

311 Frankenberg, Autorität und Integration, S. 342, 344; Grosswald Curran, Cultural Immersion, Difference and Categories in U.S. Comparative Law, in: 46 The American Journal of Comparative Law 1998, S. 41 (58, 65 f.).

hinterfragen, wie dessen Rationalität und Zentralität[312]. Die Rechtsvergleichung dient auf diese Weise als Interpretationshintergrund, um die eigenen faktischen und normativen Annahmen, die hinter dem positiven Recht stehen, sichtbar zu machen, aber auch fremde Wertungen und Zuschreibungen aufzudecken[313]. Weitere wichtige Elemente dieser Rechtsvergleichung sind die Betonung des Kontextes, oder besser, der – kulturellen, politischen, historischen, ökonomischen – Kontexte des Rechts, in die der Vergleicher bei seiner Untersuchung „eintauchen" muss[314], das Verständnis, dass sich das Recht aufgrund seiner amorphen Natur jeder Verobjektivierung und naturwissenschaftlich genauen Erfassung widersetzt[315], die Anerkennung von Differenz als identitätskonstituierend und notwendiges Element jeder Rechtsvergleichung[316] und die Prämisse, dass die Rechtsvergleichung selbst soziale Handlung und damit auch politisch ist[317].

c. Bricolage

Weniger zielgerichtet und systematisch erfolgt die Auswahl fremder Rechtsmuster nach einer Methode, die *Marc Tushnet* treffend und in Anlehnung an *Claude Lévi-Strauss* mit dem Begriff der *„bricolage"*, der „Bastelei" umschrieben hat[318]. *Lévi-Strauss* hat die Tätigkeit des „Bastlers" der des Ingenieurs gegenübergestellt

---

312 Grosswald Curran, Cultural Immersion, Difference and Categories in U.S. Comparative Law, in: 46 The American Journal of Comparative Law 1998, S. 41 (83, 59); Frankenberg, Autorität und Integration, S. 342 f., 352.

313 Choudhry, Globalization in Search of Justification: Toward a Theory of Comparative Constitutional Interpretation, in: 74 Indiana Law Journal 1999, S. 819 (836); ders., Migration as a new metaphor in comparative constitutional law, in: ders. (Hrsg.), The Migration of Constitutional Ideas, S. 1 (22); Baer, Verfassungsvergleichung und reflexive Methode: Interkulturelle und intersubjektive Kompetenz, in: 64 ZaöRV 2004, S. 735 (751).

314 Grosswald Curran, Cultural Immersion, Difference and Categories in U.S. Comparative Law, in: 46 The American Journal of Comparative Law 1998, S. 41 (51), nennt diesen Ansatz daher auch „cultural immersion approach".

315 Grosswald Curran, Cultural Immersion, Difference and Categories in U.S. Comparative Law, in: 46 The American Journal of Comparative Law 1998, S. 41 (63 f.); Frankenberg, Autorität und Integration, S. 306, 351.

316 Grosswald Curran, Cultural Immersion, Difference and Categories in U.S. Comparative Law, in: 46 The American Journal of Comparative Law 1998, S. 41 (48, 67).

317 Kennedy, The methods and the politics, in: Legrand/Munday (Hrsg.), Comparative Legal Studies: Traditions and Transitions, S. 345 (431 f.).

318 Tushnet, The Possibilities of Comparative Constitutional Law, in: 108 The Yale Law Journal 1999, S. 1225 ff.

und beschrieben als den Rückgriff auf einen vorhandenen Fundus von Werkzeugen und Materialien, die der Bastler aufgrund der Begrenztheit der zur Verfügung stehenden Mittel nicht notwendig nach ihrer eigentlichen Zweckbestimmung einsetzt und zusammenfügt. Jeder Gegenstand stellt für den Bastler ein Werkzeug dar, das für beliebige Arbeiten verwendbar ist[319].

Es wurde bereits dargestellt, dass auch bei der Übernahme fremder Rechtsmuster häufig rechtliche Elemente aus unterschiedlichen Zusammenhängen neu zusammengesetzt werden, ohne bei diesem Vorgang genauer oder überhaupt nach Herkunft und kontextuellen Besonderheiten des Rechts zu fragen[320]. Aus Zeit- oder Praktikabilitätsgründen wird „zusammengefügt, was gerade zur Hand ist"[321]. Auch sind die Übernahme eines bestimmten Gesetzes oder die Zusammensetzung einzelner Rechtsregeln in einem neuen Gesetz oftmals politischen Kompromissen geschuldet, bei denen Inhalt, Qualität oder „Passform" des Rechts gegenüber dem Bedarf an „irgendeiner" Regel, die nach oberflächlicher Betrachtung passend erscheint, zurückstehen müssen[322].

d. Zwischenfazit

In praktischer Hinsicht ist festzustellen, dass ein systematisches rechtsvergleichendes Vorgehen in der beschriebenen Art und Weise – abgesehen von einigen ausgewiesenen wissenschaftlichen Projekten zur Rechtsvereinheitlichung – aus unterschiedlichen Gründen eher die Ausnahme als den Regelfall darstellt. Die Praxis des Gebrauchs fremder Rechtsmuster genügt selten den Anforderungen einer wissenschaftlichen Suche nach dem „besten" oder jedenfalls passenden Recht im Sinne methodisch sauberer, rechtsvergleichender Vorarbeit. Interessen der am Transferprozess Beteiligten und faktische Zwänge wie der Mangel an zeitlichen, personellen und finanziellen Ressourcen weichen das Bild eines rationalen, förmlichen Rechtsfindungsprozesses auf[323].

---

319 Lévi-Strauss, Das wilde Denken, S. 29 ff.

320 Siehe hierzu oben unter C.I.3.c.

321 Miller, A Typology of Legal Transplants, in: 51 The American Journal of Comparative Law 2003, S. 839 (845); Tushnet, The Possibilities of Comparative Constitutional Law, in: 108 The Yale Law Journal 1999, S. 1225 (1229); vgl. auch Lévi-Strauss, Das wilde Denken, S. 30.

322 Vgl. Tushnet, The Possibilities of Comparative Constitutional Law, in: 108 The Yale Law Journal 1999, S. 1225 (1295 ff.) mit Blick auf die Verfassungsgebungen in Ungarn und Südafrika.

323 Tschentscher, Dialektische Rechtsvergleichung – Zur Methode der Komparatistik im öffentlichen Recht, JZ 2007, S. 807; Tushnet, The Possibilities of Comparative

Dieser Umstand ist in keiner Weise ein Argument gegen rechtsvergleichende Vorarbeit im Vorfeld eines Transferprozesses. Das Vorgehen der Praxis zeigt aber einige der Schwierigkeiten auf, mit denen sich die Rechtsvergleichung in ihrer praktischen Umsetzung konfrontiert sieht.

Sollten die Ressourcen dies zulassen, bietet die kritische Rechtsvergleichung einen überzeugenden Weg, die bestehenden Optionen im Rahmen eines Transferprozesses auszuloten. Hierzu kann auch gehören, sich gegen einen Rechtstransfer zu entscheiden und lokale Alternativen zu bevorzugen oder von einer rechtlichen Regelung überhaupt Abstand zu nehmen[324]. Dagegen ist die funktionalistische Methode aus den bereits genannten Gründen abzulehnen.

Daneben, oder wenn eine intensivere Auseinandersetzung mit den Möglichkeiten eines Rechtstransfers nicht erfolgen kann, kann ebenso ein Vorgehen nach der Methode der „bricolage" in Erwägung gezogen werden. Zwar ließe sich einwenden, dass dieses nicht in ausreichendem Maße die kontextuellen Besonderheiten des Rechts beachtet und die Frage, ob es in seine neue Umgebung hineinpassen wird, außer Acht lässt[325]. Wie die Kritik an der funktionalistischen Methode gezeigt hat, schützt allerdings auch ein streng wissenschaftliches Vorgehen nicht vor erheblichen Anpassungserfordernissen oder gar Abstoßungsreaktionen im neuen Kontext[326].

Darüber hinaus sind solche *ad hoc* Rechtsanleihen kein ausschließlich aktuelles Phänomen. Die heute vielfach als „Vorbilder" fungierenden Rechtstexte wurden ebenfalls nicht immer nach Aspekten der Qualität und Passform erschaffen[327]. So ist die Methode der „bricolage" Ausdruck der historischen Zufälligkeit

---

Constitutional Law, in: 108 The Yale Law Journal 1999, S. 1225 (1300). Zum Vorgehen der Rechtsprechung beim Gebrauch fremder Rechtsmuster vgl. auch Drobnig, The Use of Foreign Law by German Courts, in: ders./van Erp (Hrsg.), The Use of Comparative Law by Courts, S. 127 (143).

324   Siehe zu konstruktiven Vorschlägen für ein alternatives Vorgehen im Rahmen von Rechtsvergleichung und Rechtsreformprojekten Rittich, Enchantments of Reason/ Coercions of Law, in: 57 University of Miami Law Review 2003, S. 727 (737 ff.); Nader, Laura, Promise or Plunder? A Past and Future Look at Law and Development, in: 7 Global Jurist 2007, S. 1 (19 ff.).

325   Tushnet, The Possibilities of Comparative Constitutional Law, in: 108 The Yale Law Journal 1999, S. 1225 (1229).

326   Siehe oben unter C.II.4.a.cc. So auch Miller, A Typology of Legal Transplants, in: 51 The American Journal of Comparative Law 2003, S. 839 (846).

327   Vgl. etwa zu den Hintergründen der Entstehung der U.S.-Verfassung Tushnet, The Possibilities of Comparative Constitutional Law, in: 108 The Yale Law Journal 1999, S. 1225 (1287 f.).

aller menschlichen Handlungen und ein Hinweis darauf, dass Rechtstexte oft erst durch ihre Interpretation zu dem integrierten und sinnhaften Dokument werden, als welches sie wahrgenommen werden[328].

5. Legitimation des fremden Rechts im neuen Kontext

Nur in den Fällen, in denen das fremde Recht im Rahmen des (staatlichen) Stufenbaus der Rechtsordnung als Rechtsquelle anerkannt ist, entfaltet es unmittelbare Bindungswirkung und ist seine Anwendung somit innerhalb dieser neuen Rechtsordnung und durch diese legitimiert (a.). In allen übrigen Fällen bedarf es erst einer Integration in die neue Rechtsordnung (b.). Auf der Ebene der Rechtsprechung ist die Legitimation eines solchen Rückgriffs auf fremdes Recht umstritten (c.).

a. Ausdrückliche Geltung als fremdes Recht

Die Fälle, in denen fremdes Recht in einem neuen Kontext ausdrücklich als fremdes Recht Anwendung findet, sind selten. Auf der Ebene der Rechtsprechung entfaltet fremdes Recht als solches Bindungswirkung jedenfalls dann, wenn es im neuen Rechtskontext eine anerkannte Rechtsquelle darstellt. So sieht etwa die Verfassung Südafrikas ausdrücklich vor, dass die nationalen Gerichte bei der Interpretation der Bill of Rights auch das Recht anderer Staaten („foreign law") berücksichtigen können[329].

b. Integration des fremden Rechts in die neue Rechtsordnung

In der Mehrzahl der Fälle rechtlichen Transfers wird das fremde Recht jedoch nicht ausdrücklich als Rechtsquelle anerkannt. Es fungiert vielmehr zunächst

---

328 Tushnet, The Possibilities of Comparative Constitutional Law, in: 108 The Yale Law Journal 1999, S. 1225 (1229).

329 Art. 39 der Südafrikanischen Verfassung vom 16. Dezember 1996 zur Interpretation der Bill of Rights (Kap. 2 der Verfassung): „When interpreting the Bill of Rights, a court, tribunal or forum- (a) must promote the values that underlie an open and democratic society based on human dignity, equality and freedom; (b) must consider international law; and (c) may consider foreign law." Zu den dieser Verfassungsnorm zugrunde liegenden außerrechtlichen Gründen, sich offen zu internationalen Verfassungsstandards zu bekennen, vgl. Schauer, The Politics and Incentives of Legal Transplantation, Law and Development Paper No 2, CID Working Paper No. 44, April 2000, Center for International Development at Harvard University, www.cid.harvard.edu/cidwp/044.htm, S. 1 (15).

nur als „Erfahrungsmaterial", dem als solches keine eigene Bindungswirkung zukommt und das dem Gesetzgeber, Richter oder sonstigem Rechtsanwender bei der Entwicklung neuer Lösungen und der Formulierung eigenen Rechts lediglich als Anregung und „Ideengeber" dient. In der Regel wird das fremde Recht in diesen Fällen – entweder durch expliziten Anwendungsbefehl oder förmlichen Übernahme- oder Umsetzungsakt – in die offizielle Normenhierarchie dieser Rechtsordnung integriert[330]. Auf diese Weise wird das fremde Recht zumindest formal zum „eigenen" Recht der neuen Rechtsordnung gemacht und seine Anwendung legitimiert.

Eine unmittelbare Bindungswirkung aufgrund eines ausdrücklichen Anwendungsbefehls kommt in Deutschland beispielsweise gemäß Art. 25 Satz 1 GG den allgemeinen Regeln des Völkerrechtes zu. Im Verhältnis von unionsrechtlichen und mitgliedstaatlichen Grundrechtsgewährleistungen sieht Art. 6 Abs. 3 des Vertrags über die Europäische Union vor, dass unter anderem die Grundrechte „wie sie sich aus den gemeinsamen Verfassungsüberlieferungen der Mitgliedstaaten ergeben (…) als allgemeine Grundsätze Teil des Unionsrechts" sind.

Als Beispiele für die Integration fremden Rechts in die (staatlich) anerkannte Normenhierarchie durch förmlichen Umsetzungs- beziehungsweise Zustimmungsakt auf der Ebene der Gesetzgebung kann etwa die Geltung der Europäischen Menschenrechtskonvention (EMRK) in Deutschland[331] oder die Übernahme von „Bauteilen" westlicher Verfassungen im Rahmen der Verfassungsgebung in den mittel- und osteuropäischen Transitionsländern genannt werden[332].

c. Legitimation des Rückgriffs auf fremdes Recht durch die Rechtsprechung

Legitimation und Bindungswirkung des übernommenen Rechts sind insbesondere umstritten bei einem offiziellen Rückgriff auf Argumentationsmuster, die anderen (nationalen) Rechtsordnungen auf der Ebene der Rechtsprechung entnommen werden. Hier kann unterschieden werden zwischen der Phase der Etablierung einer eigenen Rechtsprechungspraxis und der Phase der Konsolidierung, in der das Gericht dann auf eine eigene „ständige Rechtsprechung" zurückgreifen kann.

---

330 Twining, Diffusion of Law: A global Perspective, in: 49 Journal of Legal Pluralism and Inofficial Law 2004, S. 1 (23).

331 BGBl. 1952 II, S. 685 ff. (Transformationsgesetz zur ursprünglichen Fassung der EMRK).

332 Siehe hierzu oben unter C.II.3.c.

So war in der Phase ihrer Etablierung auch in der U.S.-amerikanischen[333] und deutschen Rechtsprechungspraxis[334] noch eine Offenheit zur Rezeption fremden Rechts zu verzeichnen, wie sie auch in der Mehrzahl der sogenannten Transitions- oder Entwicklungsländer festgestellt wird[335]. Dies lässt sich auf das Fehlen einer eigenen Gerichtspraxis im jeweiligen Land zum Zeitpunkt des Rückgriffs auf die fremde Rechtsprechung zurückführen. Der Rekurs auf fremde Argumentationsmuster dient dann auch dazu, dem Richterausspruch die nötige Autorität zu vermitteln[336].

Unterschiedlich ist dagegen die Einstellung der Gerichtsbarkeiten, insbesondere der Verfassungsgerichtsbarkeiten in den gefestigten Demokratien des Westens, gegenüber der Heranziehung fremden Rechts in der Phase der Konsolidierung. Während in den USA etwa in der Praxis des Supreme Court (noch) eine ablehnende Haltung vorherrschend ist, ist die Zitierung fremden Rechts und fremder Rechtsprechung in anderen Ländern gängige Praxis[337]. Im deutschen Recht erfolgt der Rekurs auf fremdes Recht als ergänzendes Element der gerichtlichen Begründung[338].

Justice *Scalia*, Richter am Supreme Court der Vereinigten Staaten, argumentiert mit dem Hinweis auf die fehlende normative Relevanz des fremden Rechts gegen die Zitierung fremder Rechtsprechung in Entscheidungen des Supreme

---

333 Schlesinger/Baade/Herzog/Wise, Comparative Law: cases, text, materials, S. 9: „we find *massive references to civil-law authorities in many of the earlier American cases*" (Kursivdruck im Original).

334 Tschentscher, Dialektische Rechtsvergleichung – Zur Methode der Komparatistik im öffentlichen Recht, in: JZ 2007, S. 807 (807 f.).

335 Vgl. Bryde, Constitutional Law in „old" and „new" Law and Development, 41 VRÜ 2008, S. 10 (14 f.).

336 So für die Anfänge des Bundesverfassungsgerichts Tschentscher, Dialektische Rechtsvergleichung – Zur Methode der Komparatistik im öffentlichen Recht, in: JZ 2007, S. 807 (807). Vgl. zu dieser symbolischen Funktion des Gebrauchs fremder Rechtsmuster bereits oben unter C.II.2.b.bb.

337 Glenn, The nationalist heritage, in: Legrand/Munday (Hrsg.), Comparative Legal Studies: Traditions and Transitions, S. 76 (92); Baer, Verfassungsvergleichung und reflexive Methode: Interkulturelle und intersubjektive Kompetenz, in: 64 ZaöRV 2004, S. 735 (738).

338 Vgl. Drobnig, The Use of Foreign Law by German Courts, in: ders./van Erp (Hrsg.), The Use of Comparative Law by Courts, S. 127 (143); vgl. auch BVerfGE 3, 208 (244). Tschentscher, Dialektische Rechtsvergleichung – Zur Methode der Komparatistik im öffentlichen Recht, in: JZ 2007, S. 807 (808), weist allerdings auf eine Abnahme rechtsvergleichender Hinweise in der Rechtsprechung des Bundesverfassungsgerichts trotz zunehmender Internationalisierung des Rechts und leichterer Zugänglichkeit fremder Rechtsmaterialien hin.

Court. Zwar könnten die amerikanischen Verfassungsrichter sich durchaus über Argumentationen anderer Gerichte informieren. Sie sollten diese allerdings nicht in ihre Entscheidungen aufnehmen. *Scalia* scheint damit zwischen einem stillschweigenden Transfer fremden juristischen Gedankenguts zu differenzieren, der den fremden Ursprung des betreffenden Gedanken nicht offen legt, und einem expliziten Transfer durch das Zitieren fremder Rechtsprechung in der eigenen Entscheidung. Letzteren hält er aus Gründen der fehlenden Legitimation des fremden Rechts für dogmatisch irrelevant[339].

d. Zwischenfazit

Justice *Scalias* Ablehnung der offenen Bezugnahme auf fremde Rechtsargumentationen in der Rechtsprechung des Supreme Court ist einer sehr formalen Sicht auf die Verfassung und ihre Interpretation geschuldet. Danach stellt sich die Verfassung entsprechend ihrer Präambel als Ausdruck des Willens des amerikanischen Volkes dar. Dogmatische Relevanz können daher nur solche Interpretationen haben, die sich von diesem – in der Verfassung selbst verkörperten – Willen ableiten lassen[340].

Gegen ein solches Verständnis kann eingewandt werden, dass sich eine Bindungswirkung des Rechts nicht nur aufgrund einer sich aus der nationalen Rechtsordnung ergebenden förmlichen Verpflichtung ergeben kann, sondern auch aufgrund der Überzeugungskraft des rechtlichen Arguments[341]. Geht man davon aus, dass die Entscheidung des Richters nie bloße Subsumtion sein kann, sondern immer auch Raum für persönliche Wertungen lässt, kann ein Rückgriff auf „überzeugendes", aber möglicherweise einer fremden Rechtsordnung entlehntes Recht gegenüber einer Berufung auf nationales, aber nicht überzeugendes Recht durchaus als weniger willkürlich erscheinen[342].

Die Forderung nach einer Berufung auf rein nationale Argumente auf der Ebene der Rechtsprechung verliert außerdem an Zugkraft, wenn man berücksichtigt, dass in der Regel bereits bei der Entstehung des zugrunde liegenden

---

339 Vgl. Choudhry, Migration as a new metaphor in comparative constitutional law, in: ders. (Hrsg.), The Migration of Constitutional Ideas, S. 1 (4); Baer, Verfassungsvergleichung und reflexive Methode: Interkulturelle und intersubjektive Kompetenz, in: 64 ZaöRV 2004, S. 735 (737).

340 Rehm, Rechtstransplantate als Instrumente der Rechtsreform und –transformation, in: 72 RabelsZ 2008, S. 1 (7); Baer, Verfassungsvergleichung und reflexive Methode: Interkulturelle und intersubjektive Kompetenz, in: 64 ZaöRV 2004, S. 735 (737).

341 Vgl. zum Konzept der „Persuasive Authority" Glenn, Persuasive Authority, in: 32 McGill Law Journal 1987, S. 261 (263).

342 Glenn, Persuasive Authority, in: 32 McGill Law Journal 1987, S. 261 (264).

Rechts- beziehungsweise Verfassungstextes zum Teil massive Rechtsanleihen stattgefunden haben, die das Bild eines einheitlichen, allein die nationale Rechtskultur widerspiegelnden Rechtsdokuments aufweichen[343].

Sujit Choudhry schlägt als Mittelweg zwischen formal bindendem und nichtbindendem Gebrauch vergleichender (Verfassungs-) Rechtsmaterialien die „dialogische Methode" vor[344]: Dieses vergleichende Vorgehen öffne die Sicht des Richters für alternative Verständnisse und Interpretationen und ermögliche die Prüfung, ob diese Alternativen mit der heimischen Verfassungskultur vereinbar seien. Auf diese Weise könne das fremde Recht in die eigene Verfassungsauslegung integriert werden, ohne dass damit der Vorwurf des richterlichen Aktivismus zugunsten fremder – und damit nicht legitimierter – rechtlicher Argumentationsmuster verbunden werden könne[345].

III. Ungeplanter Rechtstransfer

Von dem planvollen Transfer fremder Rechtsmuster, wie er bisher dargestellt wurde, ist der ungeplante Rechtstransfer als weitere Form der Interaktion normativer Ordnungen zu unterscheiden. Auch wenn die Abgrenzung dieser beiden Arten rechtlichen Transfers nicht immer trennscharf möglich ist, ist sie doch für das Verständnis der Vielfalt des Rechtstransfers und der Mechanismen rechtlicher und sozialer Entwicklung von besonderer Bedeutung[346].

Maßgebliches Unterscheidungsmerkmal dieser beiden Formen des Rechtstransfers ist der Umstand, dass der gesteuerte Transfer in dem Bewusstsein

---

343 Glenn, Persuasive Authority, in: 32 McGill Law Journal 1987, S. 261 (263).

344 Siehe zur kritischen Rechtsvergleichung auch oben unter C.II.4.b.

345 Choudhry, Migration as a new metaphor in comparative constitutional law, in: ders. (Hrsg.), The Migration of Constitutional Ideas, S. 1 (24 f.). Ähnlich auch Tushnet, The Possibilities of Comparative Constitutional Law, in: 108 The Yale Law Journal 1999, S. 1225 (1307): „Comparative experience is legally irrelevant unless it can connect to arguments already available within the domestic legal system".

346 Twining, Social Science and Diffusion of Law, in: 32 Journal of Law and Society 2005, S. 203 (231); Walker, The migration of constitutional ideas and the migration of *the* constitutional idea: the case of the EU, in: Choudhry (Hrsg.), The Migration of Constitutional Ideas, S. 316 (320), der zwischen „planned" und „evolved" bei der Rechtsbewegung zwischen Systemen unterscheidet. Vgl. auch Whitmans Gegenüberstellung der Begriffe der schwierigen „'transplantation' of legal institutions" und der nachweislich tatsächlich stattfindenden „transcultural discussion" und des „transcultural change", in: ders., The neo-Romantic turn, in: Legrand/Munday (Hrsg.), Comparative Legal Studies: Traditions and Transitions, S. 312 (342).

erfolgt, dass eine fremde Rechtsregel, ein Gesetz oder ein Rechtsinstitut in eine andere Rechtsordnung übernommen oder übertragen wird und mit dieser Übernahme oder Übertragung in aller Regel der (zumindest vorgebliche[347]) Wunsch nach rechtlicher und/oder sozialer Veränderung verbunden ist. Aus diesem Grund erfolgt gezielter Transfer, wie bereits beschrieben, häufig auf formalem, offiziellem Wege, durch den förmlichen Übernahmeakt eines zuständigen Staats- oder anderen Organs, während von einem ungeplanten Transfer des fremden Rechts eher dann gesprochen wird, wenn der Transfer auf weniger förmlichen Wegen geschieht[348].

Der ungeplante Rechtstransfer rückt in die Nähe der gegenseitigen Beeinflussung von Kulturen im Allgemeinen[349]. In den Sozialwissenschaften wird hier der Begriff der „Diffusion" verwendet[350]. Er beschreibt einen Prozess nicht zielgerichteter Übertragungen, bei dem das fremde Recht in unzähligen Aktionen von

---

347 Siehe hierzu oben unter C.II.2.d.

348 So stellt etwa Örücü, Law as Transposition, in: 51 International and Comparative Law Quarterly 2002, S. 205 (209) formalen und direkten Transfer demjenigen durch „infiltration" (Eindringen, Unterwandern) oder „seepage" (Durchsickern) gegenüber.

349 Wise, The Transplant of Legal Patterns, in: 38 The American Journal of Comparative Law 1990 (Suppl.), S. 1 (16 f.); Coing, Grundzüge der Rechtsphilosophie, S. 135. Schon Zajtay, Die Rezeption fremder Rechte und die Rechtsvergleichung, in: 156 (36 n.F.) Archiv für die civilistische Praxis 1957, S. 361 (376), plädiert mit Blick auf den Rezeptionsbegriff für eine Erweiterung des Untersuchungsfeldes über den – seltenen – Fall der Übernahme ganzer Gesetzbücher hinaus. Dann bildeten Rezeptionen „eine besondere Art der Erscheinung, die man mit *Spranger* mit dem Terminus *Kulturbegegnung* bezeichnen kann. In diesem Sinne ist die Rezeption die Fortführung eines Kulturgutes durch Verschmelzung zweier verschiedener Kulturen" (Kursivdruck im Original).

350 Vgl. Rogers, Diffusion of innovations, S. 5: „Diffusion ist der Prozess, durch den eine Innovation in einem bestimmten Zeitraum auf eine bestimmte Art und Weise zwischen den Mitgliedern eines Sozialsystems kommuniziert wird" und ebd., S. 6: „Diffusion ist eine Art *sozialer Wandel*, definiert als Prozess durch den Veränderungen in der Struktur und Funktion eines sozialen Systems vonstatten gehen. Wenn neue Ideen erfunden, verbreitet, angenommen oder abgelehnt werden und zu bestimmten Folgen führen, erfolgt sozialer Wandel. Natürlich kann dieser Wandel auch auf andere Weise erfolgen, zum Beispiel durch politische Revolution, eine Naturkatastrophe wie eine Dürre oder ein Erdbeben oder durch die Politik der Regierung" (Kursivdruck im Original).

und Interaktionen zwischen Akteuren verschiedener normativer Ordnungen die Grenzen dieser Ordnungen überschreitet[351].

Während im Fall der gezielten Übertragung fremden Rechts, wie aufgezeigt, in der Regel von einem relativ klar umgrenzten Übertragungsvorgang ausgegangen und die Diskussion darum geführt wird, ab wann und auf welche Weise das fremde Recht in den neuen Kontext integriert ist beziehungsweise wird, lässt sich der Vorgang der rechtlichen Diffusion meist weniger klar eingrenzen. Auch geht der ungeplante Rechtstransfer weitaus subtiler vonstatten, als der geplante und nicht immer lässt sich die fremde Herkunft solcherart übernommener Rechtsideen überhaupt eindeutig identifizieren und bestimmen. Dennoch steht die rechtliche Beeinflussung durch fremde Rechtsideen im Wege interkulturellen Austauschs derjenigen durch gezielte Rechtsübertragungen in nichts nach. In Zeiten allgegenwärtiger medialer Präsenz „of new experiments in legal, social, and economic regulation twenty-four hours a day, seven days a week"[352] erscheint im Gegenteil die Vorstellung einer Rechtsentwicklung isoliert vom Einfluss anderer Rechtskulturen äußerst unrealistisch.

Ein solcher, gleichsam „natürlicher" Austausch rechtlicher Ideen[353] über Systemgrenzen hinaus findet auf der Ebene der Rechtsprechung, aber vor allem auch durch die Rechtswissenschaft und Rechtspraxis statt. So verbreitet sich fremdes Recht etwa durch den Gedankenaustausch von Richtern, Wissenschaftlern oder Anwälten auf internationalen Symposien, im Rahmen von Auslandsaufenthalten oder in deren Folge[354] und nicht zuletzt durch den weltweiten Zugriff dieser Akteure auf fremde Gesetzestexte, Entscheidungen und juristische Veröffentlichungen aus Wissenschaft und Praxis[355].

---

351 Vgl. Gordon, Critical Legal Histories, in: 36 Stanford Law Review 1984, S. 57 (108).

352 Krotoszynski, The Perils and the Promise of Comparative Constitutional Law: The New Globalism and the Role of the United States in Shaping Human Rights, in: 61 Arkansas Law Review 2009, S. 603 (611 f.).

353 So Twining, Social Science and Diffusion of Law, in: 32 Journal of Law and Society 2005, S. 203 (229).

354 So zum Trend der Amerikanisierung des schweizerischen Rechts aufgrund der in zunehmendem Maße amerikanisch ausgebildeten schweizerischen Juristen in führenden Positionen von Hochschulen, der Advokatur, den Grossbanken und der Industrie Wiegand, Die Rezeption amerikanischen Rechts, in: Jenny/Kälin (Hrsg.), Die schweizerische Rechtsordnung in ihren internationalen Bezügen, S. 229 (259 f.) mit Verweis auf Max Webers „Rechtshonoratioren".

355 Höland, Umjereni pravni transfer u Europi – novi razvitci na primjeru Republike Hrvatske, in: 44 Zbornik radova Pravnog fakulteta u Splitu 2007, S. 403 (405); Twining, Diffusion of Law: A global Perspective, in: 49 Journal of Legal Pluralism and

Während bei der Darstellung gezielten Rechtstransfers durch die Rechtsprechung insbesondere der offizielle Verweis auf fremdes Recht und das Zitieren
fremder Rechtsargumente angesprochen wurden[356], ist von einer Diffusion etwa
bei einem informellen Erfahrungs- und Gedankenaustausch zwischen Richtern
auszugehen[357]. Klassisches Beispiel für eine Normdiffusion durch die Rechtswissenschaft ist die Rezeption des Römischen Rechts[358]. Ein weiteres Beispiel ist das
der Rechtsvergleichung höchstselbst, wie sie heute in den Vereinigten Staaten
von Amerika praktiziert wird. Sie ist ganz überwiegend das Werk der während
und nach dem Zweiten Weltkrieg in die Vereinigten Staaten emigrierten europäischen Rechtswissenschaftler, unter ihnen Max Rheinstein, Rudolf Schlesinger,
Stefan Riesenfeld, Albert Ehrenzweig und andere. Diese Vertreter der vergleichenden Rechtswissenschaft prägten mit ihrem funktionalistischen Rechtsdenken bereits nach kurzer Zeit diesen zu diesem Zeitpunkt in den Vereinigten
Staaten stark vernachlässigten Wissenschaftszweig[359].

IV. Zusammenfassende Stellungnahme

Die Untersuchung der empirischen Komplexität rechtlichen Transfers hat gezeigt, dass die Interaktion normativer Ordnungen in der Tat ein historisch wie
aktuell betrachtet allgegenwärtiges Phänomen darstellt, das sich aus einer Vielzahl ganz unterschiedlicher Handlungsmuster zusammensetzt. Die Bandbreite
der Interaktionen reicht von zufälliger Inspiration bis zu umfassenden Transfers
im Rahmen gezielter rechtlicher Reformen.

In der Gesamtschau dieser unterschiedlichen Erscheinungsweisen rechtlichen
Transfers erschließt sich, wieso dieser einerseits ein allgegenwärtiges – und häufig
unproblematisches – Phänomen darstellt und andererseits Theorie und Praxis vor
erhebliche Schwierigkeiten stellt: Unter den Begriff des Rechtstransfers werden so

---

Unofficial Law 2004, S. 1 (23, 25); Nelken, Towards a Sociology of Legal Adaptation,
in: ders./Feest (Hrsg.), Adapting Legal Cultures, S. 7 (24); Fleischer, Legal Transplants im deutschen Aktienrecht, in: NZG 2004, S. 1129 ff.

356 Siehe oben unter C.II.2.c.

357 Limbach, Globalization of Constitutional Law through Interaction of Judges, in: 41
VRÜ 2008, S. 51 (53 f.).

358 Vgl. hierzu Zajtay, Die Rezeption fremder Rechte und die Rechtsvergleichung, in:
156 (36 n.F.) Archiv für die civilistische Praxis 1957, S. 361 (371).

359 Legrand, John Henry Merryman and Comparative Legal Studies: A Dialogue, in: 47
The American Journal of Comparative Law 1999, S. 3 (5 f.); Twining, Comparative
Law and Legal Theory: The Country and Western Tradition, in: Edge (Hrsg.), Com-
parative Law in Global Perspective, S. 21 (37).

unterschiedliche Vorgänge gefasst wie das Aufgreifen einer fremden Rechtsidee als Anregung für die Umsetzung eines eigenen Rechtskonzeptes im Rahmen eines wissenschaftlichen Austausches oder die vollständige Übernahme eines fremden Gesetzbuches durch formale Verabschiedung im eigenen Gesetzgebungsverfahren mit der vorherigen Übersetzung des Gesetzestextes als einziger Änderung.

Diese völlig unterschiedlichen Formen der Verwendung fremder Rechts- und Argumentationsmuster stellen jeweils ganz eigene Anforderungen an den Transferprozess: Während ungeplanter Rechtstransfer als „Gedankenaustausch" zwischen und gegenseitige Beeinflussung von Rechtssystemen gleichsam „natürlich" und ohne Schwierigkeiten erfolgt, dient geplanter Rechtstransfer der Herbeiführung bestimmter Ziele wie der Rechtsreform oder der Rechtsvereinheitlichung, die langwierige Veränderungsprozesse der Gesellschaft erfordern können. Andere Ziele, wie die Erlangung bestimmter wirtschaftlicher Vorteile nach Umsetzung eines fremden Rechtsbestandes, können leichter zu erreichen sein, wenn nur die förmliche Übernahme des fremden Rechts verlangt wird. Recht als Symbol lässt sich leichter übertragen als Recht als Antwort auf gesellschaftliche Problemstellungen. Ein Rechtstransfer in Form einer Kopie oder auch als bloße Inspiration wirft in der Praxis weniger Schwierigkeiten auf, als ein Transfer, durch den bestimmte gesellschaftliche Veränderungen herbeigeführt werden sollen. Ein Rechtstransfer im Wege der Bricolage dürfte einfacher zu bewerkstelligen sein, als mittels ausführlicher vorhergehender Rechtsvergleichung: Da ein Anpassungsprozess von Recht und Gesellschaft in der Regel ohnehin erforderlich werden wird, spart man sich bei einem Vorgehen nach der „Bastel-Methode" die mühevolle rechtsvergleichende Vorarbeit. Es wird das Recht ausgewählt, das gerade verfügbar ist und nach eher oberflächlicher Sondierung passend erscheint. Dieses kann dann nach seiner Übernahme in den neuen Kontext dort nach Bedarf mit Leben gefüllt werden.

Auf diese Weise zeigen sich zudem die zahlreichen Zusammenhänge zwischen den unterschiedlichen Erscheinungsweisen und Aspekten des Rechtstransfers. Ebenso machen die Differenzierungen deutlich, dass bei der Betrachtung eines Transferprozesses die unterschiedlichen involvierten, regelmäßig nicht offengelegten Verwendungen des Begriffs „Rechtstransfer" genau untersucht und auseinandergehalten werden müssen, will man sich ein wirklichkeitsgetreues Bild des Transfervorgangs machen. Die Bedeutung von „Recht" und „Transfer" ist nicht von vornherein festgelegt und Auswahl und Konzeption des Transfergegenstandes erfolgen in der Regel interessengeleitet.

Genauso ist die Entscheidung, ob bei einem bestimmten rechtlichen Phänomen seine Herkunft betont und dieses explizit als Rechtstransfer gekennzeichnet oder stattdessen sein Verständnis im neuen Kontext und seine weitere, ursprungsunabhängige Entwicklung hervorgehoben wird, abhängig davon, ob man die fremde Herkunft betonen *will.* Gerade in den Fällen, in denen es Geber und Empfänger maßgeblich darauf ankommt, dass die äußere Form des fremden Rechts übernommen wird, also lediglich eine förmliche Übernahme des positiven Gesetzestextes erfolgt, ohne dass der Akzeptanz des Rechts oder der weiteren Entwicklung des Inhalts besondere Bedeutung beigemessen wird, ist die Betonung des Transfercharakters in der Regel auch Manifestation der Hegemonie des Gebers.

Aus der Darstellung ergibt sich darüber hinaus, dass Rechtstransfers nicht in alle Richtungen mit dem gleichen Eifer verfolgt werden: So sind die Vereinigten Staaten einer der größten „Exporteure" ihres eigenen Rechts. Dagegen besteht, dies zeigt auch die Diskussion des Supreme Court um die Legitimation der Verwendung fremder Rechtsprechung, hinsichtlich des „Imports" fremden Rechts eher Zurückhaltung[360]. Diese Haltung ist Ausdruck eines evolutionistischen Rechtsbildes[361] sowie ganz bestimmter Vorstellungen von Recht und sozialer und wirtschaftlicher Ordnung. Sie werden von einem global agierenden Expertentum vornehmlich im Rahmen von Rechtsentwicklungsprojekten verbreitet. Sie marginalisieren oder verdrängen andere, insbesondere lokale Konzeptionen von Recht und Gesellschaft[362]. *Ugo Mattei* hat herausgearbeitet, dass dieser angebliche Konsens in der Demokratie- und Rechtsstaatlichkeits-Rhetorik ein Ergebnis U.S.-amerikanischer Hegemonie ist, die die Welt mit einer neuen Form des „imperialen Rechts" überzogen hat[363]. Was als natürliche und vernünftige und damit notwendige Entwicklung dargestellt wird, ist in Wahrheit eine Folge der ungleichen Verteilung von Macht und Wissen sowie einer Verzerrung und Idealisierung der westlichen – vornehmlich U.S.-amerikanischen – Rechtsvorbilder[364].

---

360 Vgl. nur die Auflistung verpasster Möglichkeiten der Rechtsvergleichung im U.S.-Recht bei Stein, Uses, Misuses – and Nonuses of Comparative Law, in: 72 Northwestern University Law Review 1977, S. 198 (211 ff.).

361 Siehe hierzu unten unter D.I.2.a.

362 Mertus, Mapping Civil Society Transplants: A Preliminary Comparison of Eastern Europe and Latin America, in: 53 University of Miami Law Review 1999, S. 921 (927).

363 Vgl. Mattei, A Theory of Imperial Law: A Study on U.S. Hegemony and the Latin Resistance, in: 10 Indiana Journal of Global Legal Studies 2003, S. 383 ff. Siehe hierzu auch oben, Fn 204 und zum Vorwurf des Rechtsimperialismus unten unter D.II.3.b.

364 Mattei, A Theory of Imperial Law: A Study on U.S. Hegemony and the Latin Resistance, in: 10 Indiana Journal of Global Legal Studies 2003, S. 383 ff., spricht hier von „spectacular law".

D. Theoretische Diskurse über den Transfer von Recht

Nach der vorangegangenen Darstellung steht die Lebhaftigkeit und Vielfältigkeit der Interaktion normativer Ordnungen außer Frage. Ebenso vielfältig sind die Erklärungsansätze zur theoretisch-methodischen Einhegung der dargestellten Phänomene. Wie bereits erläutert, setzt jeder theoretische wie praktische Umgang mit dem Transfer von Recht – bewusst oder unbewusst – notwendig ein bestimmtes Rechtsverständnis und die Festlegung auf eine bestimmte Methodik voraus. Dieses Rechtskonzept und die gewählte Methode präformieren – ebenso wie die bereits geschilderten Unterschiede in der empirischen Erfassung des Transfergegenstandes – Konzeption und Beurteilung des Transferprozesses[365]. Diese theoretisch-methodischen Konzepte sollen im Folgenden näher untersucht und ihre Schlussfolgerungen und Implikationen einer kritischen Betrachtung unterzogen werden.

Neben der Auseinandersetzung mit der grundlegenden – nun rechtstheoretisch zu beantwortenden – Frage „was ist Rechtstransfer?" beschäftigen sich die nachfolgenden Erklärungen und Interpretationen auch mit den oben aufgeworfenen praktischen Aspekten des Rechtstransfers und geben – in unterschiedlichem Maße – Antworten auf solche Fragen wie die nach der Übertragbarkeit von Recht, nach dem Verhältnis von Recht und Gesellschaft und rechtlicher und gesellschaftlicher Entwicklung oder nach den Möglichkeiten der Herbeiführung von Rechtsentwicklung[366] durch Rechtstransfer.

Nach einer kurzen Rekapitulation der wichtigsten historischen Verständnisse von Rechtstransfer und rechtlicher Entwicklung (I.), wird die Bandbreite funktionalistischer Konzeptionen rechtlichen Transfers dargestellt. Diese liegen in der einen oder anderen Form den gezielten Transfervorhaben zugrunde und dienen ebenso zu deren Erklärung wie in vielen Fällen zu ihrer Rechtfertigung (II.). Der Rechtshistoriker *Alan Watson* und der Rechtsvergleicher *Pierre Legrand* haben sich mit dem funktionalistischen Rechtsverständnis auseinandergesetzt und dieses im Rahmen ihrer Debatte zur Möglichkeit von „legal transplants" aus unterschiedlicher Perspektive kritisiert (III.). *Günter Frankenberg* bietet mit

---

365   Siehe hierzu bereits oben unter B.III.4.a.
366   Dieser Begriff wird hier zunächst weit verstanden, siehe hierzu bereits oben unter A.II.

seiner „IKEA-Theorie" ein Instrument zur Analyse des eigentlichen Vorgangs der Rechtsübertragung an (IV.).

Das Kapitel über die theoretischen Diskurse schließt mit einer Darstellung postmoderner Erklärungsansätze zu Rechtstransfer und Rechtsentwicklung, die ebenfalls in unterschiedlicher Weise als Kritik an den funktionalistischen Positionen der Mainstream-Rechtsvergleichung gesehen werden können (V.).

I. Historische Erklärungsansätze zu Rechtstransfer und Rechtsentwicklung

Die folgenden Ansätze zur Erklärung von Rechtstransfer und rechtlicher Entwicklung werden in ihrer ursprünglichen, jeweils zu Extremen neigenden Form heute nicht mehr vertreten. Die sich anschließende Darlegung neuzeitlicher Theorien des Rechtstransfers zeigt allerdings, dass sich wesentliche Grundgedanken dieser historischen Theorien auch in aktuellen Diskussionen um den Transfer von Recht noch wiederfinden.

1. Formalistisches Rechtsverständnis

Der rechtsformalistische Ansatz geht von einer vollständigen Autonomie des Rechts von seinem sozio-historischen Kontext aus und reduziert den Rechtsbegriff auf die staatlich gesetzte, positive und in sich geschlossene Rechtsordnung. Die Ursprünge dieses formalistischen Ansatzes lassen sich im Gesetzespositivismus des ausgehenden 19. und angehenden 20. Jahrhunderts, vor allem in seiner Ausprägung durch die Germanisten unter *Georg Beseler*, verorten. Diese reduzierten den Rechtsbegriff auf die Summe der geschriebenen Rechtssätze und blendeten jeglichen Bezug des Rechts zu seiner Umwelt vollständig aus[367]. Die Rezeption des Römischen Rechts verstanden sie als Verdrängung der von den tatsächlichen Lebensverhältnissen unabhängigen, einheitlichen positiven deutschen Privatrechtsordnung durch die fremde, römische Rechtsordnung[368]. Das dieser Auffassung zugrunde liegende Transferverständnis impliziert folglich,

---

367 Wieacker, Privatrechtsgeschichte der Neuzeit, S. 126, Fn 4, S. 128 f., S. 411; Röhl/ Röhl, Allgemeine Rechtslehre, S. 315. Auch die Reine Rechtslehre Kelsens folgt diesem Ansatz. Kritisch zur „formalistischen Ideologie" einer Autonomie der rechtlichen Form im Verhältnis zu ihrer sozialen Umwelt Bourdieu, The Force of Law: Toward a Sociology of the Juridical Field, 38 The Hastings Law Journal 1987, S. 814.
368 Wieacker, Privatrechtsgeschichte der Neuzeit, S. 411.

dass das Recht ein „gleichsam stofflicher Gegenstand (sei), den man fassen, ‚weitergeben' und ‚aufnehmen' könne"[369].

Auch das Common Law mit seinem Fallrecht war zunächst von einem stark formalistischen Rechtsverständnis im Sinne einer ebenfalls autonomen und kohärenten, natur- oder vernunftrechtlich vorgegebenen Rechtsordnung und einer strengen Unterscheidung des Rechts von seinem gesellschaftlichen Kontext und der Rechtsanwender von ihrem sozialen Umfeld geprägt. Die Aufgabe der Richter in diesem System bestand darin, die richtige rechtliche Lösung lediglich wiederzugeben oder zu verdeutlichen[370].

2. Evolutionismus und Diffusionismus

Während der Rechtsformalismus die Rechtsordnung als autonomes, in sich geschlossenes und von ihrem sozialen Kontext streng zu unterscheidendes Gebilde in den Blick nahm, beschäftigten sich die evolutionistischen und diffusionistischen Ansätze auf unterschiedliche Weise damit, rechtlichen Wandel und sein Verhältnis zum gesellschaftlichen Kontext zu erklären.

a. Evolutionistische Ansätze

Die evolutionistischen Ansätze, die ebenfalls im 19. Jahrhundert ihre Blütezeit hatten, waren der Auffassung, dass das Recht auf einem natürlichen, evolutiven Pfad in Abhängigkeit von den gesellschaftlichen Entwicklungen voranschreite. Entsprechend standen die evolutionistisch geprägten Rechtstheorien in engem Zusammenhang mit Theorien des sozialen, ökonomischen oder politischen Wandels[371]. Sie sahen die Rechtsentwicklung als determiniert durch bestimmte gesellschaftliche Entwicklungsstadien wahlweise sozio-ökonomischer oder kultureller Natur, denen das Recht zwangsläufig aufgrund natürlicher Entwicklungsgesetze und damit mehr oder weniger unabhängig von menschlichem Zutun nachfolge[372]. Diese Ansicht – mit dem

---

369 Wieacker, Privatrechtsgeschichte der Neuzeit, S. 128.
370 Gordon, Critical Legal Histories, in: 36 Stanford Law Review 1984, S. 57 (66 f.).
371 Horowitz, The Qur'an and the Common Law: Islamic Law Reform and the Theory of Legal Change, in: 42 The American Journal of Comparative Law 1994, S. 233 (241); Wise, The Transplant of Legal Patterns, in: 38 The American Journal of Comparative Law 1990 (Suppl.), S. 1 (16, 18).
372 Horowitz, The Qur'an and the Common Law: Islamic Law Reform and the Theory of Legal Change, in: 42 The American Journal of Comparative Law 1994, S. 233 (244 f.); Peters/Schwenke, Comparative Law beyond Post-Modernism, in: 49 International and Comparative Law Quarterly 2000, S. 800 (803 f.).

europäischen oder (US-)amerikanischen Rechts- und Gesellschaftsverständnis an der Spitze der evolutionären Entwicklung – diente auch zur theoretischen Stützung kolonialistischer Bestrebungen[373]. Der damit verbundene Rechtsbegriff war weiterhin eng und formalistisch und auf die Gesetzgebung oder allenfalls noch die Rechtsprechung beschränkt. Zivilisationen, die diese Institutionen nicht besaßen, hatten nach dieser Ansicht auch kein Recht im eigentlichen Sinne[374].

Andere Vertreter evolutionistischen Gedankenguts, wie *Friedrich Carl von Savigny*, wiesen der Gesetzgebung eine bloß untergeordnete Rolle im Kontext rechtlichen Wandels zu. *Von Savigny* vertrat mit seiner „Volksgeistlehre" die Auffassung, das Recht entstehe aus der Gesellschaft, aus den gemeinsamen Überzeugungen des Volkes[375]. Historisch gesehen entspringe es dabei zunächst dem „Bewußtsein des gesamten Volkes" als Sitte und Volksglaube, im Zuge der Entwicklung von Recht und Gesellschaft sodann als Jurisprudenz dem „Bewußtsein der Juristen"[376]. Das unabhängig vom Volksgeist, allein durch die juristische Arbeit des Gesetzgebers geschaffene Recht löse sich hingegen von dieser natürlichen Entwicklung des Rechts und sei damit „willkürlich"[377].

Diese Vorstellung einer engen Verbindung des Rechts mit den Besonderheiten eines Volkes greift einen Gedanken auf, der sich bereits in ähnlicher Form bei *Montesquieu* findet. Dieser stellte fest, dass es die das Recht umgebenden, geographischen, soziologischen, ökonomischen, kulturellen und politischen Lebensbedingungen eines Volkes seien, die den Geist der Gesetze, *„l'esprit des lois"*, ausmachten. Gute Gesetze, womit *Montesquieu* die positiven Gesetze einer Gesellschaft meinte, sollten diese unterschiedlichen lokalen Gegebenheiten berücksichtigen und widerspiegeln[378].

Der Bewegung von Recht zwischen normativen Ordnungen wurde von diesen Ansätzen in aller Regel keine Bedeutung für die Rechtsentwicklung zugemessen. Die organische Evolution des Rechts aller fortschrittlichen Gesellschaften erfolgte nach diesen Auffassungen vielmehr unabhängig voneinander entweder nach den gleichen unabänderlichen natürlichen Entwicklungsgesetzen (so zum

---

373 Nader, Laura, Promise or Plunder? A Past and Future Look at Law and Development, in: 7 Global Jurist 2007, S. 1; Riles, Wigmore's Treasure Box: Comparative Law in the Era of Information, in: 40 Harvard International Law Journal 1999, S. 221 (228).

374 Riles, Wigmore's Treasure Box: Comparative Law in the Era of Information, in: 40 Harvard International Law Journal 1999, S. 221 (228).

375 Von Savigny, Vom Beruf unsrer Zeit für Gesetzgebung und Rechtswissenschaft, S. 8 ff.

376 Von Savigny, Vom Beruf unsrer Zeit für Gesetzgebung und Rechtswissenschaft, S. 12, 14.

377 Von Savigny, Vom Beruf unsrer Zeit für Gesetzgebung und Rechtswissenschaft, S. 14.

378 Montesquieu, Vom Geist der Gesetze, I. Buch, 3. Kapitel, S. 102.

Beispiel *Maine*[379]) oder aufgrund der Besonderheiten des jeweiligen Volkes oder Landes (so zum Beispiel *von Savigny* und *Montesquieu*)[380].

b. Diffusionistischer Ansatz

Als Reaktion auf die evolutionistischen Theorien in den Sozial- und Kulturwissenschaften entstanden Ende des 19. Jahrhunderts verschiedene theoretische Ansätze, die die Zirkulation und Nachahmung von Kulturelementen in den Vordergrund stellten. Sie identifizierten den Austausch zwischen den Kulturen, die „Diffusion" kultureller Elemente, nicht die eigenständige, natürliche Evolution als maßgeblichen Faktor gesellschaftlicher Entwicklung[381].

3. Stellungnahme und Kritik

Der Erklärungswert der formalistischen Ansätze zum Verhältnis rechtlicher und gesellschaftlicher Entwicklung ist gering, da diese den gesellschaftlichen Kontext des Rechts vollständig ausblenden. Entsprechend konnte sich die extrem formalistisch-positivistische Ansicht der Germanisten zum Rechtstransfer als Austausch der bestehenden Rechtsordnung durch eine andere nicht durchsetzen. Ebenso verlor das formalistische Rechtsverständnis im Common Law an Bedeutung, nachdem die Rechtsrealisten mit ihrer Betonung des „law in action" die formalistische Vorstellung einer von der Gesellschaft unabhängigen, einheitlichen und allgemeingültigen Rechtsordnung dekonstruiert hatten[382]. Als implizites Rechtskonzept erfreut

---

379 Maine, Ancient law: its connection with the early history of society and its relation to modern ideas.

380 Vgl. Horowitz, The Qur'an and the Common Law: Islamic Law Reform and the Theory of Legal Change, in: 42 The American Journal of Comparative Law 1994, S. 233 (246), der insbesondere von Savigny hervorhebt, dessen Theorie des Volksgeistes sich mit dem Gedanken rechtlichen Transfers schwerlich vereinbaren lasse; vgl. mit anderer Note auch Stein, Legal Evolution. The Story of an Idea, S. 104, zur Kritik an Maine, der den Transfer von Recht unterschiedlicher Entwicklungsstufen als eine Ursache für die Vielfalt des Rechts in unterschiedlichen Gesellschaften außer Acht gelassen habe.

381 Wise, The Transplant of Legal Patterns, in: 38 The American Journal of Comparative Law 1990 (Suppl.), S. 1 (18); Twining, Lecture IV: *Generalizing About Law: The Case of Legal Transplants, The Tilburg-Warwick Lectures, 2000, General Jurisprudence*, S. 2 (22); ders., Social Science and Diffusion of Law, in: 32 Journal of Law and Society 2005, S. 203 (208).

382 Gordon, Critical Legal Histories, in: 36 Stanford Law Review 1984, S. 57 (69). Die Unterscheidung zwischen „law in books" und „law in action" geht auf Roscoe

sich die formalistische Rechtskonzeption allerdings weiterhin einiger Popularität. So bleibt sie als rekurrierender Grundgedanke erhalten etwa in der klassischen funktionalistisch orientierten Rechtsvergleichung[383], in ansonsten soziologisch informierten Rechtstheorien[384] und für Darstellungen, die sich auf die empirische Beschreibung rechtlichen Transfers beschränken[385].

Auch die evolutionistischen und diffusionistischen Theorien konnten sich als alleinige Erklärungsansätze gesellschaftlicher Veränderungen nicht halten. Die Ansätze sahen sich dem Vorwurf einer zu einseitigen Betrachtung gesellschaftlichen Wandels ausgesetzt, die diesen nur unzureichend erklären könne. Es machte sich die Erkenntnis breit, dass die historische Fortbildung einer Gesellschaft sowohl eigenen, autochthonen Entwicklungselementen als auch externen Einflüssen geschuldet sei[386]. Da die Evolutionisten das eigene Recht an der Spitze der Entwicklung sahen, standen sie zudem für eine konservative, wenn nicht gar reaktionäre Haltung gegenüber rechtlichen Reformen[387]. In der Folge wurden Evolutionismus und Diffusionismus schließlich von solchen Ansätzen abgelöst, die einen funktionalen Bezug von Recht und Gesellschaft in unterschiedlicher Weise in den Vordergrund stellten[388]. Dennoch blieben einige grundlegende Gedanken

---

Pound zurück. Pound, Law in Books and Law in Action, in: 44 American Law Review 1910, S. 12 ff., stellt den angeblich die zwischenmenschlichen Beziehungen bestimmenden Rechtsregeln – dem „law in books" als Rechtsordnung im Verständnis der Rechtsformalisten – das „law in action" entgegen – das Recht, das diese Beziehungen tatsächlich ordne.

383 Vgl. Puchalska-Tych/Salter, Comparing legal cultures of Eastern Europe: the need for a dialectical analysis, in: 16 Legal Studies 1996, S. 157 (175 ff.), zu den positivistisch- und funktionalistisch-formalistischen Ansätzen der klassischen Rechtsvergleichung und deren Unzulänglichkeiten beim Vergleich ost- und west-europäischer Rechtskulturen.

384 Vgl. zum Vorwurf des Rückfalls auf ein statisch-formalistisches Rechtsverständnis durch Rechtsrealisten und Law and Society-Wissenschaftler Gordon, Critical Legal Histories, in: 36 Stanford Law Review 1984, S. 57 (108).

385 Exemplarisch Kokott, From Reception and Transplantation to Convergence of Constitutional Models in the Age of Globalization – with Special Reference to the German Basic Law, in: Starck (Hrsg.), Constitutionalism, Universalism and Democracy – a comparative analysis, S. 71 ff.

386 Wise, The Transplant of Legal Patterns, in: 38 The American Journal of Comparative Law 1990 (Suppl.), S. 1 (18 f.); Twining, Social Science and Diffusion of Law, in: 32 Journal of Law and Society 2005, S. 203 (208).

387 Stein, Legal Evolution. The Story of an Idea, S. 122.

388 Wise, The Transplant of Legal Patterns, in: 38 The American Journal of Comparative Law 1999 (Suppl.), S. 1 (18); Riles, Wigmore's Treasure Box: Comparative Law in

dieser konträren Positionen vor allem in den Sozialwissenschaften erhalten und finden auch in neuzeitlichen Diskussionen zur Beschreibung rechtlichen Wandels ihren Niederschlag[389]. Gerade das evolutionistische Verständnis, welches das Recht als Produkt und Ausdruck der lokalen Gegebenheiten sieht und vom Fortschritt und einer daraus folgenden schrittweisen Weiterentwicklung der Gesellschaft ausgeht, hat sich als besonders konstant erwiesen[390]. Der Gedanke der evolutionären Entwicklung von Rechts- und Gesellschaftssystemen findet sich insbesondere in vielen Ausprägungen des Funktionalismus wieder[391]. Darüber hinaus haben evolutionistische und diffusionistische Theorien die strikte analytische Trennung von rechtlichem und gesellschaftlichem Wandel aufgebrochen, die dem bis dahin vorherrschenden formalistischen Rechtsverständnis zugrunde lag und damit einen weiteren Grundstein für die vorherrschenden aktuellen Theorien rechtlicher und gesellschaftlicher Entwicklung gelegt[392].

II. Funktionalistische Erklärungsansätze zu Rechtstransfer und Rechtsentwicklung

Die im Folgenden näher zu beleuchtenden funktionalistischen Erklärungsansätze zum Rechtstransfer sind von der bereits erörterten funktionalistischen Methode der Rechtsvergleichung[393] zu unterscheiden[394]. Deutungsmuster und Methode teilen zwar einige grundlegende Annahmen. Während es sich bei letzterer jedoch um ein methodisches Arbeitsmittel der Rechtsvergleichung zur

---

the Era of Information, in: 40 Harvard International Law Journal 1999, S. 221 (228); Twining, Social Science and Diffusion of Law, in: 32 Journal of Law and Society 2005, S. 203 (208).

389 Vgl. zu moderneren diffusionistischen Ansätzen in den Sozialwissenschaften und deren Fruchtbarmachung zur Beschreibung rechtlicher Entwicklungsprozesse ausführlich Twining, Social Science and Diffusion of Law, in: 32 Journal of Law and Society 2005, S. 203 (217 ff.).

390 Horowitz, The Qur'an and the Common Law: Islamic Law Reform and the Theory of Legal Change, in: 42 The American Journal of Comparative Law 1994, S. 233 (245); Stein, Legal Evolution. The Story of an Idea, S. 126; Graziadei, The functionalist heritage, in: Legrand/Munday (Hrsg.), Comparative Legal Studies: Traditions and Transitions, S. 100 (119).

391 Siehe hierzu sogleich unten unter D.II.

392 Vgl. Stein, Legal Evolution. The Story of an Idea, S. 127.

393 Siehe hierzu oben unter C.II.4.a.

394 Vgl. zu dieser Unterscheidung auch Graziadei, The functionalist heritage, in: Legrand/Munday (Hrsg.), Comparative Legal Studies: Traditions and Transitions, S. 100.

Suche „besserer" Rechtslösungen handelt, geht es nachfolgend, wie sogleich näher erläutert wird, um verschiedene theoretische Konstruktionen eines „funktionalen" Verhältnisses von Recht und Gesellschaft und die Auswirkungen der jeweiligen Konstruktion auf das Verständnis rechtlichen Transfers.

1. Gemeinsamkeiten funktionalistischer Erklärungsansätze

Unter dem Begriff des „Funktionalismus" werden eine Vielzahl unterschiedlicher Ansätze zur Erklärung des Verhältnisses von Recht und Gesellschaft und rechtlichen Transfers zusammengefasst, die teilweise nur wenige Gemeinsamkeiten teilen[395]. Dennoch lassen sich verschiedene Kernelemente identifizieren, die diesen theoretischen Erklärungsversuchen gemeinsam sind und das funktionalistische Verständnis prägen. Diese werden im Folgenden in ihren Grundzügen nachgezeichnet.

a. Fokus auf „law in action"

Die Ursprünge des Funktionalismus Anfang des 20. Jahrhunderts können als Reaktion auf den bis dahin vorherrschenden Rechtsformalismus angesehen werden[396]. Anders als der Rechtsformalismus, der die positive Rechtsregel ins Zentrum der Betrachtung – und des Übertragungsvorgangs – rückte, ist der Funktionalismus rechtssoziologisch informiert. Er legt sein Augenmerk nicht (mehr) auf die positive Rechtsregel oder das förmliche Rechtssystem, das „law in books", welches autonom von seinem gesellschaftlichen Kontext besteht. Sein Interesse gilt vielmehr der Rechtswirklichkeit und Rechtswirksamkeit, dem „law in action"[397]. Dieses umfasst die Anwendung und Interpretation der rechtlichen

---

395 So sieht etwa Gordon, Critical Legal Histories, in: 36 Stanford Law Review 1984, S. 57 (65 f.), in dem von ihm beschriebenen Ansatz des „evolutionary functionalism" Elemente der antagonistischen Strömungen des Rechtsformalismus wie des Rechtsrealismus vereint. Eine differenzierte und instruktive Übersicht über die verschiedenen funktionalistischen Konzepte und ihre Resonanz in der funktionalistischen Methode der Rechtsvergleichung gibt Michaels, The Functional Method of Comparative Law, in: Reimann/Zimmermann (Hrsg.), The Oxford Handbook of Comparative Law, S. 339 ff.

396 Peters/Schwenke, Comparative Law beyond Post-Modernism, in: 49 International and Comparative Law Quarterly 2000, S. 800 (808).

397 So bereits Pound, Law in Books and Law in Action, in: 44 American Law Review 1910, S. 12 ff., der zwischen dem „statute law" und der von diesem abweichenden Entscheidungspraxis der Gerichte differenziert. Siehe auch Sacco, Einführung in die Rechtsvergleichung, S. 22. Ähnlich schreibt Rabel, Aufgabe und Notwendigkeit

Regeln und die Frage nach deren Auswirkungen und ihrer Effektivität[398]. Dem Rechtsgeltung beanspruchenden Rechtstext wird das „lebende" Recht gegenübergestellt, das Recht, wie es unter Berücksichtigung von Faktoren wie ökonomischer oder sozialer Beziehungen, politischer Machtverteilung, dem Ermessen der juristischen Akteure und anderen sozialen Gegebenheiten in der Gesellschaft wirkt[399].

b. Gegenüberstellung von Recht und Gesellschaft

Entsprechend werden Recht und Gesellschaft von den funktionalistischen Ansätzen als unterscheidbare, aber aufeinander bezogene Systeme betrachtet[400]. „Gesellschaft" steht dabei je nach vertretener Auffassung als Platzhalter stellvertretend für Entitäten wie soziales Umfeld, Wirtschaft oder Kultur[401]. Dabei erliegen Funktionalisten häufig der Versuchung, „Recht" oder „Kultur" als homogenes Ganzes zu konstruieren[402].

Es existieren allerdings auch differenziertere Sichtweisen auf das Verhältnis von Recht und Gesellschaft. So stellt etwa *Otto Kahn-Freund* auf den Inhalt der konkreten Rechtsregel ab, welcher den Grad der Verbundenheit der Regel mit

---

der Rechtsvergleichung, in: ders., Gesammelte Aufsätze, Band III: Arbeiten zur Rechtsvergleichung und zur Rechtsvereinheitlichung 1919–1954, S. 1 (4): „Ein Gesetz ist ohne die zugehörige Rechtsprechung nur wie ein Skelett ohne Muskel. Und die Nerven sind die herrschenden Lehrmeinungen."

398 Reimann, The Progress and Failure of Comparative Law in the Second Half of the Twentieth Century, in: 50 The American Journal of Comparative Law 2002, S. 671 (679).

399 Galanter, Law: Overview, in: Smelser/Baltes (Hrsg.), International Encyclopedia of the Social and Behavioral Sciences, Bd. 12, S. 8538 (8539); Ewald, Comparative Jurisprudence (I): What was it like to try a rat, in: 143 University of Pennsylvania Law Review 1995, S. 1889 (1938); Rabel, Aufgabe und Notwendigkeit der Rechtsvergleichung, in: ders., Gesammelte Aufsätze, Band III: Arbeiten zur Rechtsvergleichung und zur Rechtsvereinheitlichung 1919–1954, S. 1 (5).

400 Gordon, Critical Legal Histories, in: 36 Stanford Law Review 1984, S. 57 (60); Michaels, The Functional Method of Comparative Law, in: Reimann/Zimmermann (Hrsg.), The Oxford Handbook of Comparative Law, S. 339 (342).

401 Vgl. Langer, From Legal Transplants to Legal Translations: The Globalization of Plea Bargaining and the Americanization Thesis in Criminal Procedure, in: 45 Harvard International Law Journal 2004, S. 1 (29, Fn 138); Ewald, Comparative Jurisprudence (II): The Logic of Legal Transplants, in: 43 The American Journal of Comparative Law 1995, S. 489 (492 f.) zu den sogenannten Spiegel-Theorien.

402 So der Vorwurf von Graziadei, The functionalist heritage, in: Legrand/Munday (Hrsg.), Comparative Legal Studies: Traditions and Transitions, S. 100 (114 f.).

ihrem gesellschaftlichen Kontext maßgeblich beeinflusse und damit in der Folge auch deren „Transferabilität". Während die von *Montesquieu* erwähnten geographischen und soziologischen Faktoren heute an Bedeutung für den Vorgang der Rechtsübertragung verloren hätten, habe die politische Komponente ungleich an Relevanz dazugewonnen. Als die Übertragbarkeit einer Rechtsregel vor allem erschwerenden Faktor identifiziert *Kahn-Freund* daher insbesondere das Ausmaß, in dem das Recht mit den Machtstrukturen des jeweiligen Landes verwoben ist[403].

Roger Cotterrell hingegen hält das Konzept der „Kultur" für zu unbestimmt und schlägt vor, zur Beurteilung der „Transferabilität" rechtlicher Regeln in Anlehnung an *Max Weber* innerhalb einer Gesellschaft zwischen vier verschiedenen Idealtypen von Gemeinschaft („communities") zu unterscheiden und danach, welchem dieser Bereiche das übertragene Recht besonders nahe steht[404].

Rodolfo Sacco wiederum hat die Einheit des Rechtssystems durch seine bereits beschriebene Theorie der Formanten dahingehend aufgelöst, dass es sich bei den einzelnen Rechtssystemen um dynamische Entitäten handele, die sich aus einer Vielzahl von das Recht bildenden und formenden Elementen, den „Formanten", zusammensetzten[405].

Auch wenn das Verhältnis von Recht und Gesellschaft demnach durchaus unterschiedlich aufgefasst wird, wird es doch immer zweckgerichtet, eben funktional interpretiert. Von Interesse für die funktionalistische Betrachtung sind die Funktionen des Rechts, die Lösungen, die dieses für die gesellschaftliche Realität bereitstellt[406].

Es kann im Wesentlichen zwischen drei verschiedenen Strömungen des Rechtsfunktionalismus differenziert werden[407]: Nach Ansicht der sogenannten Rechts-Reaktivisten reagiert das Recht auf Bedürfnisse und Veränderungen in der Gesellschaft und vollzieht diese nach[408]. Die Rechts-Aktivisten sehen im

---

403 Kahn-Freund, On Uses and Misuses of Comparative Law, in: 37 Modern Law Review 1974, S. 1 (6, 8, 12 f.). Zu Montesquieu siehe bereits oben unter D.I.2.a.

404 Vgl. Cotterrell, Is There a Logic of Legal Transplants?, in: Nelken/Feest (Hrsg.), Adapting Legal Cultures, S. 71 (80 ff.).

405 Siehe hierzu bereits oben unter C.II.4.a.bb.

406 Frankenberg, Autorität und Integration, S. 334; Michaels, The Functional Method of Comparative Law, in: Reimann/Zimmermann (Hrsg.), The Oxford Handbook of Comparative Law, S. 339 (342).

407 So Frankenberg, Autorität und Integration, S. 334, Fn 80; ähnlich auch Gessner, Law as an Instrument of Social Change, in: Smelser/Baltes (Hrsg.), International Encyclopedia of the Social and Behavioral Sciences, Bd. 12, S. 8492.

408 Siehe hierzu unten unter D.II.2.a.

Recht ein Instrument zur Herbeiführung gesellschaftlichen Wandels. Als Vertreter dieser instrumentalistischen Ausprägung des Funktionalismus sind vor allem die Theoretiker des Law and Development Movements zu nennen[409]. Die Interdependenz-Komparatisten schließlich kombinieren die aktiven und reaktiven Leistungen des Rechts. So unterscheidet etwa *John Henry Merryman* zwischen Rechtsreform als „following", bei der das Rechtssystem dem sozialen Wandel angepasst werde, und Rechtsreform als „leading", bei der die Gesellschaft durch das Recht verändert werden solle[410].

c. Funktionalistisches Transferverständnis

Die funktionalistischen Ansichten gehen grundsätzlich von einer Übertragbarkeit des Rechts aus[411]. Nach einer Grundannahme des Funktionalismus sehen sich die Rechtssysteme aller Gesellschaften prinzipiell mit den gleichen Fragen und Problemen konfrontiert. Die Zirkulation rechtlicher Regeln über Systemgrenzen hinweg ist danach gleichsam als Weitergabe rechtlicher Antworten auf diese universalen gesellschaftlichen Fragestellungen anzusehen[412]. Wie bereits bei der Darstellung der funktionalistischen Methode angeklungen, tendieren die Funktionalisten dabei zu einem evolutionistischen Verständnis

---

409 Siehe hierzu unten unter D.II.2.b.

410 Merryman, Comparative Law and Social Change: On the Origins, Style and Decline & Revival of the Law and Development Movement, in: 25 The American Journal of Comparative Law 1977, S. 457 (462). Vgl. auch Örücü, A Theoretical Framework for Transfrontier Mobility of Law, in: Jagtenberg/Örücü/de Roo (Hrsg.), Transfrontier Mobility of Law, S. 5 (7): „Da Recht sowohl ein Produkt als auch ein Produzent von Wandel ist, ist die Untersuchung der Migration von Rechtsdenken und rechtlichen Institutionen eng verbunden mit dem Verhältnis zwischen rechtlichem und sozialem Wandel". Differenziert auch Burg, Law and Development: A Review of the Literature & a Critique of „Scholars in Self-Estrangement", in: 25 The American Journal of Comparative Law 1977, S. 492 (516 f.).

411 Vgl. Riegner/Dann, „Recht und Entwicklung" als Gegenstand der Juristenausbildung: Konturen und Didaktik eines intra- und interdisziplinär vernetzten Studienfaches, in: 41 VRÜ 2008, S. 309 (319, Fn 39): „Von ‚legal transplants' spricht man bei Rechtsinstituten, die aus fremden Rechtsordnungen übernommen werden, um vergleichbare soziale Probleme zu lösen". Vgl. auch Sacco, Einführung in die Rechtsvergleichung, S. 134 f.; Schlesinger/Baade/Herzog/Wise, Comparative Law: cases, text, materials, S. 288; Ajani, Legal Borrowing and Reception as Transplants, in: Clark, Encyclopedia of law and society: American and global perspectives, S. 1508 (1508 f.).

412 Vgl. nur Zweigert/Kötz, Einführung in die Rechtsvergleichung, S. 14, 33, 45.

gesellschaftlicher und rechtlicher Entwicklung[413]. Während die Rechts-Reaktivisten fremde Rechtsordnungen daraufhin untersuchen, ob diese für die eigenen gesellschaftlichen Fragestellungen „bessere Rechtslösungen" bereitstellen, sehen die Aktivisten zumeist im eigenen Recht die fortschrittlichen Antworten, deren es zur rechtlichen und sozialen Entwicklung in anderen Ländern bedarf[414].

Schon im Rahmen der Beschreibung empirischer Transferprozesse wurde ausgeführt, dass der Schwerpunkt theoretischer Untersuchungen und praktischer Arbeiten nach dem funktionalistischen Verständnis in der „Anpassung" des fremden Rechts an den neuen Kontext liegt und auf der Problematik, wie die fremden Regeln dort am besten „funktionieren" und – entsprechend der ihnen zugeschriebenen Funktion – zur Anwendung gebracht werden können[415].

2. Reaktive und aktive Leistungen des Rechts

Wie bereits hervorgehoben, werden von den als funktionalistisch bezeichneten Ansätzen in unterschiedlichem Maße die reaktiven (a.) und aktiven (b.) Leistungen des Rechts in den Vordergrund gestellt.

a. Reaktive Leistungen des Rechts

Die Ansichten, die die reaktiven Leistungen des Rechts betonen, sehen rechtlichen Wandel als Folge gesellschaftlicher Veränderungen an (aa.). Die Tendenzen gesellschaftlicher Angleichung – Globalisierung, Europäisierung, Amerikanisierung – führen nach diesen Auffassungen damit auch zu einer fortschreitenden Konvergenz der Rechtssysteme. Die Konvergenz der Rechtssysteme wird dabei entweder als Folge der sozio-ökonomischen Evolution der Gesellschaften angesehen (bb.) oder als Resultat eines allgemeinen Strebens nach der effizientesten Rechtsregel auf dem globalen Markt des Rechts (cc.).

aa. Rechtswandel als Folge gesellschaftlichen Wandels

Nach Ansicht der Rechts-Reaktivisten folgt das Recht dem sozialen Wandel nach, es reagiert auf diesen[416]. Die Auffassungen der Rechts-Reaktivisten werden

---

413 Siehe hierzu bereits oben unter C.II.4.a.

414 Siehe ausführlich zu diesen Ansätzen unten unter D.II.2. Zur Umsetzung in der Praxis siehe bereits oben unter C.II.1.a. und b.

415 Vgl. nur Zweigert/Kötz, Einführung in die Rechtsvergleichung, S. 16. Siehe im Übrigen oben unter C.II.3.b.

416 Kahn-Freund, On Uses and Misuses of Comparative Law, in: 37 Modern Law Review 1974, S. 1 (2 ff.); Friedman, Law: Change and Evolution, in: Smelser/Baltes

daher häufig auch plakativ als „Spiegel-Theorien" bezeichnet und kritisiert[417]. Die Wendung, dass das Recht als „Spiegel der Gesellschaft" fungiere, wurde von *Lawrence Friedman* geprägt[418]. „Spiegel-Theorien" werden in unterschiedlicher Ausformung etwa durch die Volksgeistlehre *Savignys*[419], von *Montesquieu*, dem Marxismus oder zeitgenössischen rechtssoziologischen Ansätzen vertreten. Nach diesen Theorien ist das Recht wahlweise ein Spiegel seiner geographischen Umwelt, der Wirtschaft oder der Gesellschaft[420]. In aller Regel wollen die Vertreter dieser Theorien das Verhältnis von Recht und Gesellschaft allerdings nicht, wie von ihren Kritikern mitunter suggeriert, in der simplifizierten Form verstanden wissen, nach der das Recht als vollständig von der Gesellschaft abhängige Variable deren Veränderungen nur gleichsam mechanisch reflektiert[421]. Sie teilen vielmehr die Ansicht, dass sich rechtlicher Wandel nicht autonom, sondern aufgrund externer Einflüsse – bestimmter gesellschaftlicher Entwicklungen oder Ereignisse – vollzieht. Das Recht passt sich dem gesellschaftlichen Wandel und den sich entwickelnden gesellschaftlichen Bedürfnissen an. Unterschiede in den Theorien bestehen dahingehend, welche externen Faktoren für die rechtliche Entwicklung maßgeblich sind und in welchem Ausmaße diese das Recht beeinflussen[422].

(Hrsg.), International Encyclopedia of the Social and Behavioral Sciences, Bd. 12, S. 8503 (8505).

417 So insbesondere von Watson, der gegenüber diesen Theorien die Autonomie des Rechts von seinem gesellschaftlichen Kontext betont, siehe hierzu unten unter D.III.1.

418 Vgl. Friedman, A History of American Law, S. 12: „This book treats American law, then, not as a kingdom unto itself, not as a set of rules and concepts, not as a province of lawyers alone, but as a mirror of society".

419 Siehe hierzu bereits oben unter D.I.2.a.

420 Langer, From Legal Transplants to Legal Translations: The Globalization of Plea Bargaining and the Americanization Thesis in Criminal Procedure, in: 45 Harvard International Law Journal 2004, S. 1 (29, Fn 138); Ewald, Comparative Jurisprudence (II): The Logic of Legal Transplants, in: 43 The American Journal of Comparative Law 1995, S. 489 (492 f.).

421 Vgl. nur Friedmans Ausführungen in ders., Law: Change and Evolution, in: Smelser/Baltes (Hrsg.), International Encyclopedia of the Social and Behavioral Sciences, Bd. 12, S. 8503 (8505).

422 Friedman, Law: Change and Evolution, in: Smelser/Baltes (Hrsg.), International Encyclopedia of the Social and Behavioral Sciences, Bd. 12, S. 8503 (8505); Ewald, Comparative Jurisprudence (II): The Logic of Legal Transplants, in: 43 The American Journal of Comparative Law 1995, S. 489 (492 ff.); Gordon, Critical Legal Histories, in: 36 Stanford Law Review 1984, S. 57 (64).

Auch der Transfer von Recht ist – jedenfalls nach den aktuelleren Ansichten dieser Prägung – eine Folge des gesellschaftlichen Wandels. Die Entwicklungen und Veränderungen einer Gesellschaft wecken den Bedarf nach neuen rechtlichen Regelungen. Dieser wird auch durch den Rückgriff auf fremde Rechtsmuster – vorzugsweise aus Gesellschaften, die die in Rede stehenden Entwicklungen bereits durchlaufen haben – gedeckt[423].

bb. Konvergenz aufgrund sozio-ökonomischer Evolution

Da das Recht auf den gesellschaftlichen Wandel reagiert, führt die Angleichung ökonomischer, politischer und moralischer Standards im Zuge von Globalisierung, Europäisierung und Amerikanisierung nach Ansicht der Rechts-Reaktivisten dazu, dass sich auch die Rechtssysteme angleichen[424]. Dabei könne die Konvergenz der Rechtssysteme einerseits dadurch erfolgen, dass diese unabhängig voneinander auf die sich annähernden gesellschaftlichen Anforderungen ähnliche Rechtslösungen fänden und finden müssten[425]. Andererseits führe das gesellschaftliche Zusammenwachsen durch globale Kommunikation und Mobilität und den regen Austausch in allen gesellschaftlichen Bereichen auch zu einer verstärkten Vernetzung des rechtlichen Sektors und entsprechenden rechtlichen Anleihen[426].

Die gesellschaftlichen Annäherungstendenzen werden von den funktionalistischen Ansätzen dabei vielfach als historische Zwangsläufigkeiten konstruiert[427]. Hier findet sich der bereits beschriebene Gedanke einer fortschreitenden Evolution der gesellschaftlichen Systeme wieder[428]. So wurde etwa nach dem Zerfall

---

423 Markesinis, Rechtsvergleichung in Theorie und Praxis, S. 153; Zweigert/Kötz, Einführung in die Rechtsvergleichung, S. 14.

424 Markesinis, Rechtsvergleichung in Theorie und Praxis, S. 153; Peters/Schwenke, Comparative Law beyond Post-Modernism, in: 49 International and Comparative Law Quarterly 2000, S. 800 (810); Teubner, Rechtsirritationen: Der Transfer von Rechtsnormen in rechtssoziologischer Sicht, in: Brand/Stempel (Hrsg.), Soziologie des Rechts. Festschrift für Erhard Blankenburg zum 60. Geburtstag, S. 233 (234 f.).

425 Markesinis, French System Builders and English Problem Solvers: Missed and Emerging Opportunities for Convergence of French and English Law, in: 40 Texas International Law Journal 2005, S. 663 (688 f.); Merryman, On the Convergence (and Divergence) of the Civil Law and the Common Law, in: 17 Stanford Journal of International Law 1981, S. 357 (369) spricht hier von „natürlicher Konvergenz".

426 Markesinis, Rechtsvergleichung in Theorie und Praxis, S. 153.

427 Gordon, Critical Legal Histories, in: 36 Stanford Law Review 1984, S. 57 (70 f.).

428 Michaels, The Functional Method of Comparative Law, in: Reimann/Zimmermann (Hrsg.), The Oxford Handbook of Comparative Law, S. 339 (348); Gordon, Critical Legal Histories, in: 36 Stanford Law Review 1984, S. 57 (61 ff.).

des Kommunismus in den Staaten des Ostblocks der Wirtschaftsliberalismus westlicher Prägung als alleinig verbleibende gesellschaftliche Alternative dargestellt. Die Einführung der entsprechenden rechtlichen und gesellschaftlichen Mechanismen zur Umsetzung dieses Modells in den Staaten Mittel- und Osteuropas erschien damit ebenso als notwendige Folge des Laufes der Geschichte, wie die entsprechende Konvergenz dieser Rechts- und Gesellschaftssysteme mit ihren westlichen Vorbildern[429].

cc. Konvergenz aufgrund der Effizienz der Rechtsregel

Eine von der ökonomischen Rechtsanalyse geprägte Auffassung sieht hingegen die langfristige Konvergenz (zivil-)rechtlicher Regeln als Folge deren ökonomischer Effizienz an. Die Rezeption einer rechtlichen Regel sei das Endergebnis eines Wettbewerbs, bei dem jedes Rechtssystem seine Regelungen zur Lösung eines bestimmten rechtlichen Problems anbiete. Auf diesem „Markt der Rechtskulturen", auf dem sich Anbieter und Nachfrager der rechtlichen Lösungen träfen, werde schließlich die effizienteste Rechtsregel obsiegen[430]. In einer globalisierten Welt, in der der Rechtsunterworfene grundsätzlich die freie Wahl habe, unter welchem Rechtssystem er Verträge abschließe oder Niederlassungen und Kapital ansiedle, seien Gesetzgeber und Richter gehalten, diejenigen Rechtsregeln zu übernehmen, welche die geringsten Transaktionskosten mit sich brächten, um auf diese Weise ein Abwandern der Wirtschaft in andere Jurisdiktionen zu verhindern[431]. Der hierdurch erfolgende Angleichungsprozess des Rechts könne als „natürlich" und „evolutiv" beschrieben werden, da er nicht durch die autoritative Setzung einheitlicher Rechtsregeln, sondern durch eine rechtliche Annäherung durch die Rechtspraxis und die dem Recht Unterworfenen selbst herbeigeführt werde. Zudem erfolge eine Angleichung nur in den Fällen,

---

429 Mertus, Mapping Civil Society Transplants: A Preliminary Comparison of Eastern Europe and Latin America, in: 53 University of Miami Law Review 1999, S. 921 (923 f.).

430 Mattei, Efficiency in Legal Transplants: An Essay in Comparative Law and Economics, in: 14 International Review of Law and Economics 1994, S. 3 (8); ders., Comparative Law and Economics, S. 129 f.; Smits, A European Private Law as a Mixed Legal System, in: 5 Maastricht Journal of European and Comparative Law 1998, S. 328 (336); Smits, On Successful Legal Transplants in a Future *Ius Commune Europaeum*, in: Harding/Örücü (Hrsg.), Comparative Law in the 21st Century, S. 137 (141).

431 Mattei, Comparative Law and Economics, S. 130, 133; Garoupa/Ogus, A strategic Interpretation of Legal Transplants, in: 35 The Journal of Legal Studies 2006, S. 339 (340); Graziadei, Comparative Law as the Study of Transplants and Receptions, in: Reimann/Zimmermann (Hrsg.), The Oxford Handbook of Comparative Law, S. 441 (459).

in denen ein tatsächlicher Bedarf für das vereinheitlichte Recht bestehe[432]. Der „Markt der Rechtsregeln" unterliege jedoch gewissen Beschränkungen, etwa durch die tatsächliche oder vorgebliche Verbindung des Rechts oder Rechtsgebietes mit seinem nationalen Kontext oder aufgrund institutioneller Restriktionen des Rechtssystems[433].

b. Aktive Leistungen des Rechts: Instrumentalistisches Rechtsverständnis

Im Gegensatz zu den Ansichten, die die reaktive Leistung des Rechts in seinem Verhältnis zum gesellschaftlichen Kontext betonen, gehen die Ansätze der Rechts-Aktivisten von einer aktiven Steuerbarkeit gesellschaftlicher Entwicklung durch Recht aus. Der Rechtsfunktionalismus in dieser Ausprägung entspricht dem instrumentalistischen Rechtsverständnis, welches bereits dem „liberal legalism" des Law and Development Movements zugrunde lag[434] und welches auch aktuelle Reformvorhaben leitet[435]. Danach ist das Rechtssystem durch den staatlichen Machtapparat legitimiert und befähigt und begrenzt diesen seinerseits in seinen Befugnissen. Soziales Verhalten orientiert sich an diesen staatlichen Rechtsregeln und kann durch entsprechende Änderung dieser Regeln gestaltet werden[436]. Das Recht vollzieht damit nach dieser Ansicht gesellschaftlichen Wandel nicht lediglich nach, sondern wird als „Instrument" zur Herbeiführung fortschrittlicher wirtschaftlicher und sozialer Entwicklung angesehen[437].

---

432 Smits, A European Private Law as a Mixed Legal System, in: 5 Maastricht Journal of European and Comparative Law 1998, S. 328 (337 f.).

433 Smits, On Successful Legal Transplants in a Future *Ius Commune Europaeum*, in: Harding/Örücü (Hrsg.), Comparative Law in the 21st Century, S. 137 (145); Mattei, Comparative Law and Economics, S. 143.

434 Siehe hierzu bereits oben unter C.II.1.a.

435 Vgl. nur Taylor, The law reform Olympics: measuring the effects of law reform in transitional economies, in: Lindsey (Hrsg.), Law Reform in Developing and Transitional States, S. 83 (85).

436 Trubek/Galanter, Scholars in Self-Estrangement: Some Reflections on the Crisis in Law and Development Studies in the United States, in: 4 Wisconsin Law Review 1974, S. 1062 (1072).

437 Trubek/Santos, Introduction: The Third Moment in Law and Development Theory and the Emergence of a New Critical Practice, in: dies. (Hrsg.), The New Law and Economic Development: A Critical Appraisal, S. 1 (2); Trubek, Back to the Future: The Short, Happy Life of the Law and Society Movement, in: 18 Florida State University Law Review 1990, S. 1 (9); Merryman, Comparative Law and Social Change: On the Origins, Style and Decline & Revival of the Law and Development Movement, in: 25 The American Journal of Comparative Law 1977, S. 457 (462 f.).

Wie den Rechts-Reaktivisten ist auch den Auffassungen, die die Fähigkeit des Rechts zur aktiven Gestaltung gesellschaftlicher Entwicklung hervorheben, ein evolutionistisches Rechts- und Gesellschaftsverständnis eigen, nach dem alle Rechts- und Gesellschaftssysteme kontinuierlich auf vergleichbaren Pfaden fortschreiten[438]. End- und Zielpunkt dieser Entwicklung stellen die rechtlichen, ökonomischen und sozialen Strukturen der Vereinigten Staaten und Westeuropas dar[439]. Infolgedessen gehen die Reformer davon aus, dass das „moderne" Recht ihres heimischen Rechtssystems das Ziel ist, auf das sich alle anderen Rechtssysteme hinbewegen, so dass der Export dieses Rechtes in entwicklungsbedürftige Staaten nur den Versuch darstellt, „die Kräfte der Geschichte zu beschleunigen"[440]. Das Recht wird als gut und vernünftig, als allgemeingültig und von jeglichen individuellen Machtansprüchen unabhängig angesehen[441]. Ein solches Verständnis des Rechts als „autonome wissenschaftliche Praxis und universaler Problemlöser"[442] bedingt und legitimiert ein Reformkonzept „von oben nach unten" („top-down"), das gesellschaftlichen Wandel durch entsprechende Änderungen der förmlichen Rechtsregeln und durch Aus- und Weiterbildung der professionellen Rechtselite herbeiführen können soll[443].

Es bestehen bei den Rechts-Aktivisten Unterschiede dahingehend, wie einfach oder komplex das Verhältnis von Recht und Gesellschaft aufgefasst wird. In seiner

---

438 Michaels, The Functional Method of Comparative Law, in: Reimann/Zimmermann (Hrsg.), The Oxford Handbook of Comparative Law, S. 339 (348).

439 Trubek, The „Rule of Law" in Development Assistance: Past, Present, and Future, in: ders./Santos (Hrsg.), The New Law and Economic Development: A Critical Appraisal, S. 74 (80); Nelken, Towards a Sociology of Legal Adaptation, in: ders./Feest, Adapting Legal Cultures, S. 7 (22).

440 Trubek, The „Rule of Law" in Development Assistance: Past, Present, and Future, in: ders./Santos (Hrsg.), The New Law and Economic Development: A Critical Appraisal, S. 74 (80).

441 Trubek/Galanter, Scholars in Self-Estrangement: Some Reflections on the Crisis in Law and Development Studies in the United States, in: 4 Wisconsin Law Review 1974, S. 1062 (1073 f.); Trubek, Back to the Future: The Short, Happy Life of the Law and Society Movement, in: 18 Florida State University Law Review 1990, S. 1 (9); Rittich, Enchantments of Reason/Coercions of Law, in: 57 University of Miami Law Review 2003, S. 727 ff.

442 Kennedy, The methods and the politics, in: Legrand/Munday (Hrsg.), Comparative Legal Studies: Traditions and Transitions, S. 345 (359).

443 Trubek/Galanter, Scholars in Self-Estrangement: Some Reflections on the Crisis in Law and Development Studies in the United States, in: 4 Wisconsin Law Review 1974, S. 1062 (1079); Trubek, Law and Development, in: Smelser/Baltes (Hrsg.), International Encyclopedia of the Social and Behavioral Sciences, Bd. 12, S. 8445.

extremsten Ausprägung hält das instrumentalistische Rechtsverständnis bereits den Rechtstransfer im Sinne der Übertragung einer förmlichen Rechtsregel für ausreichend, um Gesellschaft und Ökonomie in die gewünschten Bahnen zu lenken. Diese Auffassung wird heute allerdings kaum noch offen vertreten (auch wenn sie als „Theorie" der Praxis weiterhin ihren festen Platz hat)[444]. Demgegenüber haben sich überwiegend Ansichten durchgesetzt, die ein gemäßigt instrumentalistisches Rechtsverständnis an den Tag legen. Dies kann dadurch zum Ausdruck kommen, dass ein irgendwie gearteter Anpassungsprozess des Rechts im neuen Kontext verlangt wird oder dass von vornherein rechtsvergleichend das „passende" Recht für den neuen Kontext gesucht wird[445]. Oder es werden Faktoren aufgezeigt, die einem Transfer förderlich sein oder diesem entgegenstehen können[446].

3. Stellungnahme und Kritik

Der Funktionalismus hat nicht nur als maßgebliche Theorie der Rechtsvergleichung sondern auch als theoretische Fundierung praktischer Reformprozesse oder zur Erklärung der Zusammenhänge zwischen rechtlicher und gesellschaftlicher Entwicklung viel Kritik erfahren[447]. Zahlreiche postmoderne Theorien zum Transfer von Recht stellen zugleich einen Kontrapunkt gegenüber dem einen oder anderen Aspekt funktionalistischer Rechtsbetrachtung dar. Daher soll an dieser Stelle zunächst eine allgemein gehaltene Kritik der funktionalistischen Positionen (a.) unter besonderer Berücksichtigung der Konvergenzthese (b.) erfolgen. In den darauffolgenden Kapiteln werden sodann einzelne dieser Kritikpunkte wieder aufgegriffen und ihre postmodernen Gegenentwürfe dargestellt[448].

a. Allgemeine Kritik an den Annahmen des Funktionalismus

Wie die funktionalistische Methode sieht sich auch der Funktionalismus als Transfertheorie sowohl in Form der „Spiegel-Theorien" als auch in Form des „Rechtsinstrumentalismus" dem Vorwurf ausgesetzt, reduktionistisch und

---

444 Vgl. zum Rechtstransfer als „Kopie" fremder Rechtsregeln bereits oben unter C.II.3.a.
445 Siehe hierzu bereits oben unter C.II.3.b. und C.II.4.a.
446 Siehe hierzu etwa die Ansätze von Montesquieu oder Kahn-Freund, oben unter D.I.2.a. und D.II.b.
447 Siehe zur Kritik am Funktionalismus als maßgeblicher Methode der Rechtsvergleichung bereits oben unter C.II.4.a.
448 Siehe hierzu unter D.III. und D.IV.

formalistisch, ethnozentrisch und legozentrisch zu sein[449]. Er geht von einem übermäßig vereinfachenden Verständnis des Verhältnisses von Recht und Gesellschaft sowie rechtlicher und gesellschaftlicher Entwicklung aus[450]. Seine legozentrische Sichtweise abstrahiert das Recht von seinem gesellschaftlichen Kontext und verobjektiviert es als neutrale Reaktion auf gesellschaftliche Veränderungen oder technisches Instrument zur Lösung gesellschaftlicher Problemstellungen[451].

Diese Konzeption des Rechts als autonom von seinem gesellschaftlichen Kontext beeinflusst zudem die wohlwollende Beurteilung der Verwendung fremder Rechtsregeln: durch die Separation von seinem Kontext kann das Recht „als solches" übertragen werden[452]. Trotz ihrer Betonung des „law in action" gehen die funktionalistischen Ansätze damit explizit oder implizit auch von einem formalistischen Rechtsverständnis aus[453]. Durch die funktionale Bezogenheit des Rechts auf den gesellschaftlichen Kontext sehen sie allerdings in der Regel eine „Anpassungsleistung" für erforderlich an, um das Recht und seinen neuen Kontext aufeinander abzustimmen[454]. Insbesondere im Zusammenhang mit dem rechtsinstrumentalistischen Transferverständnis, nach dem der gesellschaftliche Kontext an das neue Recht anzupassen ist, um einen andernorts bereits bestehenden Status quo (Rechtsstaatlichkeit, modernes Recht, etc.) auch im eigenen System zu etablieren, stellt sich damit die Frage nach den Möglichkeiten einer Steuerung sozialen Wandels durch Recht. Ob und auf welche Weise dem Recht Bedeutung für ökonomische, politische und soziale Sachverhalte zukommt, ist

---

449 Trubek, The „Rule of Law" in Development Assistance: Past, Present, and Future, in: ders./Santos (Hrsg.), The New Law and Economic Development: A Critical Appraisal, 74 (79 f.); Gardner, Legal Imperialism: American Lawyers and Foreign Aid in Latin America, S. 278. Siehe ausführlich zu diesen Vorwürfen gegenüber der funktionalistischen Methode oben unter C.II.4.a.cc.

450 Gordon, Critical Legal Histories, in: 36 Stanford Law Review 1984, S. 57 (101); Gardner, Legal Imperialism: American Lawyers and Foreign Aid in Latin America, S. 280; Trubek, Law and Development, in: Smelser/Baltes (Hrsg.), International Encyclopedia of the Social and Behavioral Sciences, Bd. 12, S. 8443 (8445).

451 Gardner, Legal Imperialism: American Lawyers and Foreign Aid in Latin America, S. 271; Kennedy, The methods and the politics, in: Legrand/Munday (Hrsg.), Comparative Legal Studies: Traditions and Transitions, S. 345 (359).

452 Kennedy, The methods and the politics, in: Legrand/Munday (Hrsg.), Comparative Legal Studies: Traditions and Transitions, S. 345 (427).

453 Gordon, Critical Legal Histories, in: 36 Stanford Law Review 1984, S. 57 (108); Legrand, The Impossibility of „Legal Transplants", in: 4 Maastricht Journal of European and Comparative Law 1997, S. 111.

454 Siehe hierzu bereits oben unter C.II.3.b.

jedoch keine originäre Problematik der Rechtsvergleichung, sondern stellt sich ebenfalls im eigenen Kontext und bei intern generierten Rechtsnormen[455]. Hier wie dort ist die Steuerungsfähigkeit des Rechts durchaus kritisch zu sehen. In aller Regel ist das Ergebnis der Einführung neuer Rechtsregeln „eine strahlende Sammlung beabsichtigter und unbeabsichtigter Folgen"[456]. Der Ansatz, sich die Erfahrungen anderer zunutze zu machen und damit eigene Lernprozesse abkürzen zu können, ist eine Folge der zu stark vereinfachten Sicht auf das Verhältnis von Recht und Gesellschaft, die über die Vielschichtigkeit des Rechts und kulturelle Differenzen hinweggeht, um Vergleichbarkeit – und damit Übertragbarkeit – zu erzielen. Aufgrund der Komplexität der Parameter Recht und Kultur lässt sich dieses Anliegen in der Praxis jedoch nur bedingt umsetzen[457]. Überdies lässt diese Gleichsetzung von rechtlichem und gesellschaftlichem Wandel die Interessen der am Transferprozess Beteiligten, die den Erfolg der Rechtsübertragung maßgeblich beeinflussen können, außer Acht. Diese können ganz unterschiedliche Vorstellungen davon haben, wie das fremde Recht in seinem neuen Kontext wirken soll. Der Erfolg eines Rechtstransfers kann damit nicht unbedingt mit einer möglichst großen Ähnlichkeit zu seinem „Original" gleichgesetzt werden[458].

Weiterhin erfolgt in diesem Zusammenhang keine Auseinandersetzung mit dem Bestehen pluraler normativer Ordnungen. Mit „Recht" ist das staatliche

---

455   Garth/Sarat, Studying How Law Matters: An Introduction, in: dies. (Hrsg.), How Does Law Matter?, S. 1; Knieper, Möglichkeiten und Grenzen der Verpflanzbarkeit von Recht, in: 72 RabelsZ 2008, S. 88 (105); Miller, A Typology of Legal Transplants, in: 51 The American Journal of Comparative Law 2003, S. 839 (846).

456   Nelken, The Meaning of Success in Transnational Legal Transfers, in: 19 Windsor Yearbook of Access to Justice 2001, S. 349 (351); ders., Towards a Sociology of Legal Adaptation, in: ders./Feest, Adapting Legal Cultures, S. 7 (37). Vgl. zum Problem der „unintended consequences" auch Osiatynski, Paradoxes of constitutional borrowing, in: 1 International Journal of Constitutional Law 2003, S. 244 (262 ff.).

457   Moore, Law and Social Change: The Semi-Autonomous Social Field as an Appropriate Subject of Study, in: 7 Law and Society Review 1972/73, S. 719; Gordon, Critical Legal Histories, in: 36 Stanford Law Review 1984, S. 57 (76).

458   Zum Einfluss dieser Interessen auf den Transferprozess vgl. Graziadei, Comparative Law as the Study of Transplants and Receptions, in: Reimann/Zimmermann (Hrsg.), The Oxford Handbook of Comparative Law, S. 441 (472). Cohn, Legal Transplant Chronicles: The Evolution of Unreasonableness and Proportionality Review of the Administration in the United Kingdom, in: 58 The American Journal of Comparative Law 2010, S. 583 (592); Nelken, The Meaning of Success in Transnational Legal Transfers, in: 19 Windsor Yearbook of Access to Justice 2001, S. 349 (352 f.). Vgl. zu den möglichen unterschiedlichen Interessen im Rahmen eines Transferprozesses bereits oben unter C.II.2.b.cc.

oder jedenfalls das staatlich legitimierte Recht inter- oder supranationaler Organisationen gemeint. Eine solche Sichtweise grenzt die komplexen Interaktionen zwischen den unterschiedlichen Erscheinungsweisen des Rechts und den Einfluss dieser pluralen Ordnungen und ihrer Akteure auf das „offizielle" Recht aus der Betrachtung aus[459].

Die funktionalistischen Ansätze verstehen den Transfer von Recht als einen Akt bewusster, autoritativer Rechtsetzung, der entweder einen bereits erfolgten gesellschaftlichen Wandel im neuen Kontext nachvollzieht oder diesen selbst herbeiführen soll. Dieses Verständnis lässt den ungeplanten Rechtstransfer als maßgeblichen Faktor rechtlichen und gesellschaftlichen Wandels außer Acht. Wie bereits dargestellt, können solche Veränderungen gerade auch außerhalb des Einflussbereichs des Staates und unabhängig von dessen Gewalt stattfinden[460]. Unberücksichtigt bleibt darüber hinaus, dass Massenbewegungen und lokale Machtkämpfe ebenso starke Motoren rechtlichen Wandels sein können[461].

Der Legozentrismus, der das Recht von seinem gesellschaftlichen Kontext abstrahiert und als neutrales Mittel zur Steuerung desselben stilisiert, löst das Recht aus seinen Bezügen zu bestehenden Machtstrukturen und berücksichtigt nicht, dass Recht und rechtliche Entwicklung jedenfalls auch Ausdruck und Ergebnis politischer und sozialer Machtkämpfe und Gruppenkonflikte sind[462].

Dass Recht ein politisches Produkt ist, wird außerdem durch das evolutionistische Rechtsverständnis der Funktionalisten verschleiert, welches einen Determinismus rechtlicher und gesellschaftlicher Entwicklung suggeriert, der in Wahrheit nicht besteht[463]. Diese evolutionistische Sicht sowie der Legozentrismus der funktionalistischen Theorien, der das Recht als rationale, wertfreie Technik

---

459 Gardner, Legal Imperialism: American Lawyers and Foreign Aid in Latin America, S. 278. Siehe hierzu oben unter C.I.2.b. und unten unter D.V.5.

460 Graziadei, Comparative Law as the Study of Transplants and Receptions, in: Reimann/Zimmermann (Hrsg.), The Oxford Handbook of Comparative Law, S. 441 (464); Gordon, Critical Legal Histories, in: 36 Stanford Law Review 1984, S. 57 (108); Moore, Law and Social Change: The Semi-Autonomous Social Field as an Appropriate Subject of Study, in: 7 Law and Society Review 1972/73, S. 719 (730). Siehe zum ungeplanten Rechtstransfer ausführlich auch oben unter C.III.

461 Gordon, Critical Legal Histories, in: 36 Stanford Law Review 1984, S. 57 (70).

462 Gordon, Critical Legal Histories, in: 36 Stanford Law Review 1984, S. 57 (101); Kennedy, The methods and the politics, in: Legrand/Munday (Hrsg.), Comparative Legal Studies: Traditions and Transitions, S. 345 (359); Gardner, Legal Imperialism: American Lawyers and Foreign Aid in Latin America, S. 271.

463 Gordon, Critical Legal Histories, in: 36 Stanford Law Review 1984, S. 57 (70 f.).

der Konfliktlösung idealisiert, verstellen zudem den Blick auf die Frage, ob etwas überhaupt und auf diese Weise rechtlich geregelt werden muss oder sollte[464].

b. Kritik an der Konvergenzthese

aa. Konvergenz aufgrund sozio-ökonomischer Evolution

Die These, dass gesellschaftliche Konvergenz zu rechtlicher Konvergenz führt, ist Folge eines eingeschränkten Blickwinkels auf das zu vergleichende Recht durch eine übermäßige Betonung von Gemeinsamkeiten und Nivellierung von Differenzen, wie er auch der funktionalistischen Methode eigen ist[465]. Diese Ansicht übersieht, dass Recht ambivalent und vielschichtig und damit immer „in gewisser Hinsicht gleich und in anderer Hinsicht unterschiedlich" [466] ist. Inwiefern Rechtssysteme als ähnlich oder unähnlich beschrieben und damit ihre Konvergenz oder Divergenz festgestellt werden, ist damit jedenfalls auch eine Frage der Definition und des Maßstabes und obliegt so der Beurteilung des Betrachters[467].

Gerade weite, interpretationsoffene Prinzipien und Konzepte wie „Liberalismus"[468], „Demokratie"[469] oder „Rule of Law"[470] können zudem dazu führen, dass sich unter einem vermeintlich gemeinsamen Deckmantel in Wahrheit völlig unterschiedliche rechtliche Umsetzungen finden. Statt zu einer tatsächlichen inhaltlichen Konvergenz führt die Übernahme der förmlichen Rechtsregeln in diesen Fällen lediglich zu einer „trügerischen Fassade"[471]. Aber auch konkreter

---

464 Vgl. Frankenberg, Autorität und Integration, S. 347 ff.; Rittich, Enchantments of Reason/Coercions of Law, in: 57 University of Miami Law Review 2003, S. 727 (737 f.), die für eine Aufhebung der von Reformprojekten suggerierten Verbindung von Recht und Vernunft zugunsten einer Anerkennung der Verknüpfung von Recht und Politik plädiert.

465 Siehe zu dieser Kritik an der funktionalistischen Methode bereits oben unter C.II.4.a.cc.

466 Reimann, The Progress and Failure of Comparative Law in the Second Half of the Twentieth Century, in: 50 The American Journal of Comparative Law 2002, S. 671 (690, 678).

467 Reimann, The Progress and Failure of Comparative Law in the Second Half of the Twentieth Century, in: 50 The American Journal of Comparative Law 2002, S. 671 (690, 678).

468 Mertus, Mapping Civil Society Transplants: A Preliminary Comparison of Eastern Europe and Latin America, in: 53 University of Miami Law Review 1999, S. 921 (925 ff.).

469 Günther/Randeria, Recht, Kultur und Gesellschaft im Prozeß der Globalisierung, S. 82 f.

470 Günther/Randeria, Recht, Kultur und Gesellschaft im Prozeß der Globalisierung, S. 82 f.

471 Graziadei, Comparative Law as the Study of Transplants and Receptions, in: Reimann/Zimmermann (Hrsg.), The Oxford Handbook of Comparative Law, S. 441 (459),

gefasste Rechtsanleihen führen nie zu genau gleichen Ergebnissen in unterschiedlichen Kontexten[472].

Die Hervorhebung von Gemeinsamkeiten und Konvergenzen im Recht und die damit einhergehenden Annahmen einer Globalisierung, Amerikanisierung oder Europäisierung erfolgen damit durchaus mit Kalkül: Sie lassen sich verstehen als Ausdruck des bereits angesprochenen[473] Rechtsimperialismus der westlichen Industrienationen und global agierenden Finanzinstitutionen[474]. Es ist jedoch mehr als fraglich, ob von der Globalisierung „wirklich die ganze Welt oder nur der kleinere, aber dominierende und expandierende Teil der wohlhabenden Länder des Nordens erfaßt wird"[475]. *Gunther Teubner* geht davon aus, dass die „Globalisierung selbst neue Differenzen" schafft und „zu einem (…) Ausschluß ganzer Segmente der Bevölkerung von den modernisierenden Effekten" führt[476] und *Angelika Nußberger* hält es mit Blick auf den globalen Standard „Rechtsstaatsmodell" in Russland für problematisch, „dass es die Ideologie der Globalisierung nicht zulässt, sich offen dazu zu bekennen, dass – angeblich – universelle Standards aufgrund bestimmter kultureller Gegebenheiten und Traditionen nicht passen"[477].

Günther/Randeria, Recht, Kultur und Gesellschaft im Prozeß der Globalisierung, S. 82 f. Vgl. auch Geertz, Local Knowledge: Fact and Law in Comparative Perspective, in: ders., Local Knowledge: Further Essays in Interpretive Anthropology, S. 167 (221) zu der Gefahr „to mistake convergence of vocabularies for convergence of views".

472 Siehe hierzu ausführlich unten unter D.III.2. und D.IV.1.

473 Siehe oben unter C.IV.

474 Peters/Schwenke, Comparative Law beyond Post-Modernism, in: 49 International and Comparative Law Quarterly 2000, S. 800 (809 f.); Frankenberg, Stranger than Paradise: Identity & Politics in Comparative Law, in: 2 Utah Law Review 1997, S. 259 (262). Ablehnend dagegen Knieper, Juristische Zusammenarbeit: Universalität und Kontext, S. 18 f., der von einem bereits bestehenden „Universalismus" bestimmter rechtlicher Grundprinzipien ausgeht und es für falsch hält, von „Rechtsimperialismus" zu sprechen.

475 So Günther, Rechtspluralismus und universaler Code der Legalität: Globalisierung als rechtstheoretisches Problem, in: Wingert/Günther (Hrsg.), Die Öffentlichkeit der Vernunft und die Vernunft der Öffentlichkeit. Festschrift für Jürgen Habermas, S. 539.

476 Teubner, Rechtsirritationen: Der Transfer von Rechtsnormen in rechtssoziologischer Sicht, in: Brand/Stempel (Hrsg.), Soziologie des Rechts. Festschrift für Erhard Blankenburg zum 60. Geburtstag, S. 233 (235); so auch Lowe, Foreword, in: Likosky (Hrsg.), Transnational Legal Processes.

477 Nußberger, Der „Russische Weg" – Widerstand gegen die Globalisierung des Rechts?, in: Schwarze (Hrsg.), Globalisierung und Entstaatlichung des Rechts, Teilband I, S. 71 (88). Sie übersieht dabei nicht, ebd., „dass die Abwehr gegenüber der Rezeption westeuropäischen juristischen Gedankenguts auch politisch bedingt ist".

bb. Konvergenz aufgrund der Effizienz der Rechtsregel

Schließlich ist auch der Erklärungswert der Theorie begrenzt, die eine Konvergenz der (Zivil-)Rechtssysteme aufgrund ihres Strebens nach ökonomischer Effizienz annimmt. Die Theorie ist von vornherein auf die Übernahme zivilrechtlicher Normen beschränkt und soll explizit nicht auf das Öffentliche Recht und dessen Institutionen anwendbar sein[478]. Aber auch für den Bereich des Zivilrechts kann diese Ansicht nicht überzeugen: Hauptkritikpunkt stellt die Grundvoraussetzung der Theorie dar, es existiere ein weitgehend ungehinderter, allein von der Bewegung hin zur effizientesten Regel („move toward efficiency") geleiteter Markt rechtlicher Regeln und Praktiken. Zwar erkennen die Vertreter dieser Auffassung, dass gewisse Beschränkungen des Marktes bestehen. Diesen wird aber nicht ausreichend Bedeutung beigemessen, um die Grundthese der Theorie zu erschüttern. Tatsächlich erfolgt die Bewegung des Rechts jedoch immer durch menschliches Handeln, das nicht ausschließlich von ökonomischen Interessen geleitet ist. Der Annahme eines solchen Idealbildes laufen daher die zahlreichen bereits identifizierten Interessen und praktischen Erwägungen zuwider, die bei der Übernahme fremden Rechts in der ein oder anderen Ausprägung zum Tragen kommen können. Zu berücksichtigen ist auch, dass menschliche Entscheidungen auch von Vorurteilen, Ungewissheiten und Irrationalitäten geprägt sein können[479]. Darüber hinaus können kulturelle Unterschiede zu unterschiedlichen Beurteilungen der Effizienz einer Regel führen[480]. Schließlich weist diese Ansicht noch extremer als der allgemeine Funktionalismus reduktionistische Tendenzen auf, da die ökonomische Effizienz nur eine mögliche Funktion rechtlicher Regeln darstellt[481].

III. Erklärungsansätze zur Möglichkeit rechtlichen Transfers

Ein Vorwurf an den Funktionalismus betrifft dessen simplifiziertes Verständnis des Verhältnisses von Recht und Gesellschaft[482]. Ausgangspunkt der folgenden Auseinandersetzung zwischen dem Rechtshistoriker *Alan Watson* und dem

---

478   Mattei, Comparative Law and Economics, Einleitung, S. x.

479   Graziadei, Comparative Law as the Study of Transplants and Receptions, in: Reimann/Zimmermann (Hrsg.), The Oxford Handbook of Comparative Law, S. 441 (459).

480   Miller, A Typology of Legal Transplants, in: 51 The American Journal of Comparative Law 2003, S. 839 (855).

481   Peters/Schwenke, Comparative Law beyond Post-Modernism, in: 49 International and Comparative Law Quarterly 2000, S. 800 (809).

482   Siehe hierzu soeben oben unter D.II.3.

Rechtsvergleicher *Pierre Legrand* ist die grundlegende Frage, ob der Transfer von Recht –hier nach dem von *Watson* geprägten Begriff „legal transplants"[483] genannt – überhaupt möglich sei. Während *Watson* dies eindeutig bejaht und den Transfer von Recht für die Hauptursache rechtlicher Entwicklung hält (1.), vertritt *Legrand* die konträre Ansicht und verneint die Möglichkeit von legal transplants (2.). Dieser „methodologische Extremismus"[484] *Watsons* und *Legrands* ist nicht der möglichst klaren methodischen Positionierung um ihrer selbst willen geschuldet, sondern jedenfalls auch als Reaktion und Kritik auf die vereinfachenden Annahmen der funktionalistischen Rechtsvergleichung zu verstehen[485]. *Watson* und *Legrand* nähern sich jeweils auf eigene Weise dem Verhältnis von Recht und Gesellschaft und kritisieren mit ihren extremen Positionen aus gegensätzlichen Richtungen die funktionalistischen Ansätze. Ihr Streit wurde in der Literatur vielfach wieder aufgegriffen, um – sozusagen als Einstieg in die Diskussion um rechtlichen Transfer – zwei möglichst gegensätzliche Positionen zu Wort kommen zu lassen[486].

---

483 Alan Watson gilt gemeinhin als Schöpfer des Begriffs der „Legal Transplants", Kocourek spricht allerdings schon 1936 vom Byzantinischen Recht als „transplanted system of law", siehe ders., Factors in the Reception of Law, in: 10 Tulane Law Review 1936, S. 209 (211). Jedenfalls hat aber Watson der Metapher der „Legal Transplants" erst mit seiner kontroversen Abhandlung gleichen Namens (1974) zu ihrer besonderen Popularität verholfen.

484 Kennedy, The methods and the politics, in: Legrand/Munday (Hrsg.), Comparative Legal Studies: Traditions and Transitions, S. 345 (406).

485 Teubner, Rechtsirritationen: Der Transfer von Rechtsnormen in rechtssoziologischer Sicht, in: Brand/Stempel (Hrsg.), Soziologie des Rechts. Festschrift für Erhard Blankenburg zum 60. Geburtstag, S. 233 (236); Nelken, Comparatists and Transferability, in: Legrand/Munday (Hrsg.), Comparative Legal Studies: Traditions and Transitions, S. 437 (440, Fn 11); Choudhry, Migration as a new metaphor in comparative constitutional law, in: ders. (Hrsg.), The Migration of Constitutional Ideas, S. 1 (17 f.).

486 Vgl. etwa Nelken, Comparatists and transferability, in: Legrand/Munday (Hrsg.), Comparative Legal Studies: Traditions and Transitions, S. 437 (440 ff.); Teubner, Rechtsirritationen: Der Transfer von Rechtsnormen in rechtssoziologischer Sicht, in: Brand/Stempel (Hrsg.), Soziologie des Rechts. Festschrift für Erhard Blankenburg zum 60. Geburtstag, S. 233 (236 ff.); Choudhry, Migration as a new metaphor in comparative constitutional law, in: ders. (Hrsg.), The Migration of Constitutional Ideas, S. 1 (17 f.); Markovits, Exporting Law Reform – But will it travel?, in: 37 Cornell International Law Journal 2004, S. 95 f.; Örücü, Law as Transposition, in: 51 International and Comparative Law Quarterly 2002, S. 205 (206); Smits, On Successful Legal Transplants in a Future *Ius Commune Europaeum*, in: Harding/Örücü (Hrsg.), Comparative Law in the 21st Century, S. 137 (143 f.); du Plessis, Comparative Law

1. Watsons neo-formalistisches Rechts- und Transferverständnis

Mit dem Begriff „legal transplants" bezeichnet *Watson* in seiner ebenso benannten Abhandlung die Bewegung einer Rechtsregel oder eines Rechtssystems eines Staates oder Volkes zu einem anderen Staat oder Volk[487]. In späteren Werken konkretisiert er diese Bestimmung dahingehend, dass als Gegenstand eines Rechtstransplantates nicht nur die positive Rechtsregel in Betracht komme, sondern auch Rechtsprinzipien, -institutionen oder rechtliche Strukturen[488]. Auch wenn er sich nicht auf den Transfer geschriebenen Rechts beschränkt, macht *Watson* deutlich, dass es ihm um die Übertragung von Rechtsregeln (in dem genannten, weit gefassten Sinne) als etwas „Greifbarem", nicht aber um die Übertragung des „Geistes" eines Rechtssystems, also eines etwaig hinter diesen Regeln stehenden Sinnes geht[489]. Der Geist der Gesetze schlage sich eher in der weiteren Entwicklung der Regeln als Ergebnis wissenschaftlicher oder gerichtlicher Interpretation und den daraus folgenden Unterschieden nieder. Diese Entwicklung sei jedoch nicht Gegenstand seiner Untersuchungen. Für ihn sei allein von Interesse, ob eine bestimmte Rechtsnorm ohne Änderung ihrer Formulierung bewegt werden könne[490].

---

and the Study of Mixed Legal Systems, in: Reimann/Zimmermann (Hrsg.), The Oxford Handbook of Comparative Law, S. 477 (487 ff.); Riles/Uchida, Reforming Knowledge? A Socio-Legal Critique of the Legal Education Reforms in Japan, in: 1 Drexel Law Review 2009, S. 3 (20, Fn 62, 63).

487 Watson, Legal Transplants: An Approach to Comparative Law, S. 21.

488 Watson, Legal Transplants and European Private Law, in: 4 The Electronic Journal of Comparative Law 2000, www.ejcl.org/44/art44-2.html, S. 1 (3). Zudem greift Watson für seine Beispiele nicht allein auf nationale Regelungen zurück, sondern bezieht etwa auch die Umsetzung internationaler Übereinkommen in sein Verständnis rechtlicher Transplantate mit ein, vgl. ebd., S. 7 zur Umsetzung des UN-Kaufrechts-Übereinkommens als „enormous example" eines Rechtstransplantates. Anders sieht dies allerdings Mistelis, Regulatory Aspects: Globalization, Harmonization, Legal Transplants and Law Reform – Some Fundamental Observations, in: 34 The International Lawyer 2000, S. 1055 (1067), der behauptet, es bestehe Einigkeit darüber, dass sich der Terminus „Rechtstransplantat" allein auf die Bewegung rechtlicher Regeln zwischen Staaten beziehe.

489 Watson spielt hier auf von Savignys Konzept des „Volksgeistes" an, vgl. Watson, Legal Transplants: An Approach to Comparative Law, S. 20 f.; ders., Legal Transplants and European Private Law, in: 4 The Electronic Journal of Comparative Law 2000, www.ejcl.org/44/art44-2.html, S. 1 (3).

490 Watson, Legal Transplants: An Approach to Comparative Law, S. 20 f., 97.

Der so verstandene Transfer von Recht, die Übertragung der formalen, gleichsam vergegenständlichten Rechtsregeln, ist nach *Watson* die Hauptursache rechtlicher Entwicklung und auch mit Blick auf den gesellschaftlichen Kontext unproblematisch möglich[491]. Dies erklärt er damit, dass zwischen den rechtlichen Regeln, Institutionen und Strukturen einer Gesellschaft und dieser Gesellschaft und ihren Bedürfnissen – entgegen der Annahme der sogenannten „Spiegel-Theorien" – keine besondere Beziehung bestehe. Im Gegenteil sei das Recht im Verhältnis zu seinem gesellschaftlichen Kontext weitgehend autonom[492]. Die „Spiegel-Theorien" ließen unbeachtet, dass das Recht in einem erheblichen Umfang nicht den Bedürfnissen der Gesellschaft oder auch nur einzelner gesellschaftlicher Gruppen entspreche[493]. Rechtlicher Wandel sei keine Folge gesellschaftlichen Wandels[494].

So ließen sich erfolgreiche Rechtsanleihen auch dann durchführen, wenn über den ursprünglichen politischen, sozialen und ökonomischen Kontext des fremden Rechts überhaupt nichts bekannt sei[495]. Zudem könne fremdes Recht auch einflussreich sein, wenn es komplett falsch verstanden werde[496]. Weiterhin könne eine Norm, die mit ihrem Kontext eng verwoben sei, durchaus erfolgreich in ein Land mit völlig anderen Traditionen transplantiert werden[497]. Bereits durch die Übernahme der förmlichen Rechtsregeln könne dabei eine Angleichung der Rechtssysteme erfolgen[498]. Zwar könnten sich mit der Zeit Änderungen der übertragenen Regeln ergeben, diese seien aber in der Regel von geringer Bedeutung[499].

Schließlich richtet *Watson* sich ebenfalls gegen ein evolutionistisches Verständnis rechtlicher Entwicklung. Eine solche Theorie, die von einem

---

491   Watson, Legal Transplants: An Approach to Comparative Law, S. 95.

492   Watson, Comparative Law and Legal Change, in: 37 The Cambridge Law Journal 1978, S. 313 (314 f.); ders., Legal Transplants: An Approach to Comparative Law, S. 96; ders., Legal Transplants and Law Reform, in: 92 The Law Quarterly Review 1976, S. 79 (81).

493   Watson, The Nature of Law, S. 86 f.

494   Watson, The Nature of Law, S. 95; ders., Comparative Law and Legal Change, in: 37 The Cambridge Law Journal 1978, S. 313 (315)

495   Watson, Legal Transplants and Law Reform, in: 92 The Law Quarterly Review 1976, S. 79.

496   Watson, Legal Transplants: An Approach to Comparative Law, S. 99.

497   Vgl. Watson, Legal Transplants and Law Reform, in: 92 The Law Quarterly Review 1976, S. 79 (82).

498   Watson, Legal Transplants and European Private Law, in: 4 The Electronic Journal of Comparative Law 2000, www.ejcl.org/44/art44-2.html, S. 1 (2, 5, 10).

499   Watson, Comparative Law and Legal Change, in: 37 The Cambridge Law Journal 1978, S. 313.

universellen, alle Gesellschaften betreffenden Muster rechtlicher Entwicklung ausgehe, könne nur Resultat einer beschränkten Sichtweise sein, die die bestehende Faktenlage nach ihrem Wunschdenken beuge[500].

2. Legrands Kontextualismus

Während *Watson* die funktionale Bezüglichkeit zwischen Recht und gesellschaftlichem Kontext in Frage stellt, löst *Pierre Legrand* die Dichotomie von Recht und Gesellschaft auf. Denn nach *Legrand* bezieht das Recht seine Bedeutung und damit seine Identität und empirische Existenz in entscheidendem Maße durch seinen kulturellen Kontext[501].

Legrand hält *Watson* einen kulturell aufgeladenen Rechtsbegriff entgegen. Die Bedeutung einer Regel erschöpfe sich nicht in ihrer Formulierung. In zwei unterschiedlichen Kulturen könne auch die exakt gleiche Formulierung einer Norm nicht das gleiche Verständnis derselben hervorbringen[502]. Die rechtliche Regel erhalte ihre Bedeutung, die den entscheidenden Teil ihrer „Regelhaftigkeit" ausmache, vielmehr maßgeblich durch ihre Aktualisierung durch ihren Interpreten und dessen „kulturelles Profil". Dieses Profil, das „Vorverständnis"[503] des Interpreten, bilde sich durch dessen kulturelle Sozialisation und dessen – bewussten und unbewussten – Austausch mit der interpretativen Gemeinschaft heraus[504]. Umgekehrt konstituiere dieser Austausch innerhalb der interpretativen Gemeinschaft die kulturelle Identität derselben[505]. Die Interpretation des Rechts sei folglich das Ergebnis der spezifischen kulturellen Gegebenheiten, politischen und

---

500 Watson, Legal Transplants: An Approach to Comparative Law, S. 12 f. Watson wendet sich hier insbesondere gegen die Ansichten Maines.

501 Legrand, The Impossibility of „Legal Transplants", in: 4 Maastricht Journal of European and Comparative Law 1997, S. 111 (116); ders., On the Singularity of Law, in: 47 Harvard International Law Journal 2006, S. 517 (524). Vgl. auch ders., The Return of the Repressed: Moving Comparative Legal Studies Beyond Pleasure, 75 Tulane Law Review 2001, S. 1033 (1047): „(…) the legal is also cultural (…)".

502 Legrand, The Return of the Repressed: Moving Comparative Legal Studies Beyond Pleasure, 75 Tulane Law Review 2001, S. 1033 (1037); ders., The Impossibility of „Legal Transplants", in: 4 Maastricht Journal of European and Comparative Law 1997, S. 111 (117): Dieser Umstand werde noch durch die Verwendung einer unterschiedlichen Sprache verschärft.

503 Siehe zu diesem Begriff bereits oben unter B.III.4.a.

504 Legrand, The Impossibility of „Legal Transplants", in: 4 Maastricht Journal of European and Comparative Law 1997, S. 111 (114 f.).

505 Legrand, The Impossibility of „Legal Transplants", in: 4 Maastricht Journal of European and Comparative Law 1997, S. 111 (115).

sozialen Machtformationen und historischen Hintergründe, die den Kontext der Regel bildeten. Ohne die Einbeziehung dieser – lokalen – Diskurskonstellationen werde jeder Rechtstext seiner Bedeutung beraubt[506].

Da der kulturelle Kontext jedoch derart mit dem Recht verwoben sei, lasse sich dieses nicht übertragen, ohne seine Bedeutung, den entscheidenden Teil seiner Regelhaftigkeit, zu verlieren[507]. Die kulturellen Besonderheiten beschränkten ihrerseits die epistemologische Empfänglichkeit für die Aufnahme eines außerhalb der eigenen Rechtskultur entstandenen (Rechts-)Textes[508]. Das fremde Recht werde damit von seinem neuen Kontext mit einer neuen, wiederum kulturspezifischen Bedeutung versehen, die nicht mit der ursprünglichen identisch sei[509]. Aus diesem Grunde seien legal transplants unmöglich[510].

3. Stellungnahme und Kritik

Die konträren Positionen *Watsons* und *Legrands* resultieren vor allem aus den unterschiedlichen Konzeptionen von Recht als Objekt grenzüberschreitenden Transfers, die den Denkgebäuden dieser beiden Autoren zugrunde liegen. *Watson* räumt selbst ein, dass *Legrand* und er in weiten Teilen aneinander vorbei reden: die beiden Autoren verwenden den maßgeblichen Begriff des „legal transplants" mit völlig unterschiedlicher Konnotation[511].

Watson betrachtet den Transfer von Recht historisch-formalisierend. Durch die historische Perspektive werden naturgemäß Feinheiten und Schwierigkeiten des Transferprozesses verwischt[512]. Mehr noch bedingt jedoch der formalistische

---

506 Legrand, On the Singularity of Law, in: 47 Harvard International Law Journal 2006, S. 517 (524 f.); ders., The Return of the Repressed: Moving Comparative Legal Studies Beyond Pleasure, 75 Tulane Law Review 2001, S. 1033 (1039).

507 Legrand, The Impossibility of „Legal Transplants", in: 4 Maastricht Journal of European and Comparative Law 1997, S. 111 (117); ders., The Return of the Repressed: Moving Comparative Legal Studies Beyond Pleasure, 75 Tulane Law Review 2001, S. 1033 (1038).

508 Legrand, The Return of the Repressed: Moving Comparative Legal Studies Beyond Pleasure, 75 Tulane Law Review 2001, S. 1033 (1039).

509 Legrand, The Impossibility of „Legal Transplants", in: 4 Maastricht Journal of European and Comparative Law 1997, S. 111 (117).

510 Legrand, The Impossibility of „Legal Transplants", in: 4 Maastricht Journal of European and Comparative Law 1997, S. 111 (114).

511 Watson, Legal Transplants and European Private Law, in: 4 The Electronic Journal of Comparative Law 2000, www.ejcl.org/44/art44-2.html, S. 1 (9 f.).

512 Vgl. zu diesem Vorwurf Stein, Uses, Misuses – and Nonuses of Comparative Law, in: 72 Northwestern University Law Review 1977, S. 198 (204).

Rechtsbegriff, den *Watson* verwendet, die „soziale Einfachheit" des Rechtstransfers[513]. *Watson* interessiert, ganz in der Tradition des Formalismus[514], allein die Übertragung der positiven Rechtsregeln. Aufgrund der von ihm angenommenen, weitgehenden Unabhängigkeit von rechtlicher und gesellschaftlicher Entwicklung stellen diese legal transplants für ihn die Hauptursache rechtlichen Wandels dar[515]. Bereits durch diese erfolge eine Angleichung der Rechtssysteme. Die weiteren, nach seiner Ansicht regelmäßig geringeren Veränderungen des Rechts in seinem neuen Kontext spielen für ihn dagegen mit Blick auf die Entwicklung des Rechts im weiteren Sinne keine besondere Rolle[516].

Watson geht hier von der gleichen Prämisse aus wie der Funktionalismus, den er kritisiert, stellt diese Annahme jedoch auf den Kopf: auch *Watson* sieht die Aufgabe des Rechts grundsätzlich darin, auf die gesellschaftlichen Bedürfnisse zu reagieren[517]. Da das Recht diesen Anforderungen jedoch in aller Regel nicht entspreche, schließt er daraus auf die weitgehende Autonomie des Rechts von seinem gesellschaftlichen Kontext und macht damit jede weitere Untersuchung zum Verhältnis von Recht und Gesellschaft obsolet[518].

Nach *Legrands* Auffassung soll ein legal transplant nur dann vorliegen, wenn die rechtliche Regel mitsamt ihrer vollständigen, kontextabhängigen Bedeutung übertragen wird. Diese Auffassung resultiert aus einer Festlegung des Rechtsbegriffs auf eine ausschließlich kulturell bedingte, mit ihrem gesamtgesellschaftlichen, nationalen Kontext untrennbar verwobene und nur in diesem zu verstehende Größe. Ein Transfer von Recht in diesem Sinne ist in der Tat unmöglich, da das Recht durch die Übertragung in den neuen Kontext seine Bedeutung ändert[519]. Die Feststellung, dass eine rechtliche Regel in zwei

---

513   Auch wenn Watson versucht, seinen Blick über die positiven Rechtsregeln hinaus auszuweiten, ist seine Konzeption des Rechts als etwas „Greifbarem" doch eindeutig formalistisch. Ähnlich auch Abel, Law as Lag: Inertia as a Social Theory of Law, in: 80 Michigan Law Review 1982, S. 785 (786).

514   Siehe hierzu oben unter D.I.1.

515   Watson, Legal Transplants: An Approach to Comparative Law, S. 95.

516   Auch dies entspricht einer der wesentlichen Grundannahmen des Formalismus, vgl. Michaels, „One size can fit all" – some heretical thoughts on the mass production of legal transplants, in: Frankenberg (Hrsg.), Order From Transfer: Comparative Constitutional Design and Legal Culture, S. 56 (63).

517   Abel, Law as Lag: Inertia as a Social Theory of Law, in: 80 Michigan Law Review 1982, S. 785 (795).

518   Abel, Law as Lag: Inertia as a Social Theory of Law, in: 80 Michigan Law Review 1982, S. 785 (793).

519   Siehe hierzu bereits unter C.II.3.b., Fn. 243 und zugehöriger Text.

verschiedenen Kontexten nicht die gleiche Bedeutung haben und nicht die genau gleichen Folgen zeitigen kann, ist jedoch, wie *David Nelken* zutreffend hervorhebt, zwar „nicht bestreitbar, zugleich aber auch wenig hilfreich"[520]. Denn in der Praxis findet jedenfalls ein lebhafter Gebrauch fremder Rechtsmuster statt und bedarf einer Erklärung[521]. Hielte man mit *Legrand* einen Transfer von Recht grundsätzlich für unmöglich, wären Projekte internationaler Rechtsberatung oder europäischer Rechtsvereinheitlichung von vornherein als nicht realisierbar abzulehnen, ohne einen Weg offenzulassen, sich mit der Praxis und dem praktischen Nutzen rechtlichen Transfers in solchen Zusammenhängen überhaupt – wenn auch kritisch – auseinanderzusetzen[522].

Legrands extremer Standpunkt ist daher vor dem Hintergrund seiner Kritik am Funktionalismus zu sehen, insbesondere seiner Kritik an der – auch von *Watson* vertretenen – Annahme, der Transfer von Recht führe zu einer Angleichung der Rechtssysteme[523]. Diese Auffassung will *Legrand* mit seiner These der Unmöglichkeit von legal transplants abgelehnt wissen, ohne damit den Transfer von Recht generell zu verneinen. So differenziert er in einer seiner Reaktion auf *Watson* nachfolgenden Publikation durchaus zwischen der Übernahme einer Rechtsidee einerseits und der Vereinheitlichung des Rechts andererseits. Dort führt er aus, dass es ein Allgemeinplatz sei, dass sich (Rechts-)Ideen verbreiten würden, etwa wenn ein reformorientierter Richter aus Gründen der Ökonomie eine bereits anderweitig bestehende Rechtsidee übernehme und für seine Zwecke anpasse („adopt and adapt")[524]. Dieser Vorgang führe jedoch nicht zu einer

---

520 Nelken, Comparatists and Transferability, in: Legrand/Munday (Hrsg.), Comparative Legal Studies: Traditions and Transitions, S. 437 (442).
521 Whitman, The neo-Romantic turn, in: Legrand/Munday (Hrsg.), Comparative Legal Studies: Traditions and Transitions, S. 312 (342); Teubner, Rechtsirritationen: Der Transfer von Rechtsnormen in rechtssoziologischer Sicht, in: Brand/Stempel (Hrsg.), Soziologie des Rechts. Festschrift für Erhard Blankenburg zum 60. Geburtstag, S. 233 (237); Nelken, Comparatists and Transferability, in: Legrand/Munday (Hrsg.), Comparative Legal Studies: Traditions and Transitions, S. 437 (442).
522 Ähnlich Knieper, Möglichkeiten und Grenzen der Verpflanzbarkeit von Recht, in: 72 RabelsZ 2008, S. 88 (101).
523 Vgl. Legrand, The Return of the Repressed: Moving Comparative Legal Studies Beyond Pleasure, 75 Tulane Law Review 2001, S. 1033 (1035); ders., On the Singularity of Law, in: 47 Harvard International Law Journal 2006, S. 517 ff.
524 Legrand, The Return of the Repressed: Moving Comparative Legal Studies Beyond Pleasure, 75 Tulane Law Review 2001, S. 1033 (1044).

Vereinheitlichung des Rechts, sondern viel eher dazu, Differenzen zwischen den Rechtskulturen aufzuzeigen[525].

Legrand spricht folglich nicht ab, dass zwischen den Rechtssystemen ein Austausch stattfindet und dass dieser Austausch rechtlichen Wandel herbeiführen kann. Dieser Wandel führe aber eben nicht zu Konvergenz, sondern durch die Einverleibung des fremden Rechts in die andere Kultur aufgrund der konstruktiven Erkenntnisprozesse ihrer Mitglieder zu spezifischen lokalen Mutationen, die sich einer Vereinheitlichung versperrten[526]. Um die im praktischen Teil dieser Arbeit gemachten Differenzierungen wieder aufzugreifen: *Legrand* ist sich der allgegenwärtigen Diffusion von Recht bewusst. Er bestreitet jedoch die Sinnhaftigkeit geplanten Transfers, da die angestrebte Konvergenz der Rechtssysteme nicht realisierbar sei.

Zusammenfassend ist festzuhalten, dass gegenüber den extremen Positionen *Watsons* und *Legrands* eine differenzierte Sichtweise vorzugswürdig scheint, die einerseits nicht lediglich, wie *Watson*, die Einfachheit des – förmlichen – Rechtstransfers feststellt und damit den eigentlich interessanten und für die Praxis wichtigen Aspekt der weiteren Entwicklung und der Anpassungsprozesse von Recht und Gesellschaft außer Acht lässt. Die andererseits aber auch nicht, wie *Legrand*, die Möglichkeit geplanten Rechtstransfers aufgrund einer Verschmelzung von Recht und nationaler (Rechts-)Kultur generell für ausgeschlossen hält, sondern sich mit den Feinheiten des Transfervorgangs auseinandersetzt und Raum für die jeweiligen Besonderheiten eines Transferprozesses lässt.

IV. Analyse des Übertragungsvorgangs

1. „IKEA-Theorie" und Kommodifizierung des Rechts

Günter Frankenberg hat, in Anlehnung an *Edward Saids* „travelling theory", den Vorgang der Rechtsübertragung anhand des Transfers von Verfassungsrecht einer genaueren Betrachtung unterzogen. Er differenziert in Anlehnung an *Saids* Theorie vier Schritte, in denen das Recht als Gegenstand des Transfers zunächst „dekontextualisiert" und in das „globale Reservoir" der verfassungsrechtlichen Regeln aufgenommen und von dort in seinen neuen Kontext übernommen

---

525 Legrand, The Return of the Repressed: Moving Comparative Legal Studies Beyond Pleasure, 75 Tulane Law Review 2001, S. 1033 (1045).

526 Legrand, The Return of the Repressed: Moving Comparative Legal Studies Beyond Pleasure, 75 Tulane Law Review 2001, S. 1033 (1042).

wird[527]. Eine Beschränkung des übertragbaren Rechtsmaterials nimmt *Frankenberg* dabei nicht vor: Das „IKEA center" des Verfassungsrechts, wie er das globale Reservoir der Verfassungsnormen auch nennt, enthalte „Ideen und Institutionen, Normen und Doktrinen, Argumente und Ideologien", zur Verfügung stünden „fertige Produkte" ebenso wie „inspirierende Ideen"[528].

In einem ersten Schritt müsse der – möglicherweise fiktive – Ursprung des Rechts identifiziert werden. Es wurde bereits festgestellt, dass Recht eine „Transfer-Vergangenheit" aufweisen kann[529]. In diesen Fällen gelte es zu berücksichtigen, dass der aktuelle Ausgangspunkt nur vermeintlich der tatsächliche Ursprungsort sei[530].

In einem zweiten Schritt werde das Recht „dekontextualisiert". Das Recht werde zunächst zum „Handelsgut" („marketable commodity") vergegenständlicht, dann formalisiert, also von sämtlicher kontextbezogener Bedeutung gereinigt und schließlich idealisiert und damit nach Bedarf mit (neuer) Bedeutung und Funktionsweise ausgestattet[531].

Nur wenn sich das Recht als einer Idealisierung zugänglich erweise, könne es – dies sei der dritte Schritt – als „kontext-neutrales Konzept" und „Handelsgut" in das globale „Warenhaus" der Verfassungsnormen aufgenommen werden[532]. Verfassungsbestandteilen, die zu eng mit ihrem Kontext verwoben, zu stark Ausdruck lokaler Besonderheiten seien, sei der Weg in das globale Verfassungsreservoir hingegen versperrt[533].

---

527 Erste Ansätze der „IKEA-Theorie" finden sich in Frankenberg, Autorität und Integration, S. 124 ff. Ausführlich zu dieser Theorie ders., Constitutional transfer: The IKEA theory revisited, in: 8 International Journal of Constitutional Law 2010, S. 563 (570 ff.). Vgl. zu einem ähnlichen Ansatz hinsichtlich der Zirkulation allgemeiner intellektueller Texte auch Bourdieu, The Social Conditions of the International Circulation of Ideas, in: Shusterman (Hrsg.), Bourdieu: A Critical Reader, S. 220 ff., der zwischen der Interpretation im „field of production" und der im „field of reception" unterscheidet.

528 Frankenberg, Constitutional transfer: The IKEA theory revisited, in: 8 International Journal of Constitutional Law 2010, S. 563 (572).

529 Siehe hierzu bereits oben unter C.I.3.a.

530 Frankenberg, Constitutional transfer: The IKEA theory revisited, in: 8 International Journal of Constitutional Law 2010, S. 563 (570 f.).

531 Frankenberg, Constitutional transfer: The IKEA theory revisited, in: 8 International Journal of Constitutional Law 2010, S. 563 (571).

532 Frankenberg, Constitutional transfer: The IKEA theory revisited, in: 8 International Journal of Constitutional Law 2010, S. 563 (571 f.).

533 Frankenberg, Constitutional transfer: The IKEA theory revisited, in: 8 International Journal of Constitutional Law 2010, S. 563 (572 ff.). Frankenberg, ebd., nennt diese

Der vierte Schritt umfasse schließlich die Entnahme des Verfassungsbausteins aus dem globalen Reservoir und seine Rekontextualisierung innerhalb der aufnehmenden Ordnung. Dies bedeute einen mehr oder weniger komplizierten Prozess der Anpassung des Rechts an seine neue Umgebung, der ganz unterschiedliche Akte der Assimilation und Transformation, der Akzeptanz und Ablehnung und der Reinterpretation durch die neuen Rechtsanwender beinhalte. Dieser Vorgang werde durch ein Verständnis des Rechtstransfers als „legal transplant" nicht angemessen wiedergegeben[534]. Selbst wenn das neue Recht nicht komplett abgelehnt werde, bestünden zahlreiche Risiken: eine Immunreaktion der neuen Umgebung könne den Transfer unmöglich machen. Passe der Verfassungsbaustein nicht gut in den neuen Kontext, könne dies langwierige Anpassungsprozesse nach sich ziehen. Zudem bestünde die Gefahr, dass bei der Übernahme entscheidende Komponenten vergessen würden, ohne die die Integration des übernommenen Rechts nicht abgeschlossen werden könne[535].

Diese Analyse verdeutlicht, dass als Ergebnis eines Rechtstransfers bestenfalls ein abgeänderter Nachbau, jedenfalls keine Kopie erwartet werden kann[536]. Wie *Legrand*, aber ohne dessen problematischen Rekurs auf die gesellschaftliche Totalität, geht *Frankenberg* davon aus, dass der Rechtsbaustein von Kontext zu Kontext seine Bedeutung durch die lokalen Interpreten entsprechend deren Vorverständnissen und den Konventionen der betreffenden epistemischen Gemeinschaften ändert[537]. Als Beispiel führt *Frankenberg* die Präambel der U.S.-Verfassung und insbesondere deren einleitendes „We the People" an, das zahlreichen anderen Verfassungen als Vorbild gedient habe. Betrachte man dieses „We the People" in seinen unterschiedlichen Kontexten werde augenscheinlich, wie es die historischen, politischen und sozialen Besonderheiten seiner Umgebung reflektiere und so „wie ein Chamäleon" seine Bedeutung wechsele[538].

Verfassungsbestandteile, die einem Transfer aufgrund ihrer engen Verknüpfung mit lokalen Besonderheiten nicht zugänglich sind, „odd details".

534 Frankenberg, Constitutional transfer: The IKEA theory revisited, in: 8 International Journal of Constitutional Law 2010, S. 563 (574 f.).

535 Frankenberg, Constitutional transfer: The IKEA theory revisited, in: 8 International Journal of Constitutional Law 2010, S. 563 (575) nennt diese Risiken „immune reaction", „bad fit" und „missing links".

536 Frankenberg, Constitutional transfer: The IKEA theory revisited, in: 8 International Journal of Constitutional Law 2010, S. 563 (576).

537 Frankenberg, Constitutional transfer: The IKEA theory revisited, in: 8 International Journal of Constitutional Law 2010, S. 563 (579).

538 Frankenberg, Constitutional transfer: The IKEA theory revisited, in: 8 International Journal of Constitutional Law 2010, S. 563 (576 f.).

2. Stellungnahme und Kritik

Das der IKEA-Theorie *Frankenbergs* zugrunde liegende Bild des globalen Verfassungsreservoirs als „IKEA center" des Verfassungsrechts, in dem sich Verfassungsgeber und -interpreten an „fertigen Produkten" und „inspirierenden Ideen" bedienen können, stellt zunächst eine hilfreiche Beschreibung der Abläufe und Schwierigkeiten verfassungsrechtlichen Transfers dar. Die Metapher kann auch für andere Bereiche des Rechtstransfers fruchtbar gemacht werden, in denen (unter anderem) mit standardisierten Rechtslösungen operiert wird. Die Vorgehensweise ähnelt der der Bricolage und gibt, wie bereits festgestellt, häufig die Rechtswirklichkeit besser wieder, als die Annahme, rechtlicher Transfer erfolge nach sorgfältiger rechtsvergleichender Vorarbeit[539].

Auf der analytischen Ebene erklärt die IKEA-Theorie darüber hinaus, wie das Recht durch seine Übertragung in einen neuen Kontext seine Bedeutung verändert. Sie zeigt auf, wieso der Transfer des formalisierten und idealisierten und damit kommodifizierten Rechtskörpers möglich, die Reproduktion einer exakten Kopie des Originals im neuen Kontext aber unmöglich ist und sie verdeutlicht die Schwierigkeiten, die bei der Integration des übernommenen Rechts in den neuen Kontext bestehen.

Die Analyse kann damit auch als theoretisch-methodisches Pendant zu der im Rahmen des empirischen Teils gemachten Feststellung gesehen werden, dass Transfer allgegenwärtig und trotzdem schwierig ist[540]. Die vier Schritte können als Orientierungspunkte herangezogen werden, um die unterschiedlichen Aspekte und Bedingungen, die von Einfluss auf den Transfer von Recht sein können, zu strukturieren und zu ergänzen.

Im ersten Schritt, in dem das Transferobjekt identifiziert wird, kann zwischen Form und Umfang des Rechts differenziert werden, die erheblich variieren und damit das Ergebnis des Rechtstransfers beeinflussen können[541]. Es kann auch zwischen unterschiedlichen konzeptuellen Lagen des Rechts differenziert werden, also ob dieses als Text, als Symbol oder als normativer Gehalt übertragen wird[542].

---

539 Siehe hierzu bereits oben unter C.II.4.d.

540 Siehe oben unter C.IV.

541 Siehe hierzu oben unter C.I.1.

542 Whitman, The neo-Romantic turn, in: Legrand/Munday (Hrsg.), Comparative Legal Studies: Traditions and Transitions, S. 312 (342 f.); Langer, From Legal Transplants to Legal Translations: The Globalization of Plea Bargaining and the Americanization Thesis in Criminal Procedure, in: 45 Harvard International Law Journal 2004, S. 1 (30).

Der zweite Schritt der Dekontextualisierung, der eine Idealisierung des Rechts umfasst, kann die Gefahr bergen, dass mögliche Schwierigkeiten oder Unstimmigkeiten des Originals ausgeblendet werden und dadurch zu entsprechenden Komplikationen auch im neuen Kontext des Rechts führen. Aufgrund der doppelten Idealisierung des Rechts durch den Übertragungsvorgang kann, aber muss dieses nicht eintreten.

Im dritten Schritt wird herausgearbeitet, welche Verfassungsbestandteile sich aufgrund ihrer engen Beziehung zu ihrem gesellschaftlichen Kontext bereits einem Transfer widersetzen. Sie sind von besonderem Interesse für den Verfassungsvergleicher, da sie Auskunft über die lokalen Besonderheiten, über „umstrittene Konzepte, soziale Konflikte, Identitätskämpfe und Vorstellungen von Ordnung und Gesellschaft" geben[543].

Der vierte Schritt betrifft die Anpassung von Recht und neuem gesellschaftlichen Kontext. Hier macht die IKEA-Theorie deutlich, dass die Übertragung der Rechtsregel zunächst allein zu einer Angleichung auf formaler Ebene führt. Wie nahe das transferierte Recht durch den Prozess der Rekontextualisierung seinem Original kommen kann, hängt wiederum von einer Unzahl von Faktoren ab.

Eine Rolle kann etwa spielen, welche konzeptuelle Lage des Rechts übernommen werden soll: Hierbei stellt sich die Frage, ob die förmliche Rechtsregel bereits ausreicht, weil es nur um die Symbolik der Übernahme geht. *Ralf Michaels* hebt in diesem Zusammenhang hervor, dass die dekontextualisierten Rechtsregeln, die im globalen Normenreservoir als sogenannte „best practices" destilliert würden, als keinem Rechtssystem zugehörig angesehen würden[544]. Hierbei ist jedoch zu beachten, dass dies häufig nur für die formale Ebene der Norm gilt. Diese kann als dekontextualisierte, „leere Rechtsregel"[545] in einem anderen Kontext mit neuem Leben gefüllt werden, ohne dass ihren bisherigen rechtlichen und gesellschaftlichen Zusammenhängen noch weiter Relevanz zukäme[546]. Permanenz hat das ursprüngliche Rechtssystem hingegen oft auf der symbolischen Ebene, wenn der Ursprung der Norm

---

543 Frankenberg, Comparing constitutions: Ideas, ideals, and ideology-toward a layered narrative, in: 4 International Journal of Constitutional Law 2006, S. 439 (442).

544 Michaels, „One size can fit all" – some heretical thoughts on the mass production of legal transplants, in: Frankenberg (Hrsg.), Order From Transfer: Comparative Constitutional Design and Legal Culture, S. 56 (60).

545 Michaels, „One size can fit all" – some heretical thoughts on the mass production of legal transplants, in: Frankenberg (Hrsg.), Order From Transfer: Comparative Constitutional Design and Legal Culture, S. 56 (59): „empty rule".

546 Dies ist in der Regel der Fall, wenn nach der Methode der „Bricolage" vorgegangen wird, siehe dazu oben unter C.II.4.c.

aus Gründen der Anerkennung oder Legitimation auch nach Aufnahme des Verfassungsbausteins in das globale Verfassungsreservoir noch hervorgehoben wird[547].

Von Bedeutung kann ebenfalls sein, ob eine möglichst genaue „Kopie" gewollt ist oder ob das fremde Recht nur als Inspiration für eine eigenständige (Weiter-)Entwicklung des betreffenden Rechtskonzepts dient. Wie eindeutig formuliert oder wie weit gefasst ist die Rechtsregel oder das Rechtsprinzip? Werden Interpretationshilfen mitgeliefert? Gibt es begleitende Ausbildungsprogramme? Handelt es sich eher um technisch orientiertes oder um ideologisch aufgeladenes oder auf Werte bezogenes Recht? Welche Akteure und welche Interessen sind am Transferprozess beteiligt?

Alle diese Gründe können, müssen aber nicht von Einfluss auf das Ergebnis des Transferprozesses sein.

Michaels greift die Grundgedanken der IKEA-Theorie auf und kombiniert diese mit der These *Watsons*, dass das Recht unabhängig von seinem gesellschaftlichen Kontext sei[548]. Die idealisierten, „leeren" Rechtsregeln seien einem Rechtstransfer zugänglich und stillten zudem einen Bedarf beim Empfänger an allgemein gefassten und damit flexibel einsetzbaren Rechtsregeln. Dieses Vorgehen sei außerdem weitaus kostengünstiger als die aufwendige Suche nach dem „passendsten" und damit „besten" Recht[549]. Vielfach seien diese „good enough solutions" auch völlig ausreichend[550]. Abgesehen von der Fragwürdigkeit der Annahme, Recht und Gesellschaft ließen sich optimal aneinander anpassen, mache gerade die Offenheit für neue Interpretationen die förmlichen Rechtsregeln attraktiv[551]. Auch wenn dem mit Blick auf die Praxis zugestimmt werden kann,

---

547 Siehe ausführlich zu dieser symbolischen Funktion des Rechts oben unter C.II.2.b.bb.

548 Michaels, „One size can fit all" – some heretical thoughts on the mass production of legal transplants, in: Frankenberg (Hrsg.), Order From Transfer: Comparative Constitutional Design and Legal Culture, S. 56 (66). Zu Watsons Theorie siehe ausführlich oben unter D.III.1.

549 Michaels, „One size can fit all" – some heretical thoughts on the mass production of legal transplants, in: Frankenberg (Hrsg.), Order From Transfer: Comparative Constitutional Design and Legal Culture, S. 56 (70 f.).

550 Michaels, „One size can fit all" – some heretical thoughts on the mass production of legal transplants, in: Frankenberg (Hrsg.), Order From Transfer: Comparative Constitutional Design and Legal Culture, S. 56 (71 f.). Dieses Verständnis liegt auch dem Vorgehen der Bricolage zugrunde. Siehe hierzu oben unter C.II.4.c.

551 Michaels, „One size can fit all" – some heretical thoughts on the mass production of legal transplants, in: Frankenberg (Hrsg.), Order From Transfer: Comparative Constitutional Design and Legal Culture, S. 56 (73).

ist zu bemerken, dass letzterer Umstand in Verbindung mit dem möglichen symbolischen Charakter der Rechtsregel sowohl wünschenswerte Einflüsse auf die gesellschaftliche Entwicklung haben[552], als auch die Gefahr der „trügerischen Fassade" mit sich bringen kann[553].

V. Postmoderne Erklärungsansätze zu Rechtstransfer und Rechtsentwicklung

Die folgenden Ansätze teilen wiederum einige Gemeinsamkeiten, die sie gegenüber dem Funktionalismus deutlich abgrenzen (1.). Jeder für sich können sie auf unterschiedliche Weise als Kontrapunkte gegenüber dem funktionalistischen Rechts- und Transferverständnis aufgefasst werden. Der Kontextualismus setzt den Fokus auf die Einbettung des Rechts in seine gesellschaftliche Umgebung (2.), die konstitutive Rechtstheorie hebt hervor, wie Recht die gesellschaftliche Ordnung konstitutiert (3.). Der akteurszentrierte Ansatz legt sein Augenmerk in Anlehnung an *Pierre Bourdieu* auf die Rechtspraktiken der in den Transfer involvierten Individuen (4.) und der rechtspluralistische Ansatz ergänzt die Beschreibung rechtlichen Transfers durch die Einbeziehung der normbildenden Funktion nicht-staatlicher Akteure (5.). Der Abschnitt schließt mit einer Stellungnahme und Kritik (6.).

1. Gemeinsamkeiten postmoderner Erklärungsansätze

Die Vertreter der postmodernen Ansichten zu Rechtstransfer und Rechtsentwicklung gehen von den gleichen Prämissen aus, wie die kritische Rechtsvergleichung[554]: Sie sind sich ihrer Rolle als „teilnehmende Beobachter" bewusst[555], wenden sich gegen jede Universalisierung und Verabsolutierung eigener wie fremder Kategorien und Konzepte und setzen dagegen die Erfahrung von Pluralität und Differenz als erkenntnisleitende Parameter[556]. Sie gehen von einer

---

552 So Michaels, „One size can fit all" – some heretical thoughts on the mass production of legal transplants, in: Frankenberg (Hrsg.), Order From Transfer: Comparative Constitutional Design and Legal Culture, S. 56 (76).

553 Siehe hierzu oben unter D.II.3.b.aa.

554 Siehe hierzu oben unter C.II.4.b.

555 Peters/Schwenke, Comparative Law beyond Post-Modernism, in: 49 International and Comparative Law Quarterly 2000, S. 800 (802), nennen dies „framework-theory", da sich der postmoderne Rechtsvergleicher in seinen eigenen kulturellen Strukturen gefangen sehe.

556 Peters/Schwenke, Comparative Law beyond Post-Modernism, in: 49 International and Comparative Law Quarterly 2000, S. 800 (801 f.); Reimann, The Progress and

Kontingenz gesellschaftlicher und historischer Entwicklung aus, statt von einem einheitlichen evolutionistischen Fortschreiten von Recht und Gesellschaft[557].

Im Gegensatz zum Rechtsformalismus, der das „law in books" zum Gegenstand hat und zum Rechtsfunktionalismus, der seinen Schwerpunkt auf das „law in action" legt, beschäftigen sich die meisten postmodernen Erklärungsansätze auf unterschiedliche Art und Weise mit dem „law in minds"[558]. Es geht ihnen um die dem Recht zugrunde liegenden Mentalitäten, die Vorstellungen der Rechtssubjekte und die Begründungen für ihr Verhalten[559]. Sie sind geleitet von der Überzeugung, dass das Recht nicht allein als Reaktion auf soziale Gegebenheiten oder instrumentalistisch, als Antwort auf gesellschaftliche Problemstellungen, gesehen werden kann. Sie heben die klassische Unterscheidung von Recht und gesellschaftlichem Kontext auf und situieren das Recht im Bewusstsein der Menschen. Das Recht forme dieses und die Vorstellungen der Menschen davon, was richtig oder falsch sei und beeinflusse, wie diese die „Welt als soziale Agenda"[560] ordnen[561]. Rechtliche Kategorien konstituierten zwischenmenschliche Verhältnisse auch ohne positivrechtliche Aktualisierung durch Gesetz oder Gerichtsentscheidungen[562]. Anders als die rechtsformalistischen und rechtsfunktionalistischen Rechtskonzeptionen erkennt der Postmodernismus die Ambivalenzen des Rechts an. Das Recht könne „ausdrucksstark", „irreführend", „legitimierend", „ideologisch" oder auch „symbolisch" sein[563].

Failure of Comparative Law in the Second Half of the Twentieth Century, in: 50 The American Journal of Comparative Law 2002, S. 671 (681).

557 Gordon, Critical Legal Histories, in: 36 Stanford Law Review 1984, S. 57 (100).

558 Vgl. zu dieser Differenzierung und den Begrifflichkeiten Ewald, Comparative Jurisprudence (I): What was it like to try a rat, in: 143 University of Pennsylvania Law Review 1995, S. 1889 (2111); ders., The Jurisprudential Approach to Comparative Law: A Field Guide to „Rats", in: 46 The American Journal of Comparative Law 1998, S. 701 (704). Ähnlich auch Trubek, Back to the Future: The Short, Happy Life of the Law and Society Movement, in: 18 Florida State University Law Review 1990, S. 1 (44), der aber von „law as ideology" spricht.

559 Ewald, Comparative Jurisprudence (I): What was it like to try a rat, in: 143 University of Pennsylvania Law Review 1995, S. 1889 (2111); Grosswald Curran, Cultural Immersion, Difference and Categories in U.S. Comparative Law, in: 46 The American Journal of Comparative Law 1998, S. 41 (60).

560 Frankenberg, Autorität und Integration, S. 351.

561 Wise, The Transplant of Legal Patterns, in: 38 The American Journal of Comparative Law 1990 (Suppl.), S. 1 (21); Frankenberg, Autorität und Integration, S. 351.

562 Gordon, Critical Legal Histories, in: 36 Stanford Law Review 1984, S. 57 (107).

563 Abel, Law as Lag: Inertia as a Social Theory of Law, in: 80 Michigan Law Review 1982, S. 785 (808); Frankenberg, Autorität und Integration, S. 351, 361.

Die Rechtsunterworfenen werden nach dieser Auffassung nicht mehr bloß als dem staatlichen Recht unterworfene Rechtsobjekte wahrgenommen, sondern ebenso als handelnde Subjekte, die die rechtlichen Beziehungen, in denen sie sich befinden, durch ihr Verhalten selbst formen und steuern[564].

2. Kontextualismus

Die Kontextualisten (oder Kulturalisten) gehen davon aus, dass das kulturelle Umfeld des Rechts dessen Bedeutung bestimmt. *Legrand* vertritt mit seiner These der Unmöglichkeit von legal transplants die extremste Form des Kontextualismus: für ihn reflektiert jedes Element des Rechts vollständig die Kultur der Gesellschaft und umgekehrt[565]. Es wurde bereits festgestellt, dass *Legrand* damit zwar zu Recht den Rechtstransfer als genaue Kopie des Rechts für unmöglich hält, nicht jedoch generell den Austausch zwischen rechtlichen Systemen[566].

Vivian Grosswald Curran verlangt mit ihrem „cultural immersion approach" für die vergleichende Auseinandersetzung mit fremdem Recht ein „Eintauchen" („immersion") in dessen politische, historische, ökonomische und sprachliche Kontexte[567].

Ähnlich fordert *William Ewald* eine rechtsvergleichende Betrachtung aus dem Inneren des Rechtssystems heraus („inner perspective") und sieht dafür ein Studium der dem Recht zugrunde liegenden philosophischen und moralischen Prinzipien für erforderlich an[568].

Nach diesen Auffassungen ist demnach das fremde Recht ohne seine kontextuellen Bezüge nicht verständlich. Dies bedeutet für die Konzeption des Transfers von Recht indes nicht, dass der Austausch zwischen Rechtssystemen

---

564 MacDonald/Kong, Patchwork Law Reform: Your Idea is Good in Practice, but it won't work in Theory, in: 44 Osgoode Hall Law Journal 2006, S. 11 (22 f.).

565 So Teubner, Rechtsirritationen: Der Transfer von Rechtsnormen in rechtssoziologischer Sicht, in: Brand/Stempel (Hrsg.), Soziologie des Rechts. Festschrift für Erhard Blankenburg zum 60. Geburtstag, S. 233 (236).

566 Siehe ausführlich zu Legrands Ansatz und dessen Kritik oben unter D.III.2. und D.III.3.

567 Grosswald Curran, Cultural Immersion, Difference and Categories in U.S. Comparative Law, in: 46 The American Journal of Comparative Law 1998, S. 41 (51).

568 Ewald, Comparative Jurisprudence (I): What was it like to try a rat, in: 143 University of Pennsylvania Law Review 1995, S. 1889 (2144); kritisch zu diesem Ansatz Zekoll, Kant and Comparative Law – Some Reflections on a Reform Effort, in: 70 Tulane Law Review 1996, 2719 ff.

bestritten oder abgelehnt werden muss[569]. Es heißt jedoch, dass bei der Übertragung von Recht beachtet werden muss, dass der Rechtstext nur eine und häufig nicht die wesentlichste Facette der Bedeutung des Rechts darstellt[570].

3. Konstitutives Rechtsverständnis und Rechtstransfer

Im Gegensatz zum Rechtsfunktionalismus geht die konstitutive Rechtstheorie von einer Unbestimmtheit rechtlicher Entwicklung aus und verneint das Bestehen einer Kausalität zwischen gesellschaftlichen und rechtlichen Veränderungen. Rechtliche Formen und Praktiken seien zwar einerseits Ausfluß sozialer Machtkämpfe, andererseits seien sie gegenüber Veränderungen im sozialen Machtgefüge „relativ autonom". Das Recht sei nicht vollständig durch externe gesellschaftliche Faktoren bestimmbar, sondern unterliege genauso eigenen, rechtsinternen Mustern und Strukturen, die wiederum auf das soziale Leben zurückwirkten[571].

Hier setzt die postmoderne Rechtstheorie an und schlägt vor, diese Unbestimmtheit rechtlicher Entwicklung durch eine Rückführung rechtlicher Formen auf Ideologien und Rituale im Bereich des rechtlichen Bewusstseins zu erklären[572]. Recht wird nicht verstanden als der sozialen Welt gegenüberstehende, diese lediglich reflektierende oder ordnende externe Macht, sondern als „Rechtsbewusstsein"[573] oder „Ideologie"[574], welche die gesellschaftliche Ordnung und die in ihr bestehenden Verhältnisse überhaupt erst konstituierten und strukturierten[575]. Das Recht wird somit als „besondere Weise angesehen, sich die

---

569 Siehe hierzu die Stellungnahme zu Legrands Position oben unter D.III.3.

570 Dies wurde auch bereits durch die IKEA-Theorie veranschaulicht, siehe hierzu oben unter D.IV.

571 Gordon, Critical Legal Histories, in: 36 Stanford Law Review 1984, S. 57 (101).

572 Gordon, Critical Legal Histories, in: 36 Stanford Law Review 1984, S. 57 (101).

573 Frankenberg, Autorität und Integration, S. 351; Trubek, Where the Action Is: Critical Legal Studies and Empiricism, in: 36 Stanford Law Review 1984, S. 575 (589).

574 Trubek, Back to the Future: The Short, Happy Life of the Law and Society Movement, in: 18 Florida State University Law Review 1990, S. 1 (44).

575 Trubek, Where the Action Is: Critical Legal Studies and Empiricism, in: 36 Stanford Law Review 1984, S. 575 (592); Frankenberg, Autorität und Integration, S. 351; Cotterrell, Law as Constitutive, in: Smelser/Baltes (Hrsg.), International Encyclopedia of the Social and Behavioral Sciences, Bd. 12, S. 8497.

Wirklichkeit vorzustellen"[576]. Es verleihe „bestimmten Dingen zu bestimmten Zeiten an bestimmten Orten eine bestimmte Bedeutung"[577].

Als „konstitutives Element der sozialen Realität"[578] sei das Recht untrennbar mit der Gesellschaft verwoben[579]. Als selbständiger Ausdruck der gesellschaftlichen Kräfte stehe es zudem der Annahme entgegen (schließe diese aber nicht völlig aus), es könne als wirksames Instrument sozialer Kontrolle dienen, mit dem die offiziellen Entscheidungsträger die gesellschaftlichen Verhältnisse steuern könnten[580].

Schließlich weisen die Vertreter der konstitutiven Rechtstheorie darauf hin, dass auch die Rechtswissenschaft Einfluss auf das gesellschaftliche Rechtsbewusstsein ausüben und damit die Gesellschaft selbst verändern könne. Entgegen der Annahme der Rechtsfunktionalisten sei Rechtswissenschaft damit auch Politik[581].

4. Akteurszentrierter Ansatz

Ein weiterer postmoderner Ansatz stellt die am Transfer von Recht beteiligten Akteure in den Mittelpunkt seiner Untersuchungen. In Anlehnung an die Arbeiten *Pierre Bourdieus* sehen die Vertreter dieses Ansatzes den Transfer von Recht „als Ergebnis der Anstrengungen individueller rechtlicher Akteure die im Dienste ihrer eigenen Interessen vorgehen"[582].

So zeigen etwa *Yves Dezalay* und *Bryant Garth* unter anderem anhand der Transfer-Beispiele U.S.-amerikanischer Wirtschaftsrechtskanzleien (von den Vereinigten Staaten nach Mexiko), Internationaler Schiedsgerichtsbarkeiten

---

576 Geertz, Local Knowledge: Fact and Law in Comparative Perspective, in: ders., Local Knowledge: Further Essays in Interpretive Anthropology, S. 167 (273).

577 Geertz, Local Knowledge: Fact and Law in Comparative Perspective, in: ders., Local Knowledge: Further Essays in Interpretive Anthropology, S. 167 (232).

578 Frankenberg, Autorität und Integration, S. 317.

579 Gordon, Critical Legal Histories, in: 36 Stanford Law Review 1984, S. 57 (107).

580 Trubek, Back to the Future: The Short, Happy Life of the Law and Society Movement, in: 18 Florida State University Law Review 1990, S. 1 (44).

581 Trubek, Where the Action Is: Critical Legal Studies and Empiricism, in: 36 Stanford Law Review 1984, S. 575 (592). Ähnlich auch zum Einfluss der Wissenschaft auf die Konstruktion von legal transplants Dezalay/Garth, The Import and Export of Law and Legal Institutions: International Strategies in National Palace Wars, in: Nelken/Feest (Hrsg.), Adapting Legal Cultures, S. 241 (246).

582 Riles, Comparative Law and Socio-Legal Studies, in: Reimann/Zimmermann (Hrsg.), The Oxford Handbook of Comparative Law, S. 775 (789).

(von Europa in die Vereinigten Staaten) und dem Streitschlichtungsmodell der Mediation (von den Vereinigten Staaten nach Argentinien) auf, wie in jedem dieser Fälle der Erfolg des Rechtstransfers auf das Streben einzelner Individuen zurückführbar sei, die mit der Einführung des fremden Rechtsmodells im heimischen Kontext den eigenen Einfluss oder die eigene wirtschaftliche oder soziale Stellung auszubauen suchten[583].

David Trubek und andere erklären mit Hilfe von *Bourdieus* Konzept des Rechtsfeldes Prozesse rechtlicher, sozialer, politischer und ökonomischer Entwicklung im Zuge globaler Restrukturierung und verfolgen damit eine „neue Herangehensweise an die ‚Rechtsvergleichung‘, (…) die sich mehr auf Rechtspraktiken als auf Rechtsregeln konzentriert (…) und die Strategien von Schlüsselfiguren hervorhebt"[584].

Ähnlich wie die Vertreter des konstitutiven Rechtsverständnisses sehen die Vertreter des akteurszentrierten Ansatzes das Recht nicht allein als von außen auferlegte Gegebenheit an, sondern das Recht werde auch geformt durch die Handlungen und Interpretationen der individuellen, mit dem Recht befassten, nicht notwendig juristischen Akteure, die mit ihren Vorstellungen und (Vor-) Verständnissen wiederum die offizielle Auslegung des Rechts prägten[585].

5. Pluralistisches Rechts- und Transferverständnis

Die Befürworter eines rechtspluralistischen Rechts- und Transferverständnisses plädieren schließlich für eine Erweiterung des nationalstaatszentrierten Blickfeldes auf den Rechtspluralismus normbildender Akteure, um die Interaktionen dieser Akteure mit den staatlichen Akteuren adäquat erfassen zu können[586].

---

583 Dezalay/Garth, The Import and Export of Law and Legal Institutions: International Strategies in National Palace Wars, in: Nelken/Feest (Hrsg.), Adapting Legal Cultures, S. 241 (246).

584 Trubek u.a., Global Restructuring and the Law: Studies of the Internationalization of Legal Fields and the Creation of Transnational Arenas, in: 44 Case Western Reserve Law Review 1994, S. 407 (415, 497). Vgl. auch Kennedys Forschungsansatz zu Expertenwissen und Expertenarbeit im Rahmen von „global governance", der ebenfalls vorschlägt, den Fokus weg von Prozessen, Institutionen und formalem Recht und hin zu der Arbeit „of people with projects operating with expertise" zu lenken, vgl. Kennedy, The Mystery of Global Governance, in: 34 Ohio Northern University Law Review 2008, S. 827 (846 f.).

585 Riles/Uchida, Reforming Knowledge? A Socio-Legal Critique of the Legal Education Reforms in Japan, in: 1 Drexel Law Review 2009, S. 3 (24 f.).

586 Günther/Randeria, Recht, Kultur und Gesellschaft im Prozeß der Globalisierung, S. 32; Merry, Legal Pluralism, in: 22 Law and Society Review 1988, S. 869 (873, 879); von Benda-Beckmann, F., „Recht und Entwicklung" im Wandel, in: 41 VRÜ 2008,

Grundlage dieser Ansicht ist die von der Rechtsanthropologin *Sally Falk Moore* herausgearbeitete Erkenntnis, dass das Recht nur ein semi-autonomes soziales Feld neben anderen semi-autonomen sozialen Feldern wie religiösen Normen oder lokalen Bräuchen darstellt, mit denen es interagiert[587].

Für die Semi-Autonomie des Rechts wie die anderer sozialer Normenordnungen ist nach *Moore* entscheidend, dass diese Ordnungen Regeln intern generieren und Regelbefolgung herbeiführen könnten, dass sie aber ebenso empfänglich und anfällig seien für die Regelungen und Entscheidungen anderer sozialer Felder[588]. Entsprechend differenziert *Moore* zwischen dem Recht förmlicher Organe und dem Recht, das „spontan" aus dem sozialen Leben und seinen Wettstreiten, Zusammenarbeiten und Wechselbeziehungen entstehe: „rules that were consciously made by legislatures and courts and other formal agencies to produce certain intended effects, and rules that could be said to have evolved ,spontaneously' out of social life"[589]. Diese Formen des Rechts beeinflussten sich gegenseitig und vielfach seien es gerade die starken sozialen Bindungen, die dazu führten, dass gezielte Versuche der sozialen Steuerung durch die Gesetzgebung nicht oder nur eingeschränkt zum Erfolg führten oder unbeabsichtigte Folgen zeitigten[590]. Nichtsdestotrotz würde in der Darstellung dieser Austauschbeziehungen und Konfliktsituationen zwischen den unterschiedlichen Formen des Rechts häufig „die Art und Weise, in der das staatliche Recht diese Prozesse beeinflusse, übertrieben und die Art und Weise, in der das staatliche Recht von diesen Prozessen beeinflusst werde, unterschätzt"[591].

S. 295 (297 f.); Reimann, Die Entstaatlichung des Rechts und die Rechtsvergleichung, in: Schwarze (Hrsg.), Globalisierung und Entstaatlichung des Rechts II, S. 1 (5). Siehe zum normativen Pluralismus auch oben unter B.I.2.b.

587 Moore, Law and Social Change: The Semi-Autonomous Social Field as an Appropriate Subject of Study, in: 7 Law and Society Review 1972/73, S. 719 (720); Günther, Rechtspluralismus und universaler Code der Legalität: Globalisierung als rechtstheoretisches Problem, in: Wingert/Günther (Hrsg.), Die Öffentlichkeit der Vernunft und die Vernunft der Öffentlichkeit. Festschrift für Jürgen Habermas, S. 539 (553).

588 Moore, Law and Social Change: The Semi-Autonomous Social Field as an Appropriate Subject of Study, in: 7 Law and Society Review 1972/73, S. 719 (720).

589 Moore, Law and Social Change: The Semi-Autonomous Social Field as an Appropriate Subject of Study, in: 7 Law and Society Review 1972/73, S. 719 (744).

590 Moore, Law and Social Change: The Semi-Autonomous Social Field as an Appropriate Subject of Study, in: 7 Law and Society Review 1972/73, S. 719 (723).

591 Moore, Law and Social Change: The Semi-Autonomous Social Field as an Appropriate Subject of Study, in: 7 Law and Society Review 1972/73, S. 719 (744 f.).

Günther/Randeria haben den Ansatz *Moores* auf den Bereich der transnationalen Rechtsentwicklung übertragen und analysieren auf diesem Wege den Einfluss der neben und außerhalb der staatlichen Gewalt bestehenden transnationalen „Expertennetzwerke"[592]. Die Beteiligung dieser Akteure[593] an der Transformation sozialer Normen in Rechtsnormen reiche von Hilfsfunktionen bis zur „konstitutiven Rolle für die Emergenz transnationaler Rechtsstrukturen"[594]. In dem Umfang, in dem der Staat in diesem Zusammenhang seine Rolle als Normgeber an die Akteure solcher pluraler Rechtsetzung verliere, löse sich auch die Grenze zwischen rechtlichen und sozialen Normen auf[595].

6. Stellungnahme und Kritik

Die postmodernen Erklärungsansätze erschüttern die Vorstellungen des Funktionalismus zu den Möglichkeiten geplanten Rechtstransfers und zu dessen Bedeutung für die gesellschaftliche Entwicklung. Der Rechtsfunktionalismus folgt in seiner extremsten Ausprägung einem instrumentalistischen Rechtsverständnis, nach dem das positive, in der Regel nationale Recht, in ein anderes staatliches System übernommen wird, um bestimmte rechtliche und gesellschaftliche Folgen zu zeitigen. Im aufnehmenden System sorgen sodann Anpassungsprozesse dafür, dass das Recht in seiner neuen Umgebung „funktioniert", also insbesondere die Folgen herbeiführt, die mit ihm im ursprünglichen Kontext verbunden wurden und für die es übertragen wurde.

Dagegen schließen die postmodernen Ansätze die Möglichkeit gezielten Rechtstransfers zwar nicht aus[596], setzen sich aber jeder auf seine Art mit den Schwierigkeiten einer geplanten Rechtsübernahme auseinander und bieten unterschiedliche Erklärungen dafür an, wieso diese oft ungeplante Folgen zeitigt. Sie zeichnen das Bild eines Austauschs zwischen normativen Ordnungen, bei dem der Transfer der positiven Rechtsregel nur eine Interaktion von vielen sowohl allgemein als auch im Rahmen des konkreten Transferprozesses darstellt. Daneben sind je nach Auffassung weitere Aspekte und Vorgänge in die Betrachtung mit einzubeziehen, ohne die der Transferprozess nicht angemessen erfasst

---

592 Günther/Randeria, Recht, Kultur und Gesellschaft im Prozeß der Globalisierung, S. 25.
593 Günther/Randeria nennen hier internationale Anwaltskanzleien, internationale Rechtsberater, Nichtregierungsorganisationen und internationale Organisationen, siehe hierzu oben unter C.I.2.b.
594 Günther/Randeria, Recht, Kultur und Gesellschaft im Prozeß der Globalisierung, S. 89 f.
595 Günther/Randeria, Recht, Kultur und Gesellschaft im Prozeß der Globalisierung, S. 89.
596 Dies folgern aber irriger Weise Peters/Schwenke, Comparative Law beyond Post-Modernism, in: 49 International and Comparative Law Quarterly 2000, S. 800 (812).

werden kann: Kontextuelle Besonderheiten, bestehende Rechtsvorstellungen der Rechtsanwender und Rechtsbetroffenen, Interessen der am Transferprozess Beteiligten beziehungsweise mit dem Recht interagierende, andere semi-autonome soziale Normen bestimmen nach diesen Auffassungen maßgeblich sowohl die inhaltliche als auch die gesellschaftliche Bedeutung des Rechts. „Recht" ist dabei weit zu verstehen und umfasst weit mehr als das „offizielle" Recht. Das Recht als Bewusstsein beeinflusst die Steuerungsmöglichkeiten des „offiziellen" Rechts. Wie alles Gedankengut kann es weitergegeben werden und sich über Grenzen hinweg ausbreiten, es kann jedoch nicht von oben „aufgezwungen" werden.

Die postmodernen Ansätze verdeutlichen damit auch, dass und warum sich rechtlicher Wandel – paradoxerweise – vor allem durch nicht gesteuerten Transfer vollzieht, während gesteuerten Transfervorhaben rechts- und gesellschaftsimmanente Schranken gezogen sind, die aktive Veränderungen in der rechtlichen und sozialen Sphäre behindern oder unmöglich machen können[597].

---

597 Vgl. hierzu etwa Twining, Diffusion of Law: A global Perspective, in: 49 Journal of Legal Pluralism and Unofficial Law 2004, S. 1 (25): „There are grounds for believing that in law, as in other spheres, persuasion at grass roots and other levels is likely to be more effective than top-down law-making, but this hypothesis needs to be explored by further empirical research".

E. Zusammenfassung und abschließende Bemerkungen

Die Arbeit hat die empirische und theoretische Komplexität und Vielschichtigkeit des Rechtstransfers durch eine differenzierte Darstellung seiner Erscheinungsweisen und theoretischen Konzeptionen dargelegt. Im Rahmen der theoretisch-methodischen Vorüberlegungen wurde abstrakt festgestellt, was im Verlauf der Arbeit sodann immer wieder durch konkrete Beispiele belegt werden konnte: Die Frage „Was ist Rechtstransfer?" lässt sich nicht eindeutig beantworten[598].

Schon die Empirie des Rechtstransfers zeigt, dass die Verwendung fremder Rechtsmuster von der „Kopie" ganzer Gesetze[599] über den juristischen Gedankenaustausch über Systemgrenzen hinweg[600] bis zur Übernahme der Berufspraktiken ausländischer Juristen[601] reicht.

Von noch größerer Bedeutung ist jedoch, dass die den Begriff des Rechtstransfers konstituierenden Parameter „Recht" und „Transfer" eine ungemeine Bandbreite an Interpretationsmöglichkeiten aufweisen. Dadurch fällt die Bestimmung der konkreten Bedeutung eines Rechtstransfers demjenigen zu, der mit ihm in theoretischer oder praktischer Hinsicht befasst ist.

So können bei einem bestimmten lebensweltlichen Vorgang ganz unterschiedliche Vorstellungen davon bestehen, was den konkreten Transferprozess ausmacht: Während der beteiligte Justizminister sich freuen mag, dass das fremde Gesetz den eigenen förmlichen Gesetzgebungsprozess so schnell und reibungslos passiert hat und damit einem Ausbau der Handelsbeziehungen zum Geberland nichts mehr im Wege steht, sind die Experten der GTZ eifrig dabei, die lokalen Richter im Umgang mit der neuen Materie zu schulen. Der Rechtswissenschaftler oder Soziologe wiederum, der die Geschehnisse aus der Distanz betrachtet, mag sich wünschen, die Beteiligten hätten mehr zeitliche und personelle Ressourcen gehabt, um zunächst die tatsächlichen und rechtlichen (in einem weit verstandenen Sinne) Verhältnisse ausreichend zu begutachten

---

598 Siehe hierzu oben unter B.IV.
599 Siehe hierzu oben unter C.II.3.a.
600 Siehe hierzu oben unter C.III.
601 Vgl. das Beispiel des Transfers des U.S.-amerikanischen Wirtschaftsrechtskanzlei-Modells nach Mexiko bei *Dezalay/Garth*, oben unter D.V.4.

und unter Einbeziehung lokaler Expertise und Interessenvertreter den Bedarf an rechtlichen Neuerungen und, soweit dieser festgestellt wurde, deren Ausgestaltung zu erarbeiten. Oder er mag den Kopf schütteln, wie es das expansive Geberland wieder geschafft hat, seine Hegemoniestellung auf dem globalen (Rechts-)Markt auszubauen und den im Ursprungsland kritisierten, weil soziale Ungleichheiten schürenden Gesetzestext im Nehmerland als fortschrittlich und für ein modernes Rechtssystem unabdingbare Voraussetzung zu verkaufen.

Dementsprechend kann es auch keine einheitliche Transfertheorie geben: Diese variiert nicht zuletzt in Abhängigkeit davon, welcher Rechtsbegriff ihr zugrunde gelegt wird. Es lassen sich grob drei Rechtskonzeptionen unterscheiden, die an anderer Stelle als „law in books", „law in action" und „law in minds" bezeichnet wurden[602]. Das Recht lässt sich nicht auf eine bestimmte Konzeption festlegen. Wie eingangs bereits festgestellt, ist es vielmehr all dieses zugleich[603]. Die unterschiedlichen Rechtsverständnisse erheben nebeneinander Anspruch auf Gültigkeit als verschiedene Betrachtungsweisen, die unterschiedlichen Zwecken dienen und unterschiedlichen theoretischen Verständnissen folgen[604]. Diese Vielfalt der Rechtsverständnisse bedingt eine Vielfalt auch der theoretisch-methodischen Annäherungsmöglichkeiten an den Transfer von Recht[605].

Hauptströmung der Rechtsvergleichung wie maßgebliche Theorie der Praxis rechtlichen Transfers ist der Rechtsfunktionalismus, der das Recht mit Blick auf sein Verhältnis zur Gesellschaft und die Zwecke, die es in dieser erfüllt, betrachtet[606]. In seiner instrumentalistischen Ausprägung wird mit dem Transfer fremden Rechts neben der rechtlichen Veränderung auch gesellschaftliche Veränderung bezweckt[607]. Es wurde festgestellt, dass sich die rechtsfunktionalistische Methode ebenso wie die dem funktionalistischen Ansatz folgende Praxis

---

602 Siehe hierzu oben unter D.II.1.a. sowie unter D.V.1.

603 Siehe hierzu oben unter A.I. sowie unter B.II.

604 So auch Twining, Diffusion of Law: A global Perspective, in: 49 Journal of Legal Pluralism and Unofficial Law 2004, S. 1 (32 f.), der allerdings zwischen einer technologisch-instrumentalistischen, einer kontextuell-expressiven und einer ideologischen Perspektive unterscheidet; MacDonald/Kong, Patchwork Law Reform: Your Idea is Good in Practice, but it won't work in Theory, in: 44 Osgoode Hall Law Journal 2006, S. 11 (25). Ähnlich auch Garth/Sarat, Studying How Law Matters: An Introduction, in: dies. (Hrsg.), How does Law Matter?, S. 1 (3), die von „kreativer Spannung" sprechen, die die Gegenüberstellung von instrumentellem und konstitutivem Rechtsverständnis im Bereich der law and society-Forschung hervorrufe.

605 Siehe hierzu oben unter B.II. sowie ausführlich unter D.

606 Siehe ausführlich zum Rechtsfunktionalismus oben unter D.II.

607 Siehe hierzu oben unter D.II.2.b.

dadurch auszeichnen, dass sie ein „objektives" Vorgehen behaupten, tatsächlich aber von zumindest impliziten strategischen Erwägungen, insbesondere mit Blick auf die Vereinheitlichung des (europäischen) Rechts und die Modernisierung „entwicklungsbedürftiger" Rechts- und Gesellschaftssysteme, geleitet sind[608]. Vor dem Hintergrund der vielen mit dem Transfer von Recht verbundenen Unbestimmtheiten ist Vorsicht geboten vor der unkritischen Akzeptanz präsentierter Ergebnisse rechtlichen Transfers. „Konvergenz", „Modernisierung", „Einfluss" als Ergebnisse des Rechtstransfers ebenso wie sein „Erfolg" sind häufig eine Frage der Perspektive und der Betonung, durch die eine abweichende Sicht auf die rechtlichen und tatsächlichen Verhältnisse nicht ausgeschlossen wird. Sowohl die Rechtswissenschaft[609] als auch das rechtsberatende Expertentum[610], die sich hier mit der Verbreitung letzter Wahrheiten hervortun, betreiben daher jedenfalls auch Politik im Gewand des Rechts.

Aufgrund dieser Unbestimmtheit der Parameter „Recht" und „Gesellschaft" kann keine Kausalität zwischen diesen bestehen. Entsprechend kommt dem Recht nur eine begrenzte Steuerungsfähigkeit zu. Diese Ambivalenzen anzuerkennen, bedeutet jedoch nicht, den geplanten Transfer von Recht generell abzulehnen. Gefordert ist jedoch ein kritischer Umgang mit den eigenen und fremden Ideologien und Strategien bei der theoretischen wie praktischen Beschäftigung mit dem Transfer von Recht, der berücksichtigt, dass sich rechtliche und gesellschaftliche Entwicklung nur über das Bewusstsein der Menschen vollziehen kann, im Wege „tausender kleiner Interaktionen und zumeist ohne Staatsmacht in Sichtweite"[611].

---

608   Siehe hierzu oben unter C.II.4.d. sowie unter C.II.1.e.
609   Siehe hierzu oben unter B.III.4.b.
610   Siehe hierzu oben unter C.II.2.b.cc.(2).
611   Gordon, Critical Legal Histories, in: 36 Stanford Law Review 1984, S. 57 (108).